富水砂层地铁盾构
隧道衬砌结构力学
性能研究

黄展军　等著

FUSHUI SHACENG DITIE DUNGOU
SUIDAO CHENQI JIEGOU LIXUE
XINGNENG YANJIU

中南大学出版社
www.csupress.com.cn
·长沙·

编 委 会

主任委员：

　　黄展军　张荣锋　蒋亚龙

副主任委员：

　　张慧鹏　刘　强　梁新欢　石钰锋

编委：

　　陈　星　吴　勇　冷勇林　黄江华

　　何小辉　彭俊仁　夏　明　陈　铭

　　罗　程　邱友根　贾　斌　钟　广

　　陈玄斌　康根平　王　军　李　洋

　　张琼方　周奇辉　郭剑锋　邱　波

　　刘尊景　曾建军　周宇航　林付根

主编单位：

　　南昌轨道交通集团有限公司

　　中国电建集团华东勘测设计研究院有限公司

　　华东交通大学

协编单位：

　　南昌轨道交通集团工程技术咨询有限公司

　　浙江华东测绘与工程安全技术有限公司

序言 *Forword* //

随着我国城市轨道交通建设的不断发展,大量地铁工程项目应运而生。截至 2021 年 12 月,中国共有 51 个城市开通城轨交通运营线路 269 条,运营线路总长度达 8708 km;共有 57 个城市在建线路总规模 6797.5 km,其中地铁 5662.2 km,占比 83.3%,待建地铁隧道工程量巨大。盾构法因其地层适应性强、施工效率高、作业安全且周边环境影响小等诸多技术优势,目前已广泛应用于我国地铁隧道建设中。然而,地铁盾构隧道穿越地层条件多变、外荷载作用复杂,致使不同地区盾构衬砌管片结构变形机理与控制理论存在差异,盾构隧道变形控制技术、控制标准及风险管理体系急待完善;隧道穿越城市核心区地下管网纵横交错、邻近建(构)筑物众多、地面车辆行人密集,隧道衬砌管片结构施工风险源多、变形控制要求高、周边环境保护压力大;盾构隧道使用频次高、服役时间长,在敏感环境下长期运营易出现隧道基底隆沉、衬砌管片结构变形裂损等典型灾变问题,进而对地铁运营安全形成潜在威胁。

盾构隧道衬砌由盾尾预制管片装配而成,作为地铁盾构隧道的最内层屏障,具有承担抵抗水土压力、提供安全行车环境的重要作用。研究不同地层条件与外部复杂工况下衬砌管片结构性能,对保障地铁盾构隧道长期服役安全具有重要的工程意义。

该书以南昌地铁 1、3 号线为工程背景,对富水砂层地铁盾构隧道衬砌管片结构性能展开研究。首先,介绍了南昌工程地质及水文地质条件、部分运营地铁盾构隧道管片服役状态;其次,基于整环足尺模型试验,分析获取了顶部超载、侧向卸载和卸载后加固三种典型工况下衬砌结构变形破坏行为规律及承载力演化特征;然后,通过三维有限元数值仿真,研究了复杂工况下管片衬砌结构变形破坏机理与极限承载力特征,为预测其他不同工况下盾构隧道衬砌管片的力学性能提供技术支持。该书研究内容详实，论证充分，所获成果提升了富水砂层地铁盾构隧道衬砌结构力学性能认识水平，对今后类似工程具有重要的理论借鉴和工程应用价值。

　　该书是作者团队对富水砂层地铁盾构隧道衬砌结构力学性能研究结果的总结，理论与实践并重，丰富了我国地铁建设的研究内容，对我国城市轨道交通技术发展具有重要的推动作用。该书具有较高的出版价值，非常值得盾构隧道工程相关人员细细品读。希望本书的出版能够推动地铁盾构隧道衬砌结构力学性能研究的进步和高层次人才的培养！

浙江大学　龚晓南

2022 年 3 月

前 言 *Preface*

随着我国城市轨道交通的迅速发展，盾构法凭其诸多技术优势在隧道建设中得到广泛应用。盾构隧道线路往往穿越商业区和住宅区，地表建构筑物密集、地层条件多变、地下管线复杂。周边环境越敏感，盾构隧道及地下结构施工运营风险越高。盾构隧道衬砌管片结构在施工、运维阶段的力学性能直接决定了隧道的健康状态及服役期限。

目前，国内外学者就盾构隧道衬砌管片结构的力学性能开展了大量研究工作，并取得了丰富的前期成果，为后续研究奠定了良好的基础。然而，管片结构性能研究工作主要集中于北京、上海、广州、深圳、南京、杭州等城市的盾构隧道，由于区域工程水文地质条件等存在差异，相关研究成果并不完全适用于其他地区。以南昌为例，由于地铁建设起步较晚，相关研究工作较为欠缺，急需针对盾构隧道衬砌管片结构性能开展针对性、系统性的研究工作，从而为南昌地区盾构隧道衬砌管片结构设计、施工、加固修复等提供理论支撑与技术支持。

本书主要为南昌轨道交通集团有限公司科研项目"南昌轨道交通盾构隧道服役性能研究（HG-2018-QT-CP-A-ZX-001）"、国家自然科学基金面上项目"循环动载下地铁盾构隧道基底全强风化软岩累积变形及其影响研究（42177162）"、江西省引进培养创新创业高层次人才"千人计划"项目"城轨盾构隧道不同风化程度软岩动力特性研究"的研究成果。本书在充分调研国内外学者研究成果的基础上，以南昌富水砂层地铁盾构隧道结构力学性能为关键问题，通过整环足尺试验、数值模拟、理论分析等手段，研究盾构隧道衬砌管片结构在顶部超载、侧向卸载、卸载后加固等典型工况下的力学行为规律与极限承载力特征，以及盾构吊出井区域衬砌管片结构性能等，为南昌地铁盾构隧道衬砌管片结构的设计、施工及运维阶段加固修复提供理论指导。

　　本书主要由南昌轨道交通集团有限公司、中国电建集团华东勘测设计研究院有限公司、华东交通大学、南昌轨道交通集团工程技术咨询有限公司、浙江华东测绘与工程安全技术有限公司合作完成。全书共分为9章：第1章概述了盾构隧道衬砌管片结构力学性能的研究现状，总结归纳了目前存在的主要问题，并介绍了本书的主要内容及研究意义；第2章介绍了南昌地铁发展概况、工程地质与水文地质条件、部分运营地铁盾构隧道衬砌管片结构服役状态；第3章详细介绍了南昌地铁盾构隧道衬砌管片结构性能整环足尺试验的方案设计及试验准备工作；第4章基于整环足尺试验研究分析了顶部超载工况下盾构隧道衬砌管片结构力学性能；第5章基于整环足尺试验研究分析了侧向卸载工况下盾构隧道衬砌管片结构力学性能；第6章基于整环足尺试验研究分析了卸载工况下盾构隧道内张钢环加固结构力学性能；第7章通过三维有限元软件ABAQUS开展了基于混凝土损伤模型的管片极限状态数值模拟研究，分析了顶部超载及周边卸载典型工况下衬砌管片的结构变形破坏机理及承载力特征；第8章通过三维有限差分软件 FLAC^{3D} 进行了吊出井区域衬砌管片结构性能数值模拟研究，分析了吊出井区域管片拼装、盾构吊出井回填条件下管片及土体的应力、应变规律；第9章对本书的研究内容进行了总结归纳，并对后续研究工作进行了探讨与展望。

　　由于作者水平有限，书中难免存在不足之处，敬请各位读者批评指正。

黄展军

2022 年 2 月

目录
Contents

第 1 章

绪　论

1.1　研究背景

随着我国城市化进程的高速推进，城市轨道交通的战略作用日益凸显，其以节能、高效、运载大、污染小、方便快捷等诸多优点成为缓解城市交通拥堵问题的有效途径，对优化城市空间格局及实现区域协调发展具有重要意义。城市轨道交通制式主要划分为地铁、轻轨和有轨列车三大类。其中，地铁是最主要的城市轨道交通制式。中国第一条地铁线路于 1965 年 7 月在北京开工修建，并于 1969 年 10 月完工开通。经过 50 多年国民经济和工程技术的高速发展，中国已成为世界上地铁数量、总运营里程排名第一的国家：截至 2021 年 12 月，中国已有 51 个城市开通地铁，累计线路运营里程达 8708 km，运营车站数量达 5216 座。

盾构法是一种集土体开挖、衬砌支护于一体的全机械化暗挖施工方法，因其地层条件适应性强、对周边环境影响小、掘进效率高、作业安全等诸多显著优势，已被广泛应用于地铁隧道建设中。其中，衬砌管片是盾构施工的主要装配构件，作为地铁盾构隧道的最内层屏障，承担着抵抗水土压力、保证行车环境安全的重要作用。盾构隧道衬砌管片结构拼装形式通常分为通缝拼装和错缝拼装两类，如图 1-1 所示。由于管片接头存在一些"类似铰"的功能，部分弯矩通过纵、环缝接头的剪切阻力传递给错缝拼装的相邻管片，如图 1-2 所示，从而使管片环接缝刚度分布趋于均匀，衬砌管片结构的整体空间刚度得以明显提升，增强了管片的抗变形能力，改善了防水性能。目前，地铁盾构隧道工程中除以上海为代表的部分软土地层采用通缝拼装形式外，其余大多采用错缝拼装形式，如南京、杭州、南昌等城市，如表 1-1 所示。以南昌地区为例，目前已建和在建盾构隧道衬砌管片结构统一采用 1+2+3 形式（即 1 块封顶 F 形管片、2 块邻接 L 形管片和 3 块标准 B 形管片），内径为 5.4 m，外径为 6.0 m，厚度为 0.3 m；采用错缝拼装，通过环向螺栓和纵向螺栓进行连接，衬砌管片结构及现场拼装效果如图 1-3 所示。

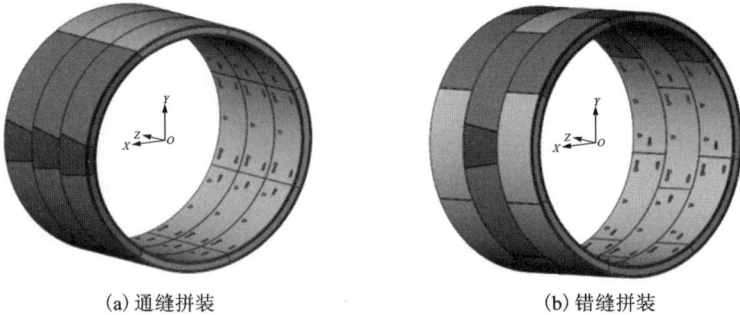

(a) 通缝拼装　　　　　　　　　　　　　　　(b) 错缝拼装

图 1-1　盾构隧道衬砌管片结构拼装形式图

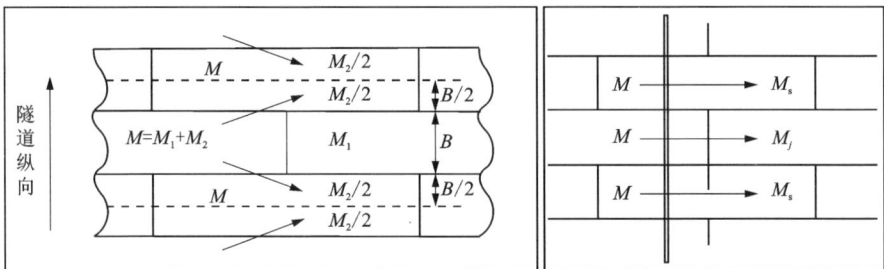

M—弯矩；B—环宽；M_j—计算弯矩；M_s—屈服弯矩

图 1-2　环间接头弯矩传递示意图

表 1-1　华东地区盾构隧道衬砌管片结构参数

地区	内径 /m	厚度 /mm	宽度 /m	管片类型	分块	拼装形式
上海(新线)	5.9	350	1.2	标准环+转弯环	6 块	通缝
上海(老线)	5.5	350	1.2	标准环+转弯环	6 块	通缝
上海 2 号线典型区间	5.5	350	1.0	标准环+转弯环	6 块	错缝
杭州	5.5	350	1.2	标准环+转弯环	6 块	错缝
宁波	5.5	350	1.2	通用环	6 块	错缝
绍兴	5.9	400	1.2	通用环	6 块	错缝
南京	5.5	350	1.2	标准环+转弯环	6 块	错缝
苏州	5.5	350	1.2	标准环+转弯环	6 块	错缝

续表1-1

地区	内径/m	厚度/mm	宽度/m	管片类型	分块	拼装形式
佛山地铁3号线	5.44	380	1.2	标准环+转弯环	6块	错缝
天津(新线)	5.9	350	1.2	标准环+转弯环	6块	错缝
南昌	5.4	300	1.2/1.5	通用环	6块	错缝

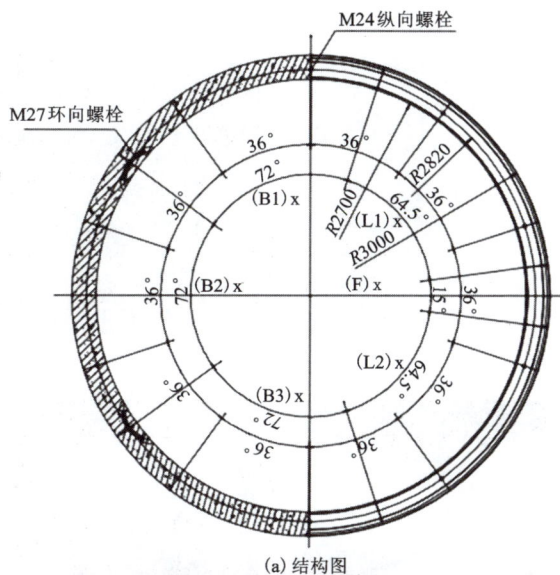

(a) 结构图

(b) 现场拼装效果图

B1、B2、B3—标准 B 形管片；L1、L2—邻接 L 形管片；F—封顶 F 形管片。

图 1-3 南昌地铁 4 号线盾构隧道衬砌管片结构

盾构隧道衬砌管片结构作为由大量螺栓和管片连接拼装而成的装配式结构，在施工期间其结构拼装质量将不可避免地受到盾构机千斤顶推力、密封油脂压力、注浆压力以及机械拼装力等多种荷载作用的综合影响。此外，在长期运营过程中，隧道上方及临近区域地面堆载、基坑及近接隧道开挖卸载、交通循环动载、地下水作用等各种工程活动及自然条件变化，也将对盾构隧道衬砌管片结构的力学性能造成负面影响，诱发隧道渗漏水、管片损伤(裂缝、缺角、缺损)、管片错台、接缝张开等常见病害，如图1-4所示，不同程度地影响着隧道的服役性能。

(a) 管片渗漏

(b) 管片破损

(c) 管片错台

(d) 接缝张开

图1-4 盾构管片常见病害

随着盾构隧道服役时间的推移，由上述因素导致的工程质量问题已逐步凸显。国外典型案例如瑞士 Sorrenberg 天然气隧道，其施工过程中在千斤顶推力作用下诱发了严重的管片开裂问题；迪拜 Shindagha 海底盾构隧道在建成通车仅10年便出现了因海水侵蚀而引发的衬砌管片结构开裂、破损问题，其定期维修养护费用接近隧道同期建设费用的两倍。我国通车运营较早的香港地铁盾构隧道衬砌管片结构中的混凝土出现了大范围的老化脱落问题，较大程度地影响了隧道的功能性、耐久性和安全性；上海打浦路隧道、广州地铁隧道建成通车后，随着隧道运营时间的增长，衬砌管片结构裂损问题也日益增多。可以推测，未来几十年内因衬砌管片结构性能劣化导致的工程病害将大规模显现，盾构隧道运维保养将步入高峰期。

因此，研究盾构隧道衬砌管片结构力学性能，揭示施工、运营阶段典型工况下衬砌管片结构的变形破坏力学响应规律特征，对指导优化盾构隧道设计、施工方案与维修加固措施具有极其重要的工程意义。

1.2　国内外研究现状

目前，国内外学者针对盾构隧道衬砌管片结构力学性能这一关键问题已开展了大量研究工作，并取得了丰富的研究成果。下面主要从盾构隧道衬砌管片结构受力计算模型研究、性能试验研究、数值模拟研究等方面进行概述。

1.2.1　盾构隧道衬砌管片结构受力计算模型研究

盾构隧道衬砌管片结构是由大量螺栓连接管片拼装而成的三维装配式结构，在不同的外部荷载作用下，衬砌管片结构力学行为特征在环向和纵向上均表现出极强的复杂性。对常规的单层圆形盾构隧道衬砌管片结构而言，较为主流的计算模型有：均质圆环法、多铰圆环法、梁-弹簧模型、壳-弹簧模型和三维实体模型等。

1. 均质圆环法

20 世纪 60 年代初，日本土木学会在隧道工程研讨会上首次提出了惯用设计法，该方法不考虑管片接缝对结构整体刚度的不利影响，假定管片接缝处抗弯刚度与管片其他截面处抗弯刚度相同，即将衬砌管片结构等效为完全刚度均质圆环模型。由于该方法没有考虑衬砌管片结构环向及纵向接缝对结构力学特性的影响，目前应用较少。

与上述计算方法不同，等效刚度均质圆环法较好地考虑了管片环向接头和环间接头对衬砌管片结构的变形和弯矩分布的影响。该方法引入刚度系数 η，表征环向接头对管片环整体刚度的削弱作用；引入弯矩增大系数 ξ，表征错缝拼装时衬砌管片结构中的附加弯矩。通过上述等效方法，管片环的抗弯刚度可以表示为 ηEI。在错缝拼装条件下计算衬砌管片结构最大弯矩 M 时，还要做出相应的调整。考虑到错缝拼装条件下管片间的弯矩转移，管片的弯矩为 $(1+\zeta)M$，而接头处的弯矩为 $(1-\zeta)M$。在此基础上，日本土木工程协会于 1997 年提出了修正惯用法。目前，我国地铁大多采用修正惯用法进行盾构隧道的结构设计计算。相较于惯用法，修正惯用法能够更好地考虑接缝效应，但仍然存在刚度折减系数和弯矩传递系数选取困难、接缝局部受力和变形特性难以准确体现等缺陷。

2. 多铰圆环法

与等效刚度均质圆环法不同，多铰圆环法采用铰结构模拟管片接缝，假定接缝处不传递弯矩，并采用梁单元模拟管片，采用地层弹簧模拟周边土体抗力。由于该方法采用了无抗弯刚度的铰单元模拟管片接缝，致使多铰圆环模型成为非静定受力体系，需要对模型施加周边约束才能进行求解。因此，该模型适用于地质条件较好的情况，当地质条件较差时往往难以得到准确的计算结果。此外，该模型没有考虑环间的力学效应，也不能说明错缝拼装条件下弯矩增大和管片接头弯矩减小的原因。

3. 梁-弹簧模型

由 Kubo 等提出的梁-弹簧模型采用直梁或曲梁单元模拟管片，并在接缝位置添加三向弹簧(旋转弹簧、拉压弹簧、剪切弹簧)，用以模拟纵缝间弯矩、剪力和轴力的传递，并较好地考虑了环间的剪切作用。小泉淳等提出的纵向梁-弹簧模型采用轴向刚度为 EA、弯曲刚度为 EI 的梁单元来模拟管片环，采用轴向刚度为 k_n、剪切刚度为 k_s、弯曲刚度为 k_m 的三向弹簧来模拟管片环与管片环之间的接头和螺栓，该模型将盾构隧道衬砌管片结构横向假定为均质圆环，通过弹簧模拟环向接缝间的相互作用。然而，该模型接缝参数较多，各类弹簧参数的确定需通过接缝试验或工程经验给出，缺乏明确的理论计算依据。

4. 壳-弹簧模型

为了更为准确地描述隧道管片及接头在三维空间中的真实受力状态，志波由纪夫等提出了三维骨架的隧道衬砌管片结构计算模型，实现了管片环向及纵向接头部位受力与变形的模拟；在此基础上，黄钟晖等采用壳单元模拟管片，并采用轴压、剪切、旋转三个方向的弹簧单元模拟管片接头，基于该模型的研究揭示了错缝拼装隧道管片的受力特点和环间剪切力的传递规律；朱伟等提出了壳-弹簧模型并编制了计算程序，能够较好地反映盾构隧道衬砌管片结构的横向和纵向结构性能。在上述研究的基础上，众多国内外学者对壳-弹簧模型进行了深入研究与优化改进，并取得了丰富的研究成果。壳单元-弹簧模型的提出，实现了盾构隧道管片环向和纵向结构力学特征的有效结合与综合分析，然而，接头弹簧力学参数的准确选取依然是该类模型方法的一大缺陷。

5. 三维实体模型

三维实体模型通过实体单元模拟管片，并采用实体单元或接触单元模拟管片接缝构件，如螺栓、垫板、止水条、嵌缝等。该类模型的优势在于能够更为精细地模拟实际管片环,采用非线性接触模拟接缝结构,所得结果更接近管片环的实际状态;同时,通过引入合适的本构模型,能够更为准确地模拟钢筋、混凝土和围岩等材料特性。三维实体模型的缺点在于建模复杂、单元数目多、计算不易收敛,因此往往效率较低。

1.2.2 盾构隧道衬砌管片结构性能试验研究

盾构隧道衬砌管片结构受力计算理论方法与数值模型往往离不开试验、施工与运维数据的验证和优化。近年来,国内外学者针对盾构隧道衬砌管片结构力学性能开展了大量试验研究工作,主要包括现场测试试验、相似模型试验和足尺模型试验等。

1. 现场测试试验

现场测试试验是针对施工、运维阶段衬砌管片结构的受力变形行为规律开展的原位测试,其结果最为直观,因此目前应用较为广泛。

在盾构隧道施工阶段衬砌管片结构现场测试方面,陈伟等对广州地铁某区间衬砌管片结构进行了钢筋受力变形及围岩压力等方面的现场测试,结果表明管片安装时的注浆压力对管片内力分布有较大影响;周文波等通过现场测试分析了双圆盾构隧道管片在拼装、成环、推进等施工过程中的结构内力变化,并指出管片拼装过程中最危险的位置处于双圆上部45°方向;闫治国、朱合华等基于现场测试分析了千斤顶作用下管片的轴向应力分布与直线推进时接头环缝榫头的应变变化情况;周济民、何川等对西安地铁2号线穿越老黄土地层区间盾构隧道衬砌管片结构的水土压力及主体结构内力进行了现场动态跟踪测试,反演分析了黄土地层中盾构隧道衬砌管片结构设计荷载;阳军生等依托台山核电站海底取水盾构隧道对双层衬砌管片结构受力进行现场监测,并提出了一种能准确计算软土地层海底盾构隧道设计荷载的方法。运营阶段衬砌管片结构现场测试方面,李明宇等对上海轨道交通8号线运营地铁盾构隧道内3种典型通、错缝拼装盾构隧道,有、无铺设钢弹簧浮置板的单圆盾构隧道和双圆盾构隧道道床和标准块的振动响应进行了实测;李长俊、陈卫忠等对南京扬子江隧道两个典型监测断面的接缝监测数据展开分析,揭示了两种不同地层组合下接缝张开量随水位、温度变化的规律,如图1-5所示;杨松林等对国内某大直径越江盾构隧道纵向差异沉降、横向水平位移和扭转变形,以及典型断面管片接缝张开量、钢筋应力、混凝土应变等进行监测,基于数据对隧道结构的稳定性进行评价等。

然而,现场测试存在试验成本高、操作难度大、外部条件难以控制等缺陷,因此目前多以典型断面或试验区段为单位展开少量研究,导致能够获取的有效数据信息有限。

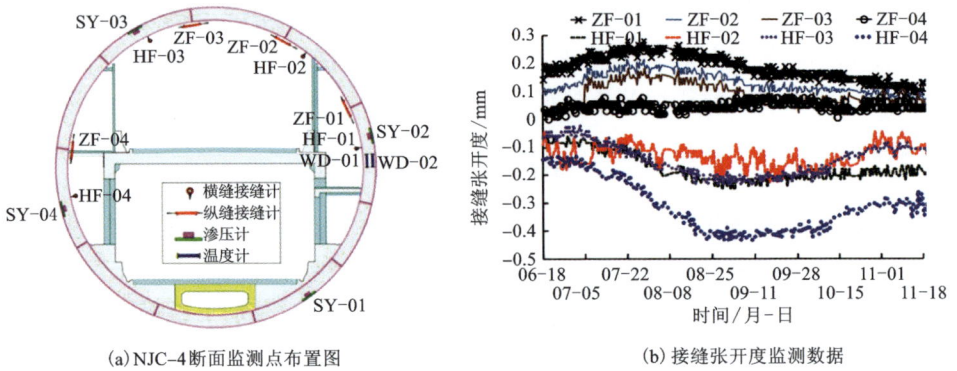

(a) NJC-4 断面监测点布置图　　　　　　(b) 接缝张开度监测数据

图 1-5　南京扬子江隧道现场测试试验示例

2. 相似模型试验

依据相似原理，将盾构隧道衬砌管片结构及赋存地层以一定比例缩小，从而开展缩尺的相似模型试验。较现场测试试验及足尺试验而言，其具有更高的可操作性、经济性和有效性，目前已成为研究盾构隧道衬砌管片结构力学性能的重要科学方法。唐志成等基于三维土-盾构隧道相似模型试验，对南京地铁一期工程玄武门—南京站区间盾构隧道衬砌管片结构在不同拼装方式下的力学行为进行了试验研究；何川等针对武汉长江隧道承受高水压和局部区段穿越软硬复合地层等特点，开展了衬砌管片结构力学特征相似模型试验，揭示了层状复合地层和单一地层条件下盾构隧道衬砌管片结构受力变形特征；汪洋等以广州地铁 3 号线大塘—沥滘区间盾构隧道为工程依托，开展相似模型试验，获得了盾构隧道正交下穿施工所引起的既有隧道纵、横向变形及附加弯矩轴力分布规律；王士民等以狮子洋隧道为工程背景，采用相似模型试验方法对比分析不同拼装方式对衬砌管片结构的力学特性及破坏特征的影响规律；陈晓坚等依托厦门地铁 2 号线跨海区间隧道工程，采用相似模型试验，以堆载模拟上覆水位荷载、漏砂法模拟下卧地层损失，分析获取了上覆荷载、下卧地层损失下隧道沉降和曲率半径分布规律等。

由于相似模型试验结构简易化且相似材料性质具有一定离散性，该方法尚难以真实体现衬砌管片结构的细部特征以及准确复制结构力学特性，这一缺陷促使部分专家学者进一步尝试开展足尺试验研究。

3. 足尺模型试验

目前，用于盾构隧道衬砌管片结构性能测试的足尺试验主要包括单管片足尺试验、接头足尺试验以及整环衬砌管片结构足尺试验。

　　单管片足尺试验主要用于测试管片的抗弯性能和承载能力。林光俊等对东京—横滨输气盾构隧道工程单体管片进行了加载试验,对管片抗弯承载能力、变形与主筋应力等进行了测试;李京爽等针对北京地铁 5 号线盾构隧道管片开展了单管片承载力试验,分析了两种不同配筋条件下主筋应变及相对转角比与纯弯曲弯矩之间的响应关系;周海鹰等对某地铁隧道管片进行了承载力试验,测试了加载方式和配筋率对钢筋混凝土管片破坏机理、极限荷载的影响;任天宇等对盾构隧道管片进行波纹钢板加固,如图 1-6 所示,并采用单管片足尺试验对加固管片与非加固管片进行 2 点抗弯加载,研究加固管片的受力过程、破坏模式及加固机制,评价其加固效果等。

　　管片接头往往是整个衬砌管片结构的薄弱部位,其受力性能复杂,因此准确揭示管片接头的力学特性,对管片的结构设计具有重要意义。张厚美等对厚度为 450 mm 的管片结构分为直接缝和弯曲缝两种情况进行了接缝荷载试验,提出了接缝抗弯刚度经验公式,并得到了接缝初始抗弯刚度的合理取值范围;滕丽和吕建中针对 4.2 m 内径排水盾构管道进行了考虑错缝拼装的接缝弯矩试验,通过侧向加载考虑错缝拼装的影响,得出了错缝拼装接缝的抗弯刚度范围,其刚度为通缝拼装接缝刚度的 4~5 倍;封坤等结合广深港高速铁路狮子洋隧道工程,针对高轴压作用下复杂接缝面管片接头的抗弯性能、破坏特征开展了足尺试验研究,为盾构隧道的设计、施工和相关研究提供了重要参考;龚琛杰和丁文其以盾构隧道钢纤维混凝土管片接头为试验对象,采用足尺试验方法对钢纤维混凝土管片接头和传统钢筋混凝土管片接头的极限承载能力进行研究,获得了荷载-挠度曲线和弯矩-转角曲线等整体力学响应特性,以及荷载-螺栓应变关系和荷载-混凝土表面应变等局部力学响应特性,分析了受压区剪裂缝的扩展规律;郑勇波等为研究钢筋锈蚀后上海地铁盾构隧道纵缝接头抗弯力学性能退化规律,基于地铁盾构隧道环境条件及空间分布对管片进行氯盐侵蚀加速钢筋锈蚀试验,并以此为基础进行纵缝接头正弯矩足尺试验,建立纵缝接头三维数值精细化计算模型,分析钢筋锈蚀影响下地铁盾构隧道纵缝接头的力学性能退化状况等。

　　整环衬砌管片结构足尺加载试验通过 1:1 的实际尺寸进行管片的拼装与结构性能测试,通过特定的加载设备实现外荷载的模拟,如图 1-7 所示,克服了室内模型试验的缩尺效应,实现了管片接头试验无法达到的结构整体性,相比于现场测试更具可重复操作性和灵活性,可模拟隧道衬砌管片结构在不同工况下的受力状态,是研究隧道衬砌管片结构力学性能的最直接和最有效的手段。

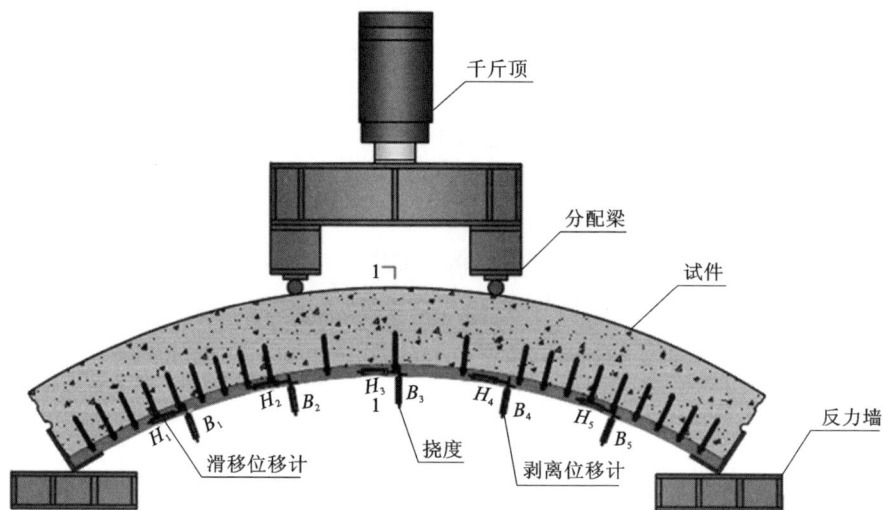

千斤顶

分配梁

试件

反力墙

H_1 滑移位移计 H_2 B_2 H_3 B_3 1 挠度 H_4 B_4 H_5 剥离位移计 B_5

B—剥离计测点；H—滑移计测点。

(a) 加载及监测示意图

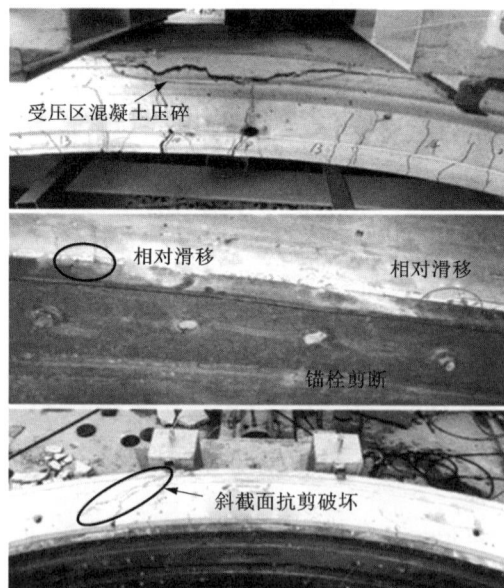

受压区混凝土压碎

相对滑移　　　　　　相对滑移

锚栓剪断

斜截面抗剪破坏

(b) 试件破坏图

图 1-6　波纹钢板加固管片足尺试验示例

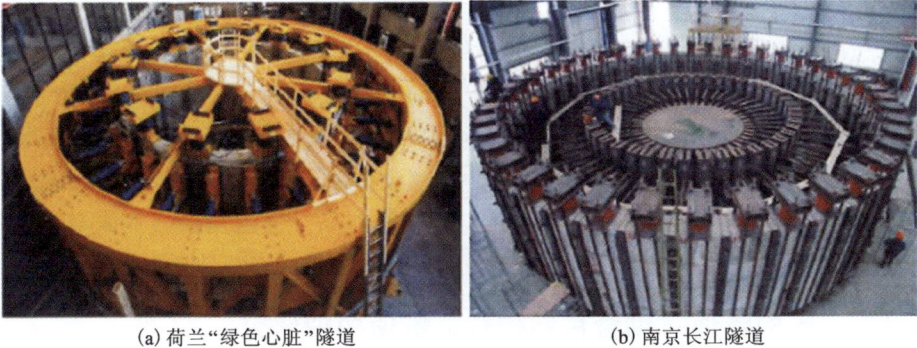

(a) 荷兰"绿色心脏"隧道　　　　　　　　　(b) 南京长江隧道

图 1-7　整环足尺试验特定的加载设备

　　国内外部分学者采用足尺模型试验对盾构隧道衬砌管片结构内力分布情况、变形破坏规律、极限承载力特征及加固后力学特性等展开深入研究。Schreyer 和 Winselman 针对德国 Elbe 隧道进行盾构隧道衬砌管片结构整环足尺试验，研究了盾构隧道衬砌管片结构的极限承载力和管片接缝的力学性能，试验结果表明管片变形在整体上具有一致性特征，其中封顶块在几何尺寸上的不同导致了变形曲线的不规则。Nakamura 等针对日本类矩形 Kyoto 地铁隧道进行了足尺试验，探明了类矩形盾构隧道衬砌管片结构的结构力学性能，并评估了类矩形盾构隧道衬砌管片结构设计方法。Luttikholt 等针对荷兰 Heinenoord 隧道进行了两组足尺实验，研究发现高轴力状态下盾构隧道衬砌管片结构变形主要由接缝转动和管片弯曲导致，而低轴力状态下接缝变形会存在明显拐点，拐点后结构性能明显降低，使得管片承载力比高轴力状态低。封坤等通过对南京长江隧道开展整环足尺试验，研究了不同拼装形式下盾构隧道衬砌管片结构变形、裂缝扩展与纵缝张开量，试验结果表明，与通缝拼装管片相比，错缝拼装管片结构变形、纵缝张开量较小，而裂缝扩展较快。何川等对水下铁路盾构隧道在通缝和错缝不同的拼装形式下进行了原型结构加载试验，试验结果表明，不同水压条件下衬砌管片结构力学特征不同，尤其是当结构开裂后，高水压对结构内力与形变的发展有明显的减缓作用。柳献等设计并开展了超载和卸载两种工况下盾构隧道整环足尺试验，获取了管片整体变形、接缝张开量、螺栓应变等试验数据，试验结果表明，接缝处混凝土受压破坏导致了管片环的整体破坏，而管片接头是决定结构极限承载力的关键，并得到了承载力安全系数在周边卸载条件下比隧道上部卸载更小的结论。在上述研究的基础上，柳献等进一步开展了钢板-混凝土组合结构加固盾构隧道衬砌管片结构的极限承载力足尺试验，研究结果表明，所提出的钢板−混凝土组合结构加固法保证了截面黏结的有效性，结构整体破坏模式具有良好的弹塑性，相比于内张钢环加固法，用钢量减少29.4%，极限承载力提高了31.1%。

相较单管片足尺试验而言，整环足尺试验能够更好地反映盾构隧道衬砌管片结构在外部荷载作用下整体变形特性及承载力特征。然而，目前的整环足尺试验仍存在加载方式简化、研究环数少、较难考虑管片自重等缺陷。此外，由于整环足尺试验装置及管片价格高昂，试验成本高，过程复杂且周期较长，无法对多种工况开展大批量试验，往往借助数值模拟进行补充研究。

1.2.3　盾构隧道衬砌管片结构性能数值模拟研究

随着计算机技术的不断进步，盾构隧道衬砌管片结构性能数值计算方法有了较大的发展，其中以有限元法最为常用。鞠杨等结合地铁盾构隧道工程实例提出了钢筋混凝土衬砌管片结构三维非线性有限元计算模型，应用非线性有限元程序 Ansys 分析了上部和周围土体荷载作用下衬砌管片结构的应力场与变形情况，并获取了衬砌管片结构的应力场、应变场、结构整体位移以及裂纹的分布图；李宇杰通过在 Abaqus 三维非线性管片模型中引入弹塑性损伤本构模型，用损伤因子来描述管片的刚度损伤并确定裂缝处出现的区域；杨春山等基于 Midas Gts 构建了考虑管片开裂的三维非线性有限元模型，分别用 Goodman 单元及组合弹簧模拟管片结构裂缝及接缝，计算结果显示管片裂缝对结构内力、变形及整体承载力的影响较小，应主要考虑裂缝对管片结构耐久性的影响；王士民等建立了根据接合面接触状态不同划分的盾构隧道双层衬砌管片结构三维实体复合结构和叠合结构模型，以此研究了二次衬砌管片结构对隧道整体力学性能的影响；翟五洲等采用有限元数值模拟的方法建立了盾构隧道衬砌管片结构环缝钢板加固的三维数值分析模型，在此基础上设计并开展了钢板加固管片环缝数值模拟试验，分析了外荷载作用下管片接缝错台变形的发展规律，通过螺栓与管片内的应力分布及发展模式解释现象发生的原因，对该加固方法对错台变形的控制效果进行量化讨论，并分析了当接缝发生错台变形时钢板与管片间连接界面的应力分布规律，揭示了加固钢板与管片之间的传力机制；张力等针对现有盾构隧道衬砌管片结构接头构造数值模拟难以准确反映接头实际受力和变形过程的问题，以苏通 GIL 工程管片接头为研究对象建立三维精细化接头数值模型，通过接头抗弯足尺试验验证数值模型计算结果的准确性，进而分析了螺栓连接状态对接头抗弯性能的影响等。

三维数值模型能够对盾构隧道衬砌管片结构及接缝等细部特征进行良好模拟，研究成本低、周期短、模拟结果直观，很好地弥补了试验研究的不足。

1.2.4 存在的主要问题

盾构隧道衬砌管片结构在施工、运维阶段的力学性能直接决定了隧道的健康状态及服役周期。截至目前，国内外学者就盾构隧道衬砌管片结构力学性能开展了大量研究工作，并取得了丰富的前期成果，为后续研究奠定了良好的基础。基于研究成本与周期等方面的原因，目前关于盾构隧道衬砌管片结构性能的现场测试及足尺试验研究工作仍然偏少，主要依赖有限的试验数据对数值模型或理论模型进行验证及参数标定后，再对其他不同工况条件下衬砌管片结构性能进行仿真或计算分析。然而，盾构隧道衬砌管片结构性能的现场测试及足尺模型试验主要针对北京、上海、广州、深圳、南京、杭州等城市盾构隧道，由于区域工程水文地质条件等存在差异，相关研究成果并不完全适用于其他地区。以南昌等城市为例，由于地铁建设起步相对较晚，相关研究工作十分欠缺，急需针对盾构隧道衬砌管片结构性能开展针对性、系统性研究工作，为南昌地区盾构隧道衬砌管片结构设计、施工、加固修复等提供理论支撑与技术支持。

1.3 主要内容

本书主要为南昌轨道交通集团有限公司科研项目"南昌轨道交通盾构隧道服役性能研究（HG-2018-QT-CP-A-ZX-001）"、国家自然科学基金面上项目"循环动载下地铁盾构隧道基底全强风化软岩累积变形及其影响研究（42177162）"、江西省引进培养创新创业高层次人才"千人计划"项目"城轨盾构隧道不同风化程度软岩动力特性研究"的研究成果。本书在充分调研国内外学者研究成果的基础上，以南昌富水砂层地铁盾构隧道衬砌管片结构性能为关键问题，通过整环足尺试验、数值模拟、理论分析等手段，研究盾构隧道衬砌管片结构在顶部超载、侧向卸载、卸载后加固等典型工况下的力学行为规律与极限承载力特征，以及盾构吊出井区域盾构隧道衬砌管片结构性能等，为南昌地铁盾构隧道衬砌管片结构的设计、施工及运维阶段加固修复提供理论指导。

全书共分为9章：第1章，概述了盾构隧道衬砌管片结构力学性能的研究现状，总结归纳了目前存在的主要问题，并介绍了本书的主要内容及研究意义；第2章介绍了南昌地铁发展概况、工程地质与水文地质条件、部分运营地铁盾构隧道衬砌管片结构服役状态；第3章详细介绍了南昌地铁盾构隧道衬砌管片结构性能整环足尺试验的方案设计及试验准备工作；第4章基于整环足尺试验研究分析了顶部超载工况下盾构隧道衬砌管片结构力学性能；第5章基于整环足尺试验研究分析了侧向卸载工况下盾构隧道衬砌管片结构力学性能；第 6 章基于整环足尺试验研究分析了卸载工况下盾构隧道内张钢环加固结构力学性能；第 7 章通过三维有限元软件 ABAQUS 开展了基于混凝土损伤模型的管片极限状态数值模拟研究，分析了顶部超载及周边卸载典型工况下衬砌管片结构的变形破坏机理及承载力特征；第 8 章通过三维有限差分软件 FLAC³ᴰ 进行了吊出井区域衬砌管片结构性能数值模拟研究，分析了吊出井区域管片拼装、盾构吊出井回填条件下管片及土体的应力、应变规律；第 9 章对本书的研究内容进行了总结归纳，并对后续研究工作进行了探讨与展望。

第 2 章

工程概况

2.1　南昌地铁概况

南昌地铁是服务于江西省南昌市的城市轨道交通系统。其首条线路于 2015 年 12 月 26 日开通载客试运营，使南昌成为中国第 27 座、江西省首座开通轨道交通的城市。截至 2021 年 12 月，南昌地铁已开通运营 4 条线路，分别是南昌地铁 1 号线、南昌地铁 2 号线、南昌地铁 3 号线和南昌地铁 4 号线，共设车站 94 座(含换乘站 9 座)，运营线路总长 128.45 km。南昌地铁线路图如图 2-1 所示。

南昌地铁 1 号线一期工程线路全长 28.84 km，共设 24 座车站，全部采用地下形式敷设，1 号线一期工程起于双港站，途经蛟桥镇、红谷滩中心区、旧城中心区、城东和瑶湖五大片区，止于瑶湖西站，呈 L 形东西走向。1 号线于 2011 年 1 月全面开工建设，2015 年 12 月 26 日开通试运营。南昌地铁 1 号线共有 23 个盾构隧道区间，均采用外径为 6000 mm、内径为 5400 mm、厚度为 300 mm 的通用型管片，包括 1 块封顶块 F(角度为 15°)，2 块邻接块 L1、L2(角度为 64.5°)，3 块标准块 B1、B2、B3(角度为 72°)。管片设置双面楔，楔形量为 36 mm，楔形角为 0.34377°，可满足半径 $R = 250$ m 曲线拟合；采用错缝拼装形式，通过管片拼装角度调整以完成不同线路的隧道线型。盾构隧道断面示意图与盾构管片错缝拼装示意图如图 2-2 和图 2-3 所示。南昌地铁 1 号线不同区间的盾构机选型是根据开挖断面图层进行划分的，全断面砂层的区间段选用的盾构机为土压平衡盾构机，型号为中铁 26 号盾构机；全断面岩层或复合地层采用的依旧为土压平衡盾构机，型号为中铁 CT008C 号盾构机；下穿水域的特殊地层则采用泥水平衡盾构机，型号为 NFM-07 与海瑞克 S367 泥水盾构机。

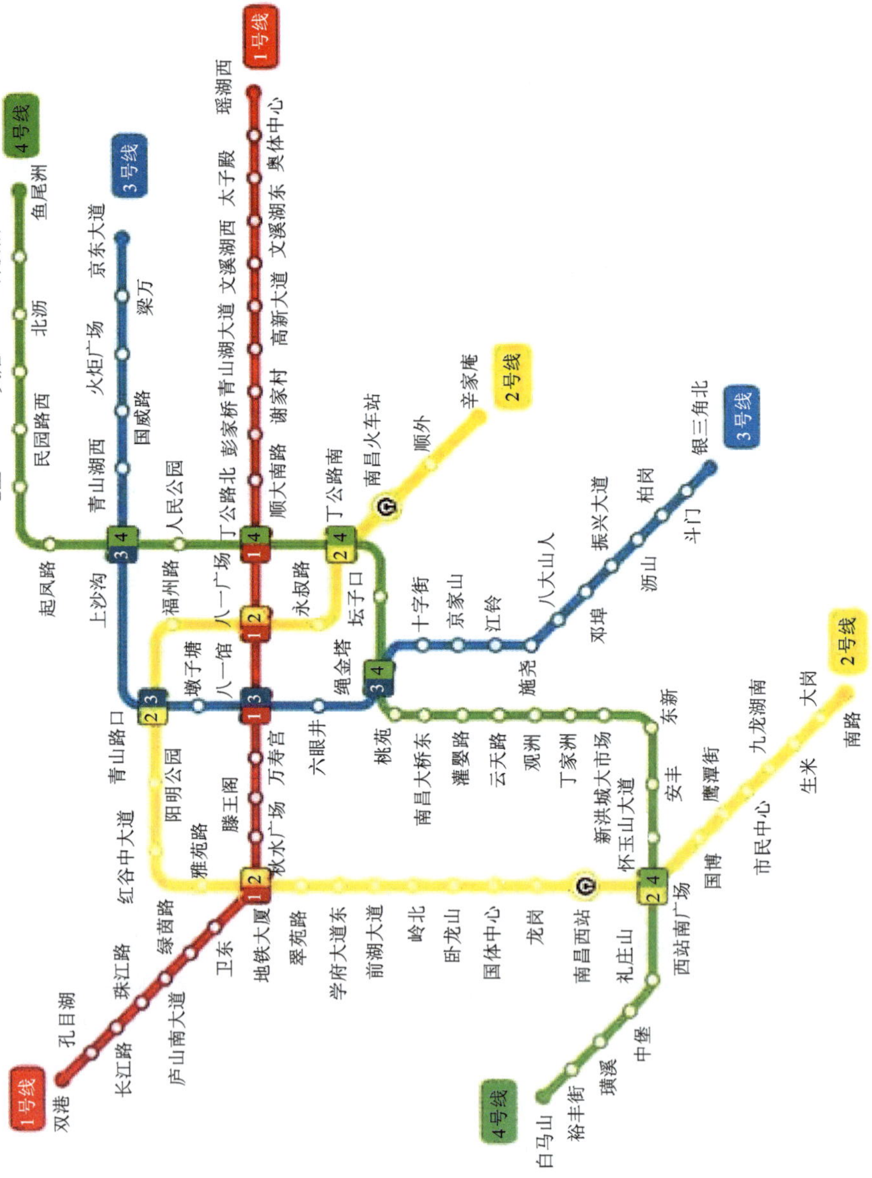
1号线
2号线
3号线
4号线
双港
孔目湖
长江路
珠江路
庐山南大道
绿茵路
卫东
地铁大厦
秋水广场
滕王阁
万寿宫
八一馆
八一广场
丁公路北
顺大南路
彭家桥
谢家村
青山湖大道
高新大道
文溪湖西
文溪湖东
太子殿
奥体中心
瑶湖西
南路
大岗
生米
九龙湖南
市民中心
鹰潭街
国博
西站南广场
南昌西站
龙岗
国体中心
卧龙山
岭北
前湖大道
学府大道东
翠苑路
雅苑路
红谷中大道
阳明公园
青山路口
福州路
永叔路
丁公路南
南昌火车站
顺外
辛家庵
银三角北
斗门
柏岗
沥山
振兴大道
邓埠
八大山人
施尧
江铃
京家山
十字街
坛子口
绳金塔
六眼井
墩子塘
上沙沟
青山湖西
国威路
火炬广场
梁万
京东大道
白马山
裕丰街
璜溪
中堡
礼庄山
怀玉山大道
新洪城大市场
安丰
东新
丁家洲
观洲
云天路
灌婴路
南昌大桥东
桃苑
人民公园
起凤路
七里
民园路西
火炬
北沥
科技城
鱼尾洲

图2-1 南昌地铁线路图

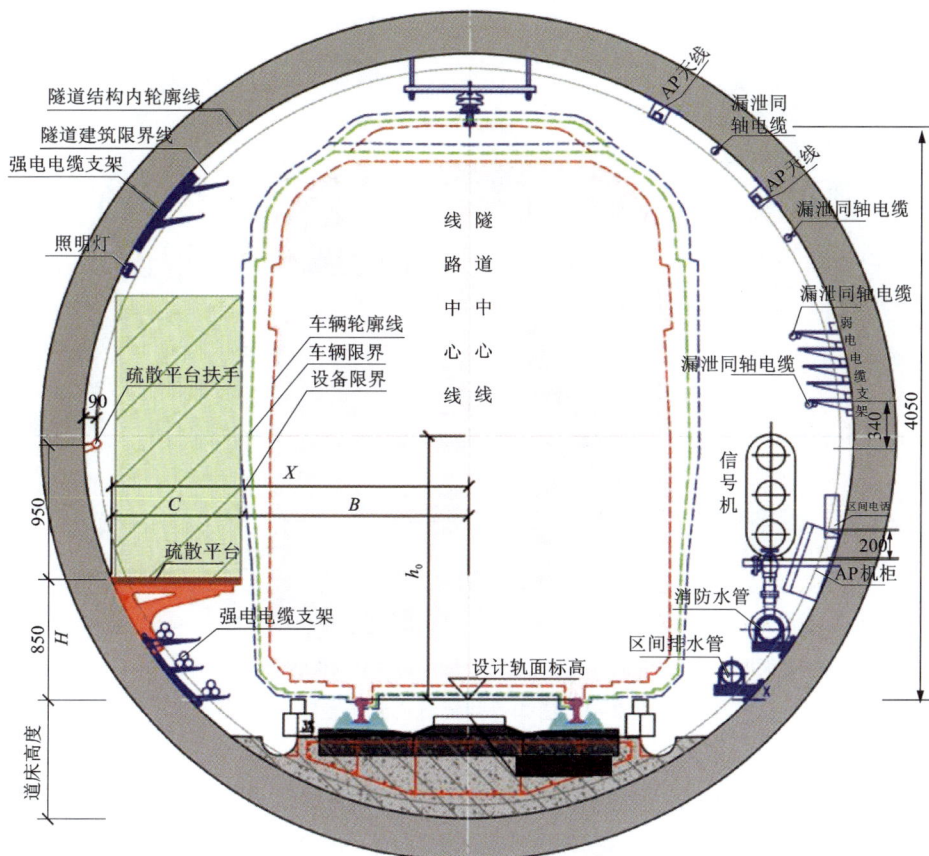

隧道结构内轮廓线
隧道建筑限界线
强电电缆支架

照明灯

疏散平台扶手

车辆轮廓线
车辆限界
设备限界

疏散平台

强电电缆支架

线路中心线

隧道中心线

AP天线
漏泄同轴电缆

AP天线
漏泄同轴电缆

漏泄同轴电缆
弱电电缆支架

漏泄同轴电缆

信号机

区间电话
AP机柜

消防水管
区间排水管

设计轨面标高

道床高度

图 2-2　盾构隧道断面示意图

南昌地铁 2 号线一期工程线路全长 31.51 km, 共设 28 座车站, 全部采用地下形式敷设。2 号线一期工程起于南路站, 途经红谷滩区、东湖区中西部、西湖区东北部和青山湖区中西部, 止于辛家庵站; 以赣江为界, 线路在西岸大体呈南北走向, 在东岸呈东西走向。2013 年 1 月, 2 号线开始建设; 2017 年 8 月 18 日, 2 号线首通段(南路站—地铁大厦站)开通试运营; 2019 年 6 月 30 日, 2 号线全线(南路站—辛家庵站)开通试运营。南昌地铁 2 号线共有 27 个盾构隧道区间, 均采用 6000 mm、内径为 5400 mm、厚度为 300 mm 的通用型管片, 具体参数与南昌地铁 1 号线管片相同。南昌地铁 2 号线不同区间的盾构机选型原则与南昌地铁 1 号线大体一致, 全断面砂层的区间段盾构机选用型号为

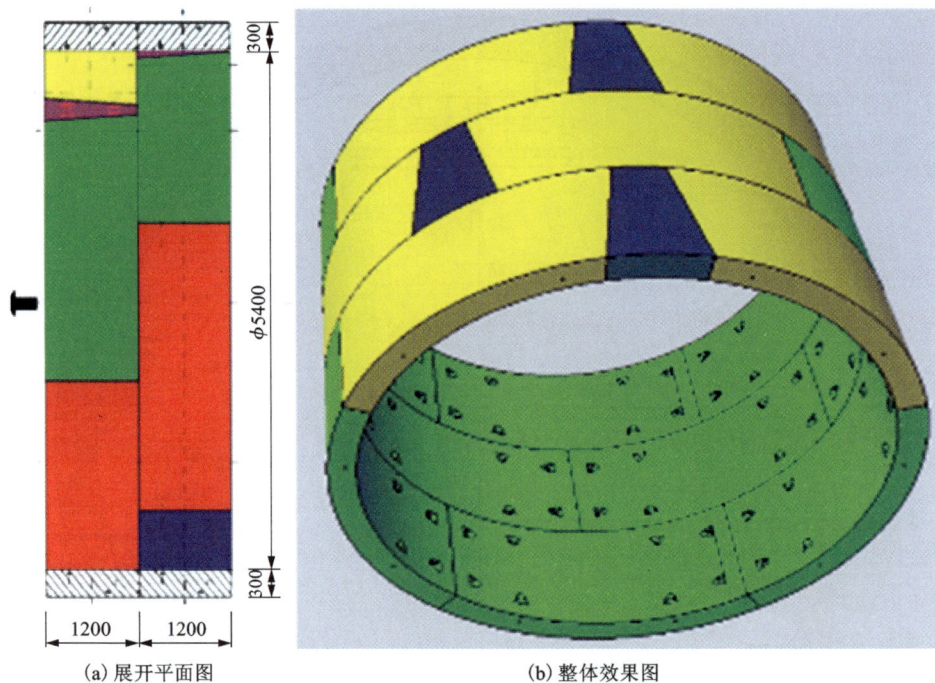

（a）展开平面图　　　　　　　　　（b）整体效果图

图 2-3　盾构管片错缝拼装示意图

中铁 26 号盾构机；全断面岩层或复合地层盾构机选用型号为中铁 CT008C 号盾构机；下穿水域的特殊地层选用型号为 NFM-07 与海瑞克 S367 泥水盾构机。

南昌地铁 3 号线线路全长 28.5 km，共设 22 座地下车站，全部采用地下形式敷设。3 号线起于银三角北站，途径南昌县、青云谱区、西湖区、东湖区、青山湖区、高新区，止于京东大道站，在南昌县、青云谱区、西湖区、东湖区呈南北走向，在青山湖区、高新区呈东西走向。3 号线于 2015 年 12 月开工建设，2020 年 12 月 26 日开通试运营。南昌地铁 3 号线共有 21 个盾构隧道区间，均采用外径为 6000 mm、内径为 5400 mm、厚度为 300 mm 的通用型管片，具体参数与南昌地铁 1 号线管片相同。南昌地铁 3 号线不同区间的盾构机选型原则与南昌地铁 1 号线大体一致，全断面砂层的区间段盾构机选用型号为中铁 26 号盾构机；全断面岩层或复合地层盾构机选用型号为中铁 CT008C 号盾构机；下穿水域的特殊地层选用型号为 NFM-07 与海瑞克 S367 泥水盾构机。

南昌地铁 4 号线一期工程线路总长 39.6 km，其中地下线 34.1 km，高架线 5.5 km，共设 29 座车站，其中地下车站 25 座，高架车站 4 座。4 号线一期工程起于白马山站，下穿赣江、昌南新城、洪城路、抚河、南京西路、青山路、青山湖、民园路、艾溪湖，止于鱼尾洲站。4 号线一期工程于 2017 年 12 月底全线开工，2021 年 12 月 26 日投入试运营。南昌地铁 4 号线共有 28 个盾构隧道区间，均采用外径为 6000 mm、内径为 5400 mm、厚度为 300 mm 的通用型管片。南昌地铁 4 号线不同区间的盾构机选型原则与南昌地铁 1 号线大体一致。全断面砂层的区间段盾构机选用型号为中铁 26 号盾构机；全断面岩层或复合地层盾构机选用型号为中铁 CT008C 号盾构机；下穿水域的特殊地层选用型号为 NFM-07 与海瑞克 S367 泥水盾构机。

2.2　工程地质条件

2.2.1　地理位置及地貌

南昌市位于东经 115°27′~116°35′，北纬 28°09′~29°11′，处于江西省中部偏北，赣江、抚河下游，毗邻鄱阳湖，为江西省省会，现辖南昌县、进贤县、安义县 3 个县，以及东湖区、西湖区、青云谱区、青山湖区、新建区、红谷滩新区 6 个区，市域土地总面积为 7402.36 km²。南昌市地处赣江抚河尾间，东北滨临鄱阳湖。地势总体西北高、南东低，依次发育低山丘陵、岗地、平原，呈现层状地貌特征。以赣江为界，赣江西北部为构造剥蚀低丘岗地，赣江以东为河流侵蚀堆积平原。

构造剥蚀低丘岗地分布于西北部的梅岭一带，呈北东向展布，主要由花岗岩、片麻岩组成。受多期地质构造运动的影响，其地势起伏，沟谷纵横。风化剥蚀岗地分布于新建县、乐化一带，呈北东向展布，在区域构造上位于南昌断陷盆地的西北边缘，主要由残坡积红土、上白垩系紫红色泥质粉砂岩、砂砾岩和前震旦系千枚岩、板岩组成。侵蚀堆积平原分布于赣江以东的广大地区，由全新统、中上更新统冲积层组成，地势平坦，区内发育有漫滩、Ⅰ级堆积阶地和Ⅱ级堆积阶地。

2.2.2　地层结构及特征

2.2.2.1　工程地质层组划分原则

依据《岩土工程勘察规范》(2009 年版)(GB 50021—2001)，参考南昌地铁 1 号、2 号、3 号、4 号线岩土工程勘察具体情况，对南昌市 50 m 深度范围内岩土体进行工程地质层组和地层编号划分，如表 2-1 所示。

表 2-1 南昌市区统一地层定名和编号

岩土层名称	层号	地层时代	岩土层名称	层号	地层时代
杂填土	①1		（泥质）砾砂	③10	Q₃al+pl
素填土	①2	Qml	粉质黏土	④1	
冲填土	①3		含黏土角砾	④2	Q₂el+dl
粉质黏土	②1		残积土	④3	
淤泥、淤泥质土	②2		全风化粉砂质泥岩	⑤1-1	
粉、细砂	②3		强风化粉砂质泥岩	⑤1-2	
中砂	②4	Q₄al	中风化粉砂质泥岩	⑤1-3	Exn
粗砂	②5		微风化粉砂质泥岩	⑤1-4	
砾砂	②6		钙质泥岩	⑤1-夹	
圆砾	②7		全风化粉砂质泥岩	⑤2-1	
粉质黏土	③1		强风化粉砂质泥岩	⑤2-2	
细砂	③2		中风化粉砂质泥岩	⑤2-3	K₂n
中砂	③3		微风化粉砂质泥岩	⑤2-4	
粗砂	③4	Q₃al	钙质泥岩	⑤1-夹	
砾砂	③5		全风化千枚岩	⑥1	
圆砾	③6		强风化千枚岩	⑥2	Ptsh
卵石	③7		中风化千枚岩	⑥3	
粉质黏土	③8	Q₃al+pl	石英脉	⑥-夹	
（泥质）粗砂	③9				

注：花岗岩类因分布在梅岭山区，未列入本表。

2.2.2.2 工程地质单元分区原则及分布特征

工程地质单元的划分主要考虑了第四系岩土体沉积时代、岩土结构特征、水文地质条件、地形地貌等因素。根据对地铁工程的影响程度，将地形地貌、第四系岩土体沉积时代、岩土结构特征和水文地质条件作为划分工程地质单元的主要依据。当上述因素相同或相似时，即划分为一个工程地质单元。根据上述分区原则，南昌市区主要划分为三个工程地质单元，如表 2-2 所示。

表 2-2　工程地质单元分区及分布特征表

区号	工程地质单元分区	分布特征
Ⅰ区	赣江冲积平原Ⅰ级阶地工程地质单元	主要分布于赣江、抚河流河床、江心洲及两岸和河流高漫滩平原区。第四系主要规律为河道内沉积颗粒整体较粗以粗砂—卵石为主，局部回水湾有粉细砂、淤泥沉积；江心洲整体符合河流相下粗上细的"二元结构"地层沉积韵律，浅表多有淤泥、淤泥质土分布，各沉积层中透镜状分布夹层；下覆第三系泥质粉砂岩
Ⅱ区	赣江冲积平原Ⅱ级阶地工程地质单元	主要分布于赣江东岸赣江冲积平原Ⅱ级阶地。第四系基本符合下粗上细的沉积韵律，但局部偶有透镜状夹层分布的土层，如粗砂、砾石层中透镜状分布有卵石夹层；中、粗砂中可能发育透镜状可塑状粉质黏土等；局部沟浜分布有淤泥质土层；下覆第三系泥质粉砂岩
Ⅲ区	剥蚀堆积岗地工程地质单元	广泛分布于赣江西岸的山前剥蚀堆积岗地。第四系地层主要为残坡积粉质黏土、残积土，局部洼地分布有冲洪积粉质黏土层，下覆白垩系泥质粉砂岩、砂砾岩或前震旦系千枚岩

2.2.2.3　各工程地质单元的地层结构及特征

1. 赣江冲积平原Ⅰ级阶地工程地质单元(Ⅰ区)

赣江冲积平原Ⅰ级阶地工程地质单元(Ⅰ区)地层自上而下为第四系人工填土(Qml)、第四系全新统冲积层(Q_4al)和第三系新余群泥质粉砂岩(Exn)，其结构及特征如表 2-3 所示。

表 2-3　赣江冲积平原Ⅰ级阶地工程地质单元(Ⅰ区)地层结构及特征

地层时代	层号	岩土名称	状态	密实度	地层特征
Qml	①1	杂填土		松散	杂色，结构成分杂，以建筑垃圾为主，局部以生活垃圾为主，回填时间不一，且大多数未经压密处理，密度小、均匀性差，压缩性高，属不良土体

续表2-3

地层时代	层号	岩土名称	状态	密实度	地层特征
Qml	①2	素填土		松散	褐黄色、灰黑色等，结构成分以黏性土、砂土、风化岩碎块等为主，回填时间不一，且大多数未经压密处理，密度小、均匀性差，压缩性高，属不良土体
	①3	冲填土		松散	黄色、灰色为主，结构成分以粉、细砂为主，主要为近期红谷滩建设冲填而成，未经压密处理，密度小、均匀性差，压缩性高，属不良土体
Q₄al	②1	粉质黏土	可塑为主，局部软塑		褐黄色、灰黄色为主，主要以粉粒为主，次为黏粒，黏结性差，底部含砂粒，刀切面较光滑，干强度中等，韧性中等，无摇震反应，局部地带中夹薄层透镜状砂层或淤泥质粉质黏土层
	②2	淤泥、淤泥质土	流塑为主，局部软塑		灰色，成分以粉黏粒为主，局部夹少量中细砂颗粒，含有机质，具腐臭味，刀切面光滑，稍有光泽，干强度及韧性中等，属不良地层
	②3	粉、细砂		松散—稍密	黄色、灰色，稍湿—饱和，以细砂为主，少见粉砂，矿物成分以石英、云母、长石等为主，局部地段顶部含少量黏粒，或夹薄层黏土夹层
	②4	中砂		稍密	浅黄色、灰色，稍湿—饱和，矿物成分为石英、长石为主，局部地段中夹数层薄层的黏性土夹层
	②5	粗砂		稍密—中密	浅黄色、灰色，稍湿—饱和，含少量细砾，矿物成分为石英、长石为主，局部地段中夹数层薄层的黏性土夹层

续表2-3

地层时代	层号	岩土名称	状态	密实度	地层特征
Q₄al	②6	砾砂		稍密—中密	浅灰色，灰黄色，饱和，矿物成分以石英、长石为主，级配良好，分选性差，砾石磨圆度一般，呈次圆状
	②7	圆砾		稍密—中密	灰色，灰黄色，饱和，矿物成分以石英、长石为主，局部夹卵石，级配良好，分选性差，砾石磨圆度一般，呈次圆状
Exn	⑤1-2	强风化粉砂质泥岩			紫红色，粉砂质结构，岩石风化强烈，节理裂隙发育，岩体破碎，岩芯多呈碎块状及短柱状，碎块用手可掰断，正常钻进速度较快，岩芯采取率较低，属极软岩，岩体基本质量等级为Ⅴ级
	⑤1-3	中风化粉砂质泥岩			紫红色，粉砂质结构，节理裂隙较不发育，局部见有钙质浸染及胶结，岩体较完整，岩芯多呈柱状、长柱状，少量碎块状，锤击声较脆、易击碎。正常钻进速度较慢，岩芯采取率较高。岩石遇水易软化，暴晒易崩解，属软岩，岩体基本质量等级为Ⅳ级
	⑤1-夹	钙质泥岩			青灰色、灰白色，泥质结构，钙质胶结，节理裂隙发育，岩体破碎，岩芯多呈短柱状、饼状、碎块状，用手易掰断，岩石遇水易软化，暴晒易崩解。正常钻进速度较快，属极软岩，岩体基本质量等级为Ⅴ级。该层呈透镜状分布于泥质粉砂岩各风化层中，分布无明显的规律性

2.赣江冲积平原Ⅱ级阶地工程地质单元(Ⅱ区)

　　赣江冲积平原Ⅱ级阶地工程地质单元(Ⅱ区)地层自上而下为主要为第四系人工填土(Qml)、第四系上更新统冲积层(Q₃al)和第三系新余群泥质粉砂岩(Exn)，局部沟塘底部分布有第四系淤泥、淤泥质土软土层，其结构及特征如表2-4。

表2-4 赣江冲积平原Ⅱ级阶地工程地质单元(Ⅱ区)地层结构及特征

地层时代	层号	岩土名称	状态	密实度	地层特征
Qml	①1	杂填土		松散	杂色,结构成分杂,以建筑垃圾为主,局部以生活垃圾为主,回填时间不一,且大多数未经压密处理,密度小、均匀性差,压缩性高,属不良土体
	①2	素填土		松散	褐黄色、灰黑色等,结构成分以黏性土、砂土、风化岩碎块等为主,回填时间不一,多数未经压密处理,密度小、均匀性差,压缩性高,属不良土体
Q4al	②2	淤泥、淤泥质土	流塑为主,局部软塑		灰色,成分以粉黏粒为主,局部夹少量中细砂颗粒,含有机质,具腐臭味,刀切面光滑,稍有光泽,干强度及韧性中等,属不良地层,零星分布于沟、塘底部
Q3al	③1	粉质黏土	硬塑为主,局部可塑		黄褐、棕黄色,以粉黏粒为主,底部砂粒含量高,见铁锰质结核,部分地段具似网纹构造,黏结性一般,可搓条,刀切面较光滑,韧性、干强度中等
	③2	细砂		稍密—中密	浅黄色、棕黄色,稍湿—饱和,以细砂为主,少见粉砂,矿物成分以石英、长石等为主,局部地段顶部含少量黏粒,或夹薄层黏性土夹层
	③3	中砂		稍密—中密	浅黄色、棕黄色,稍湿—饱和,矿物成分为石英、长石,所含砾石磨圆度较好,多呈圆状、次圆状,夹薄层黏性土夹层
	③4	粗砂		稍密—中密	褐黄色、棕黄色、灰黄色,稍湿—饱和,矿物成分为石英、长石,所含砾石磨圆度较好,多呈圆状、次圆状,夹薄层黏性土夹层
	③5	砾砂		中密	褐黄色、棕黄色、灰黄色,饱和,矿物成分为石英、长石,所含砾石磨圆度较好,多呈圆状、次圆状

续表2-4

地层时代	层号	岩土名称	状态	密实度	地层特征
Q₃al	③6	圆砾		中密—密实	褐黄色、棕黄色、灰黄色,饱和,矿物成分为石英、长石及硅质岩,级配良好,分选性差,磨圆度较好,多呈圆状、次圆状
	③7	卵石		中密—密实	褐黄色、棕黄色、灰黄色,饱和,矿物成分为石英、长石及硅质岩,级配良好,分选性差,磨圆度较好,多呈圆状、次圆状
Exn	⑤1-2	强风化粉砂质泥岩			紫红色,粉砂质结构,岩石风化强烈,节理裂隙发育,岩体破碎,岩芯多呈碎块状及短柱状,碎块用手可掰断,正常钻进速度较快,岩芯采取率较低,属极软岩,岩体基本质量等级为V级
	⑤1-3	中风化粉砂质泥岩			紫红色,粉砂质结构,节理裂隙较不发育,局部见有钙质浸染及胶结,岩体较完整,岩芯多呈柱状、长柱状,少量碎块状,锤击声较脆、易击碎。正常钻进速度较慢,岩芯采取率较高。岩石遇水易软化,暴晒易崩解,属软岩,岩体基本质量等级为Ⅳ级
	⑤1-夹	钙质泥岩			青灰色、灰白色,泥质结构,钙质胶结,节理裂隙发育,岩体破碎,岩芯多呈短柱状、饼状、碎块状,用手易掰断,岩石遇水易软化,暴晒易崩解。正常钻进速度较快,属极软岩,岩体基本质量等级为V级。该层呈透镜状分布于泥质粉砂岩各风化层中,分布无明显的规律性

　　3.剥蚀堆积岗地工程地质单元(Ⅲ区)

　　剥蚀堆积岗地工程地质单元(Ⅲ区)地层自上而下为第四系人工填土(Qml)、第四系上更新冲洪积层(Q₃al+pl)、第四系中更新统残坡积层(Q₂el+dl)和白垩系泥质粉砂岩(K₂n)及前震旦系(Ptsh)千枚岩,其结构及特征如表2-5所示。

表 2-5　剥蚀堆积岗地工程地质单元(Ⅲ区)地层结构及特征

地层时代	层号	岩土名称	状态	密实度	地层特征
Qml	①1	杂填土		松散	杂色,结构成分杂,以建筑垃圾为主,局部以生活垃圾为主,回填时间不一,且大多数未经压密处理,密度小、均匀性差,压缩性高,属不良土体
	①2	素填土		松散	褐黄色、灰黑色等,结构成分以黏性土、砂土、风化岩碎块等为主,回填时间不一,多数未经压密处理,密度小、均匀性差,压缩性高,属不良土体
Q3al+pl	③8	粉质黏土	硬塑为主,局部可塑		黄褐、棕黄色,以粉黏粒为主,底部砂粒含量高,见铁锰质结核,部分地段具似网纹构造,黏结性一般,可搓条,刀切面较光滑,韧性、干强度中等
	③9	(泥质)粗砂		中密	浅黄色、褐黄色,稍湿—饱和,成分以石英、长石等为主,泥质含量较高
Q2el+dl	④1	粉质黏土	硬塑为主,局部可塑		褐黄色、棕红色,成分以粉黏粒为主,具网纹结构,底部含基岩岩屑、石英碎石,干强度及韧性中等,稍有光泽,无摇震反应
	④2	含黏土角砾		中密—密实	褐黄色、灰白色,饱和,角砾母岩以石英岩为主,呈棱角状,含 10%～15% 的黏粒
K2n	⑤2-1	全风化粉砂质泥岩	可硬塑		紫红色,岩石完全风化成土状,以粉黏粒为主,切面较光滑、稍有光泽,干强度及韧性中等,无摇震反应,依稀可见原岩的残余结构。遇水易软化,强度降低。局部含水量较高处强度明显降低
	⑤2-2	强风化粉砂质泥岩			紫红色,粉砂质结构,岩石风化强烈,节理裂隙发育,岩体破碎,岩芯多呈碎块状及短柱状,碎块用手可掰断,正常钻进速度较快,岩芯采取率较低,属极软岩,岩体基本质量等级为 V 级

续表2-5

地层时代	层号	岩土名称	状态	密实度	地层特征
K₂n	⑤2-3	中风化粉砂质泥岩			紫红色,粉砂质结构,节理裂隙较不发育,局部见有钙质浸染及胶结,岩体较完整,岩芯多呈柱状、长柱状,少量碎块状,锤击声较脆、易击碎。正常钻进速度较慢,岩芯采取率较高。岩石遇水易软化,暴晒易崩解,属软岩,岩体基本质量等级为Ⅳ级
	⑤2-夹	钙质泥岩			青灰色、灰白色,泥质结构,钙质胶结,节理裂隙发育,岩体破碎,岩芯多呈短柱状、饼状、碎块状,用手易掰断,岩石遇水易软化,暴晒易崩解。正常钻进速度较快,属极软岩,岩体基本质量等级为Ⅴ级。该层呈透镜状分布于泥质粉砂岩各风化层中,分布无明显的规律性
Ptsh	⑥1	全风化千枚岩			黄色、黄褐色、橘红色,岩石完全风化成土状,以粉黏粒为主,切面较光滑、稍有光泽,干强度及韧性中等,无摇震反应,依稀可见原岩的残余结构。遇水易软化,强度降低。偶见残留的石英脉岩碎块,冲击可钻进,厚度变化较大
	⑥2	强风化千枚岩			黄褐色、灰黄色、浅灰色,石风化强烈,可见千枚岩构造,风化裂隙发育,岩芯以碎片状为主,岩体破碎。岩石遇水易软化,属软岩,岩体基本质量等级为Ⅳ级
	⑥3	中风化千枚岩			浅灰色、青灰色,千枚岩构造,风化裂隙较发育,岩芯以块片状为主,少量短柱状,岩体较破碎,属软岩,岩体基本质量等级为Ⅳ级
	⑥-夹	石英脉			灰白色,岩芯呈碎块状,于千枚岩各风化层中偶有石英脉穿插,分布及规模无明显规律

2.3　水文地质条件

南昌市地处鄱阳湖滨湖前后缘地带，地表水系发育，属鄱阳湖水系，素有江南水乡之美誉。江西省内五大水系中最大的河流——赣江横穿南昌市区。南昌市的主要地表水体有赣江、抚河、玉带河、青山湖、艾溪湖、瑶湖等。区内地表水体中，赣江水位主要受大气降水影响，余者多受赣江水位的影响与人为工程控制。

2.3.1　地下水类型

根据含水层的岩性特征、组合关系，贮水空间的形态特征、成因类型，区内可划分为第四系松散岩类孔隙水、红层裂隙孔隙水、基岩裂隙水三种地下水类型。

2.3.2　地下水补给

区内地下水的补给来源主要有三个方面，即为垂直补给、地表水体补给和红层水越流补给，具体如下所述。

1. 垂直补给

大气降水补给区主要分布于莲塘、邓家埠、富山、横岗—向塘、岗上以及罗家集—尤口一带。该区绝大部分砂层裸露，且与下部砂砾石层直接连通。砂层质地松散，渗透系数达 $0.1 \sim 0.3$ mm/d，渗透性能良好，主要的大气降水直接补给地下水地带。另外，一些地段受人工工程活动影响，其上部黏性土遭到不同程度的破坏，致使砂层露出地表或黏性土厚度减薄，有利于大气降水的深入补给。

2. 地表水补给

南昌地区地表水体极为发育，北界赣江，东南临抚河，东有瑶湖，西是抚河支流，且在这些地表水体包围的地块中，有较大的青山湖、艾溪湖两湖。在整个地域之内，地表水体比比皆是。

赣江是南昌市地下水重要的补给边界和排泄边界。河水补给区，主要发生在八一桥—江纺一带，因赣江河床切穿了上部黏土层，河水与含水层保持密切的水力联系，补给地下水的能力很强。由于城区长期开采地下水，水位降深大，致使坡度较大，常年可得到地表水的补给。其他抚河沿岸地带，只有在洪水期（一般为 4—7 月），河水位高于地下水，地下水才获得补给。据南昌市和赣东大堤勘察资料,沿江一带形成宽约 1.5 km 的反向补给带。

3. 红层水越流补给

根据历年地下水水位资料,在大量集中开采地下水(1960 年)之前,第四系地下水水位普遍高于红层地下水水位,并且补给红层地下水,红层地下水和第四系地下水由南向北排泄于赣江。在大量集中开采第四系地下水之后,第四系孔隙水漏斗内第四系地下水水位低于红层地下水水位,从而导致红层地下水返补给第四系地下水。

综合上述分析,南昌地区地下水的补给来源主要是大气降水,其次是赣江(抚河)地表水。而中山西路中山桥附近一带则以赣江(抚河)地表水补给为主,地下水位直接受控于邻近地表水体水位的变化。

2.3.3　地下水径流

在未大量开采地下水之前,区内地下水总的趋势是由南向北径流,并存在着莲塘至邓家埠、梧岗至尤口两个地下水分水岭。1958 年以后,由于地下水开采量逐年增大,区域降落漏斗逐渐形成、扩展,目前已形成市区、莲塘、氨厂、江纺等漏斗。由于地下水的强烈开采,改变了自然状态下的地下水径流途径,在靠近补给区地段都属于承压孔隙水,接近地下水开采区段,因强开采地下水促使水位降低,形成孔隙潜水。而在区域降落漏斗的边缘,地下水动态受季节和人为因素影响而回升或下降,形成带状承压水和层间潜水的交替带。

由于地下水流场发生了变化,天然条件下形成的地下水分水岭已不存在,从而形成了老城区、老抚河与赣江之间、邓家埠—小兰三个新的地下水分水岭。前两个分水岭以东地下水向市区漏斗径流,以西向赣江排泄;后一个分水岭,其东南侧向莲塘漏斗径流,西北侧一部分排泄赣江,另一部分向市区漏斗径流。

2.3.4　地下水排泄

在市区及周边范围内,地下水人工开采为地下水的主要排泄方式。漏斗西侧边缘至赣江岸边一带,除赣江丰水期外,沿江地下水均排泄于赣江。漏斗边缘及其外围地带,第四系地下水水位高于红层地下水水位,部分第四系地下水排泄于下伏红层地下水。

2.4 本章小结

本章主要对南昌地铁的工程概况进行简要介绍，主要包括地铁线路概况、盾构区间信息、盾构隧道管片参数及盾构机选型等信息，以及南昌地区工程地质条件与水文地质条件，为后文的足尺模型试验以及数值模拟提供参数资料。

第 3 章

盾构隧道衬砌管片结构性能足尺试验

盾构隧道衬砌管片结构整环足尺试验克服了室内相似模型试验的缩尺效应，实现了管片接头试验无法达到的结构整体性，相比于现场测试更具可重复操作性和灵活性，能模拟隧道衬砌管片结构在不同工况下的受力状态，是研究盾构隧道衬砌管片结构力学性能的最直接和最有效的手段。试验研究包括试验加载方案的设计和测试内容设计两大部分，针对不同的试验对象和试验目的，需要设计不同的试验加载装置。本试验选取南昌地铁 3 号线上沙沟站—青山湖西站盾构隧道管片作为足尺试验对象，通过计算得到盾构隧道所受的地层抗力、土压力、上方堆载、侧方卸载等荷载，然后根据计算结果进行盾构隧道整环足尺试验，对顶部超载、侧向卸载工况下的管片环变形量、管片错台量、接缝张开量、主筋的应力和应变、弯螺栓应变、混凝土表面应变及裂缝发展规律等进行监测。足尺试验可以得到各种工况下盾构隧道衬砌管片结构整体变形发展规律、管片自身受力变形规律，以及管片环向接头力学性能，进而更好地预测盾构隧道衬砌管片结构性能及服役状态。此外，先对受损管片进行内张钢环加固，再进行极限承载力试验，可获取加固后管片环结构的受力变形行为规律及极限承载力特征等。

3.1　试验盾构管片环选取

试验选取南昌地铁 3 号线上沙沟站—青山湖西站隧道管片作为足尺试验对象，开展 3 环足尺结构性能试验，管片参数主要如下所述。

(1) 环宽 1.2 m，内径 5.4 m，外径 6.0 m，厚度 0.3 m，通用环错缝拼装。

(2) 每环管片纵向 10 根 M24 弯螺栓，环向 12 根 M27 螺栓，管片共 6 块(1 块封顶块 15°+2 块邻接块 64.5°+3 块标准块 72°)，封顶块中心线位于 3 点和 9 点方向。

(3) 混凝土强度等级为 C50，抗渗等级为 P10，钢筋采用 HPB300 级、

HRB400 级钢，螺栓等级为 5.8 级。

根据南昌地铁 3 号线上沙沟站—青山湖西站配筋图纸，管片配筋类型可划分为浅埋、深埋、深埋加强三种，每种类型的管片配筋如表 3-1 所示。当结构埋深小于 10 m，且结构位于非全断面基岩层中，管片采用浅埋型配筋；当结构埋深不小于 10 m 或结构位于全断面基岩层中，管片采用深埋型配筋；当结构处于深埋段，且上部有大荷载的情况时，管片采用深埋加强型配筋。在本次研究所取区间，盾构管片处于京九铁路段影响范围内，上部受到较大荷载，管片配筋采用深埋加强型，管片按照通用环错缝拼装，管片环内弧面展开如图 3-1 所示。

表 3-1　各类型管片配筋

编号	配筋类型	内侧配筋	外侧配筋
1	浅埋	8C20	4C12+6C16
2	深埋	6C22+2C20	10C18
3	深埋加强	4C25+4C22	10C20

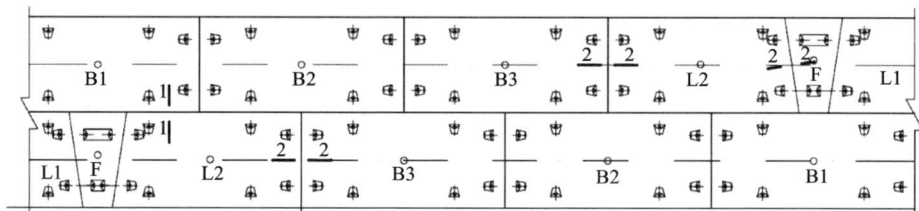

图 3-1　管片环内弧面展开图

3.2　足尺试验监测方案

3.2.1　监测内容

在本次足尺试验中，主要对管片环变形、管片错台量、接缝张开量、主筋应力、主筋应变、钢筋混凝土表面应变、弯螺栓应变等进行监测，同时，对裂缝进行观察，获取监测裂缝的宽度。各监测项目及对应监测仪器数量汇总如表 3-2 所示。

表 3-2　整环足尺试验监测项目及仪器数量汇总表

序号	监测项目	监测仪器	数量
1	管片环变形	拉绳式位移计	16
2	管片错台量	位移计	14
3	接缝张开量	位移计	12
4	主筋应力	长沙金码测控 JMZX-4XXAT 钢筋计	16
5	主筋应变	中航电测 BE120-3AA(11)-P300 应变片	122
6	混凝土表面应变	中航电测 BQ120-100AA-P100 应变片	128
7	弯螺栓应变	中航电测 BE120-3AA(11)-P300 应变片	68
8	裂缝观察	摄像机	4
9	裂缝宽度	裂缝测宽仪	1

3.2.2　测点布置技术要求

（1）按照加载方案和试验工况，根据理论计算模型、试验目的和数值分析结果，在计算结果值较大的位置和特征点布置监测点。

（2）在结构正负弯矩较大和对应前后环接缝的控制截面布设测点，其他位置适当布置测点，测点数量要满足分析要求。

（3）参考相关规范及文献，选取适当的测试元件、仪器设备，仪器测试精度和量程等需要满足试验要求。

（4）试验以测试中环全环为主，上、下环为辅。

钢筋应变片与钢筋应力计的测值可以相互检验。钢筋应变片除测量钢筋受力外，在未开裂时可与混凝土应变片相互对比校验，在开裂后混凝土应变片失效时可继续测量该部位的近似应变。

3.2.3　监测要求

为确保试验顺利进行，监测数据更好地满足分析需求，需要对监测方案合理优化，将自动化传感监测技术与人工辅助观测相结合，以构建一个集约高效、技术先进、易于管理、开放兼容、实用经济、符合本试验需求的大数据和信息化试验监测管理平台。该平台应具备如下主要目标功能：系统硬件设备的选择要满足可靠性、精确性、耐久性、简便性、经济实用性、自动化性、先进性和冗余度等要求。

（1）可靠性：监测仪表必须能够真实地量测到该项目需要反映的效应量

(或原因量)，传感器的量程、精度、灵敏度、直线性、重复性、频率响应等技术指标必须符合国标及仪器系列型谱的有关要求。

（2）精确性：在选择传感器时，必须对结构部位的受力进行分析，选择量程高于设计最大值(或可能出现的最大值)、精度(该量程范围应是仪表的最佳工作范围)满足监测要求的传感测试仪器及配套仪表。传感器的精度选择还应该和采集与传输系统相匹配。

（3）耐久性：选择的监测仪器必须能在复杂的环境下长期稳定可靠运行，其必须具备温漂小、时漂小和可靠性高等特点。

（4）简便性：要求仪器结构简单，牢固可靠，率定、埋设、测读、操作、维修方便，便于更换，操作人员易于掌握，有利于提高量测速度和精度。

（5）经济实用性：传感测试仪器及配套仪表必须有合理的性价比，满足实用性要求。

（6）自动化性：传感测试及采集设备选型时，应从技术先进、可靠实用、经济合理以及与自动化系统相适应等方面综合分析确定，便于系统集成、调试及自动控制。

（7）先进性：传感测试及采集设备选型时，应选用国内及国际上技术成熟、性能先进的知名品牌或国内著名品牌传感器，工作稳定性和可靠性在实际工程中已予以适用验证。

（8）冗余度：考虑到传感测试元件成活率和施工中可能出现的问题，系统设计中各监测项目的监测点应适当考虑冗余度。

3.2.4 衬砌管片环变形监测

3.2.4.1 监测设备

1. 拉绳式位移传感器

所用拉绳式位移传感器量程为 500 mm，最小分辨率为 0.1 mm，准确度等级为 0.2%~0.3% FS，精度为 1.5 mm(500 mm 量程)，如图 3-2 所示。

2. 数码位移传感器

所用数码位移传感器量程为 50 mm，最小分辨率为 0.001 mm，准确度等级为 0.1%~0.2% FS，精度为 0.05~0.06 mm，如图 3-3 所示。

3. 无线收发器

所用无线数据收发器为 RS-QL06E 系统无线收发器，包括截面端和电脑端。截面端可以使用 220 V 交流电直接供电，传感器无须记录通道号，无线传输距离为 1~2 km，体积小、质量轻、携带方便、抗干扰能力强，如图 3-4(a)和图 3-4(b)所示。电脑端可直接接电脑 USB 口或者串口进行通信，用于 RS-QL06E 系统中传感器的无线组网，供电脑接收数据，如图 3-4(c)所示。

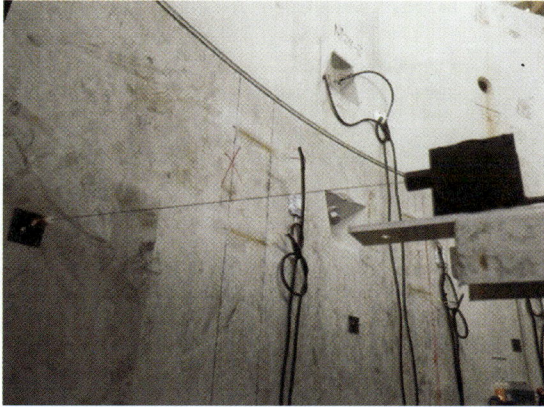

图 3-2　拉绳式位移计图

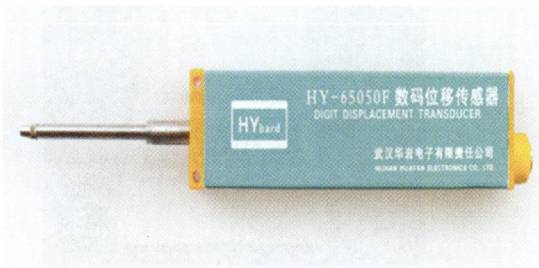

(a) 样品图

(b) 安装图

图 3-3　数码位移传感器图

(a) 无线数据收发器截面端　　　　(b) 无线数据发射器

(c) 无线数据收发器电脑端

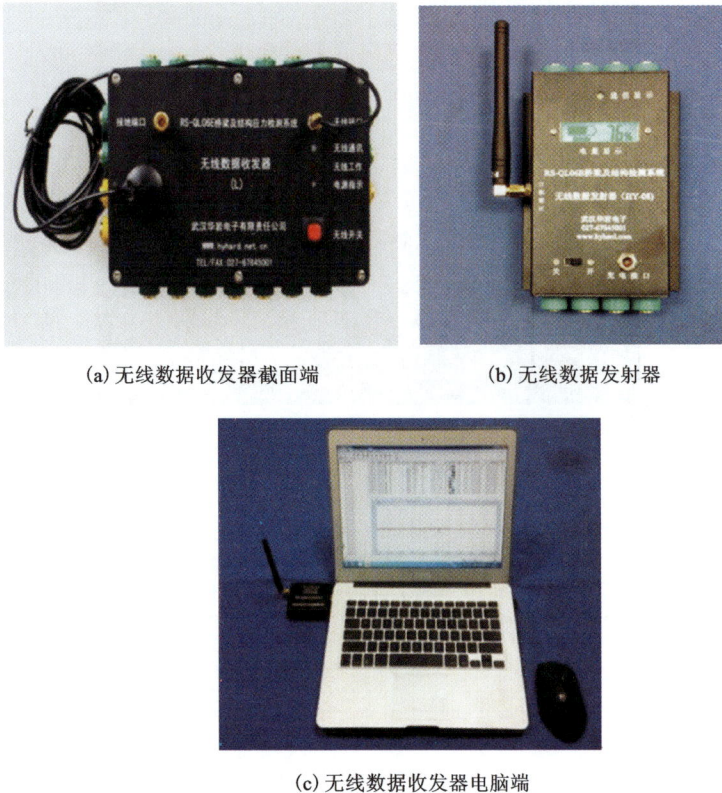

图 3-4　RS-QL06E 无线数据接收器图

3.2.4.2　测点布置

1. 管片环变形测点布置

通过测试管片环径向变形来分析隧道衬砌管片结构的整体刚度，考虑到上、下环沿中环面对称，因此重点分析中环变形。兼顾上、下环变形情况，在管片环圆心放置一个定制的柱子以放置铝槽用于拉伸式位移计走线，如图 3-5 所示，确保所测数值均是相对圆心的变化值。总共布置 16 个径向测点（测点编号 101~116），中环径向测点布置如图 3-6 所示。

2. 错台量试验测点布置

环缝环向错台使纵向螺栓承受剪应力，环缝径向错台使纵向螺栓承受弯矩和剪应力，纵缝径向错台使环向螺栓承受剪应力和弯矩。接缝的抗剪性能包括纵缝的抗剪性能和环缝的抗剪性能，主要通过试验测量接缝位置的径向和环向

图 3-5 拉绳式位移计现场布置图

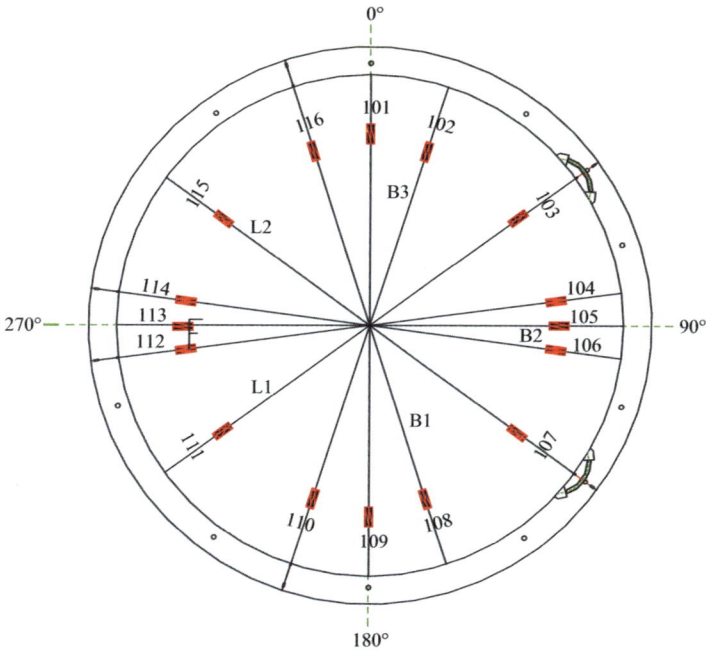

图 3-6 中环径向变形测点布置图

错台量来确定。中环纵缝径向错台量测点共布设 6 个，编号 13~18；上环和中环环缝环向错台量测点共布设 4 个，编号 19~22；上环和中环环缝径向错台量测点共布设 4 个，编号 23~26。测点布置如图 3-7~图 3-9 所示。

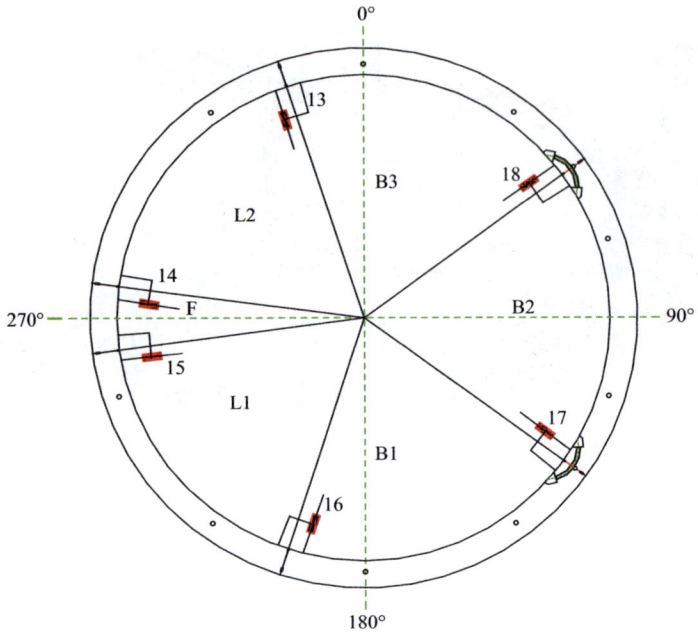

图 3-7　中环纵缝径向错台量测点布置图

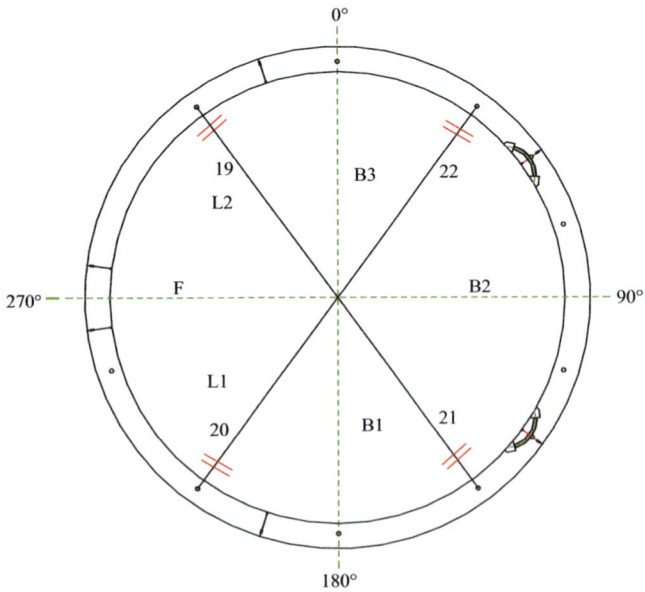

图 3-8　上环和中环环缝环向错台量测点布置图

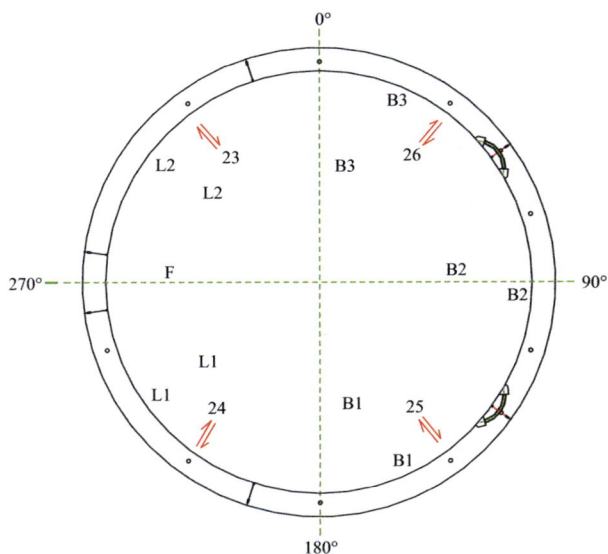

图 3-9　上环和中环环缝径向错台量测点布置图

3. 接缝张开量试验测点布置

接缝张开量测点主要布置在管片环纵缝处,分别在管片内、外表面接缝处各布置 1 个测点,中环布置 12 个测点,如图 3-10 所示。

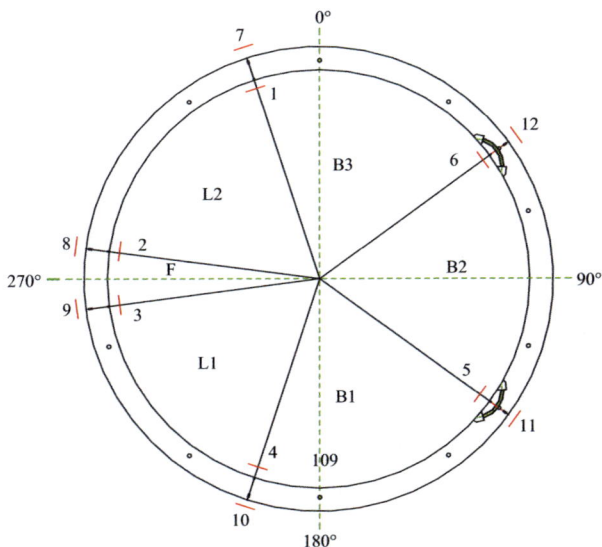

图 3-10　中环接缝张开量测点布置图

3.2.5 应变监测

3.2.5.1 监测设备与安装方法

1. 钢筋应变片

所用钢筋应变片为温度自补偿的 BE120-3AA(11)-P300 应变片，如图 3-11 所示。它适用于钢结构表面的应变测量，由康铜箔制成，电阻为 120 Ω，敏感栅尺寸为 2.8 mm×2.0 mm，基底尺寸为 6.4 mm×3.5 mm，可温度自补偿，标配自带 30 cm 引线，使用温度为(-30~80)℃。

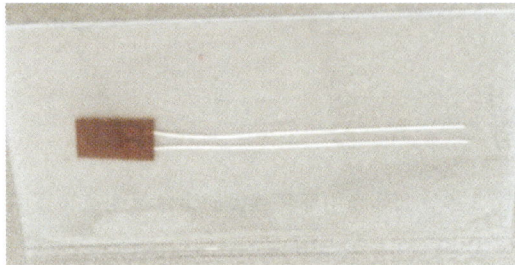

图 3-11　BE120-3AA(11)-P300 应变片

应变片安装步骤为：

(1)钢筋应变片粘贴之前先用角磨机将钢筋打磨出一个平面，然后用细砂纸将平面磨平，用无水乙醇将平面擦洗干净，自然晾干后，用 AB 胶进行粘贴。

(2)粘贴完成后，将应变片和导线通过接线端子焊接在一起，然后用万用表查看是否粘贴可靠。

(3)用环氧树脂胶密封应变片，用绝缘胶布将焊接端口包裹严实，并外加薄铁皮对粘贴应变片处进行防护。安装完毕之后应及时用万用表测试钢筋应变片，查看整个回路是否通畅，并记录。

(4)对不同的传感器进行编号，并进行保护处理。

2. 混凝土表面应变片

所用混凝土表面应变片为温度自补偿的 BQ120-100AA-P100 箔式应变片，如图 3-12 所示，其标距为 120 mm，电阻为 120 Ω，灵敏系数为 2.0~2.2，可温度自补偿，标配自带(30±3)mm 的圆引线，使用温度为(-30~80)℃。

在粘贴混凝凝土表面应变片时，应确保混凝土应变监测点与钢筋应力监测点保持对应关系。混凝土光滑面采用细砂纸清除灰层杂物，然后用无水乙醇清洗，自然晾干后用 502 快干胶进行粘贴。粘贴完成后，将应变片和导线通过端子焊接在一起，然后用万用表查看是否粘贴可靠。外侧不光滑面用角磨机打磨平滑，再用细砂纸清除灰层杂物，然后用无水乙醇清洗，自然晾干后，用 502 快干胶进行粘贴。粘贴完成后，将应变片和导线通过端子焊接在一起，用万用表查看是否粘贴可靠。已粘贴应变片的混凝土内壁如图 3-13 所示。

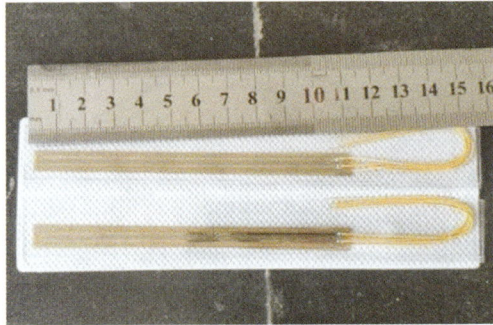

图 3-12　BQ120-100AA-P100 应变片

图 3-13　内壁混凝土应变片

3. 螺栓应变片

所用螺栓应变片与上述钢筋应变片相同，均为温度自补偿的 BE120-3AA (11)-P300 应变片，但是安装方法具有很大区别。弯螺栓采用预先设计连接导线通过螺栓表面的开槽进行保护，每根螺栓开 2 道槽，分别位于内、外弧面，沟槽与螺栓轴线平行，螺纹区段为直线，该区域沟槽为直线，沟槽深度以螺纹牙底起算，中间刻槽尺寸为 5 mm（宽度）×5 mm（深度），端部出线位置刻槽为 5 mm（宽度）×5 mm（深度），然后将螺栓按照设计要求进行弯折。弯螺栓切槽示意如图 3-14 所示，螺栓加工成品如图 3-15 所示。

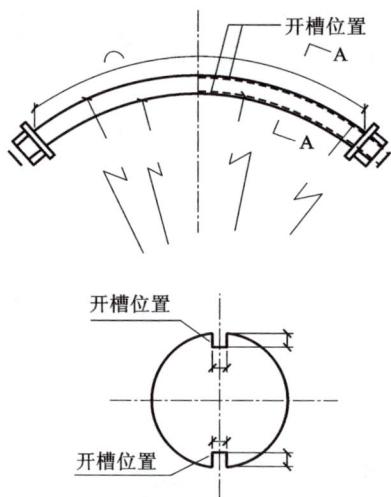

图 3-14 弯螺栓切槽

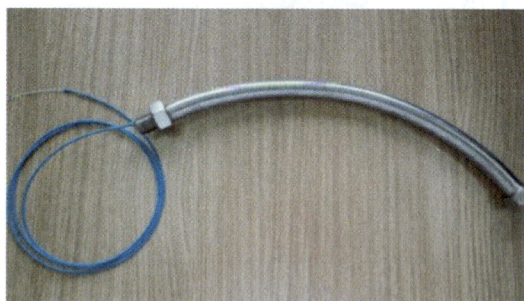

图 3-15 螺栓加工成品

4. 量测仪器

静态应变测试使用测点数较多的 DH3816N（60CH）静态应力应变测试分析系统，是全智能化的数据采集系统。其每个模块有 60 个测点，分无线和有线两种通信方式，适用于测点相对较集中的模型、较大型建筑及其他相关试验，可实现对应变、应力、力、位移等物理量的测量。系统组成框图如图 3-16 所示。

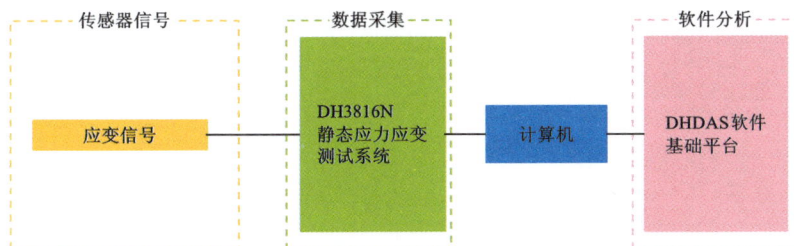

图 3-16　应变测试系统框图

所有的应变片粘贴完后，依编号接入静态应力应变采集仪，如图 3-17 所示。在试验前检验各通道是否连接完好，在试验中对监测数据进行实时采集。所有的应变片受拉为正，受压为负。

图 3-17　应变测试接入应变采集仪示例

3.2.5.2　测点布置

1. 钢筋应变测点布置

主筋沿内、外侧布置测量应变的仪器。对钢筋主筋应变进行测量(合计测点 138 个，其中应变片 120 个，钢筋应力计 18 支)，内、外环对应的主筋应变测点布置断面内、外弧展开示意图如图 3-18 和图 3-19 所示。

主要布置原则为：

(1)沿管片环向布设 17 个控制断面，在拱顶、拱底和拱腰位置加密布置。

(2)沿管片纵向布设 4 个控制断面。

(3)沿管片厚度布设 2 个控制断面。

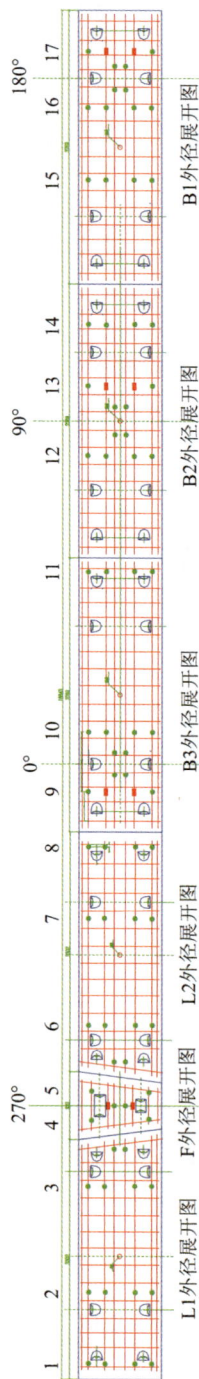

图3-18 外弧面主筋应变测点布置示意图

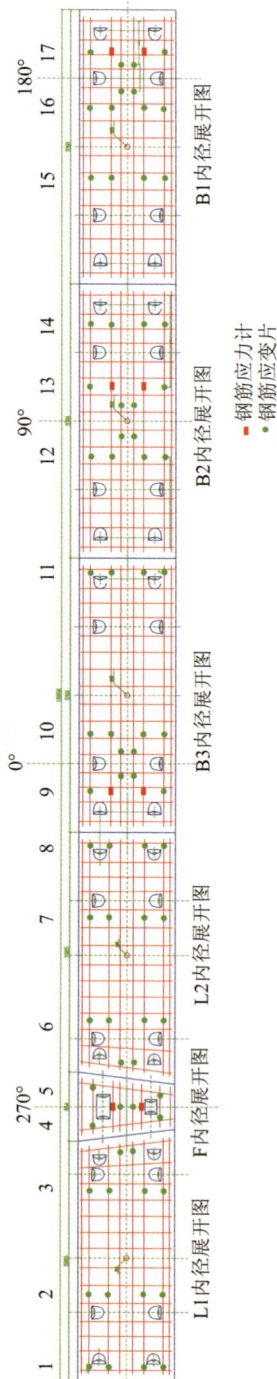

图3-19 内弧面主筋应变测点布置示意图

2. 混凝土表面应变测点布置

对混凝土表面应变进行测量(合计测点 128 个,内外侧),内、外环对应的混凝土应变测点与钢筋应变测点一一对应,布置断面内、外弧展开如图 3-20 所示。钢筋、混凝土应变片编号"1-a"中的"a"代表盾构隧道管片外弧面附近应变片,"1-b"中的"b"代表盾构隧道管片内弧面附近应变片。

主要布置原则为:

(1)沿管片环向布设 16 个控制断面,在拱顶、拱底和拱腰位置加密布置。

(2)沿管片纵向布设 4 个控制断面。

(3)沿管片厚度布设 2 个控制断面。

3. 弯螺栓应变测点布置

对螺栓应变进行监测(合计测点共 44 处),对应的测点断面布置展开图如图 3-21 所示。

主要布置原则为:

(1)中环 6 个纵缝,共 12 个螺栓,每个螺栓测 2 处,共 24 个测点。

(2)上环与中环环缝 10 处,共 10 个螺栓,每个螺栓测 2 处,共 20 个测点。

3.2.6　应力监测

3.2.6.1　监测设备与安装方法

所用钢筋应力计为智能弦式钢筋应力计 JMZX-4XXHAT,产品感应部分(钢弦位置)与相对应的被测钢筋进行等强度设计,与被测钢筋替换安装后不会改变被测结构体的强度。相关参数:灵敏度为 0.1 MPa,精度为 0.2% FS,量程为 -200~350 MPa。采用振弦式采集仪对结果进行采集,如图 3-22 所示。

在混凝土浇筑之前采用对焊的方式将钢筋应力计与结构钢筋连接,安装时需要将原结构钢筋截断,截断部分由钢筋应力计替代。这样的安装形式不会改变原结构设计的整体强度。钢筋应力计平行于结构应力方向安装,用细匝丝将钢筋应力计捆绑在结构钢筋上,细匝丝捆绑位置应在应力计受力两端或者将结构钢筋按相应长度锯断,然后将应力计两端焊接在结构钢筋上,焊接时应将应力计传感器部分(中间段)用湿毛巾包裹住,防止下一步焊接施工过热损坏传感器,如图 3-23 所示。

用电焊机将钢筋应力计、主筋与连接短钢筋之间的接缝满焊,在焊接过程中应经常更换湿毛巾,防止其温度过高。测试导线沿结构钢筋引出。焊接采用对焊方式,完成后效果如图 3-24 所示。

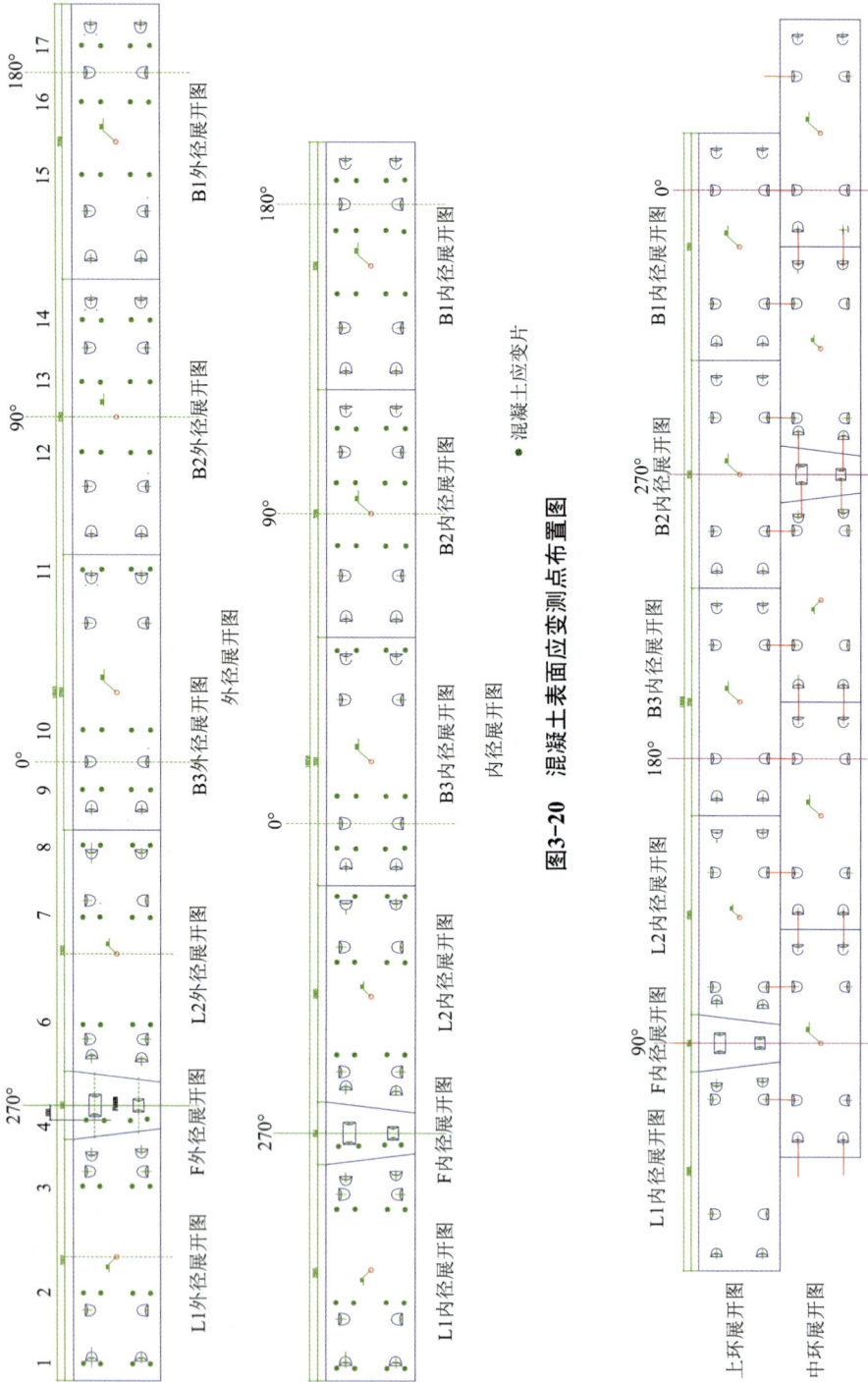

图3-20 混凝土表面应变测点布置图

● 混凝土应变片

图3-21 螺栓测点布置图

| (a) 智能弦式钢筋应力计 | (b) 振弦式采集仪 |

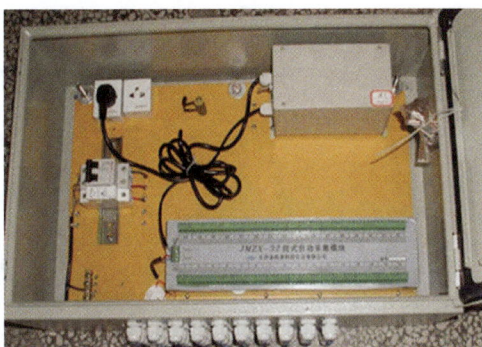

图 3-22　应力监测设备

图 3-23　切断主筋和钢筋应力计的焊接　　　图 3-24　采用对焊方式安装

3.2.6.2　测点布置

主筋应力监测测点布置与上文主筋应变监测测点布置相同,此处不再重复描述。

3.3　足尺试验准备工作

3.3.1　混凝土浇筑养护

在钢筋应变片和钢筋应变计等粘贴完成后,进行混凝土的浇筑。试件经过混凝土搅拌、振动密实等传统浇筑步骤完成 48 h 后拆模,然后在常温下洒水养护 28 d，如图 3-25 所示。

(a) 浇筑   (b) 养护

图 3-25　管片混凝土浇筑和养护

3.3.2　试验前准备

将南昌管片厂养护好的管片运输至试验基地外的空场地堆放，运输过程中管片用枕木垫固定，并在转弯地段保持低速，防止管片掉落磕碰，破坏管片结构，如图 3-26 所示。

(a) 运输   (b) 堆放

图 3-26　管片运输与堆放

3.3.3　管片防水材料粘贴

管片接缝按照安装位置分为两种：一种是将管片在圆周方向上连接成环的管片接头，对应接缝为纵缝；另一种是沿隧道轴线方向上将已经连接成环的管片环连接成衬砌隧道的环间接头，对应接缝为环缝。两种接缝都需要设置防水材料，如图 3-27 所示。

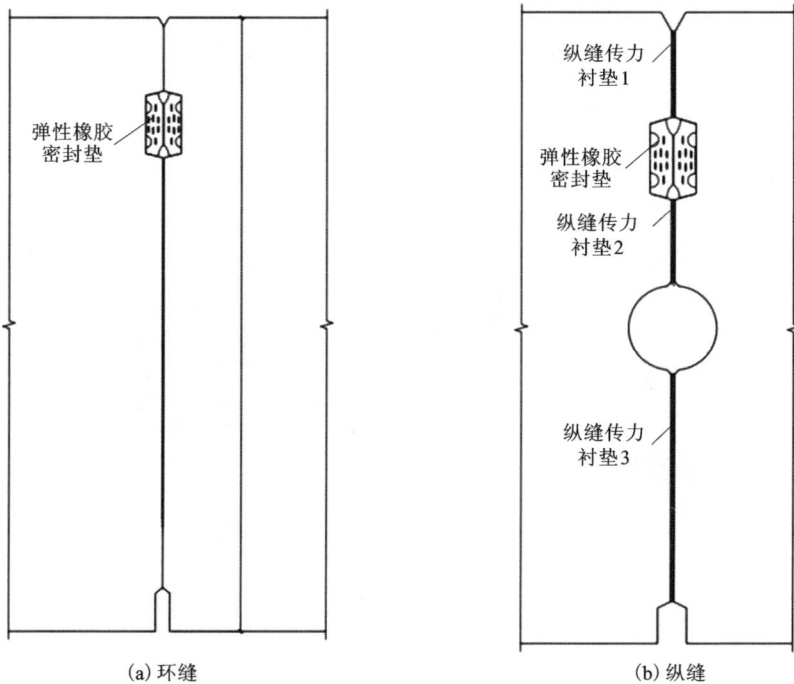

（a）环缝　　　　　　　　　　　（b）纵缝

图 3-27　错缝衬砌接缝防水构造

管片软木衬垫主要为丁晴软木橡胶密封垫和三元乙丙橡胶弹性密封垫。在材料准备完成后，对管片槽进行清理，进一步对管片及密封垫涂胶，待胶黏剂晾干之后先进行角部安装，再进行直条部位安装，最后用木锤或橡胶锤击打压实后放置 12 h 即可下井使用，粘贴方法如图 3-28 所示。

根据南昌市轨道交通 3 号线的防水设计图粘贴防水材料，贴好防水材料的管片如图 3-29 所示。在拼装前用尼龙布遮盖，注意防水防晒。

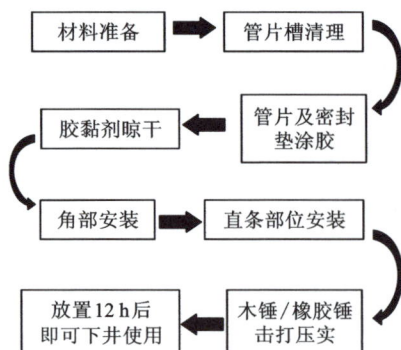

图 3-28　防水材料粘贴方法

(a) 纵缝 　　　　　　　　　　　　　(b) 环缝

图 3-29　完成防水材料粘贴的管片

3.3.4　三环管片拼装

　　施工时，盾构机拼装管片是由空气压缩机拧螺栓，盾构隧道管片拼装精度要求高，难度大。在本次试验中，管片存在楔形量，在下环拼装过程中，使用水准仪、钢卷尺和铅锤对每块管片进行测量，定位其高程与真圆度。利用垫铁片的方式调节下环拼装时的高程。拼装的微调过程需要监测人员与拼装人员配合完成，如图 3-30(a) 所示。

　　在管片拼装前需准备定位棒、40 个 100 mm×100 mm 的铁片、20 根纵向M24 螺栓、36 根环向 M27 螺栓，其中包括贴好应变片的 22 根横向和纵向螺栓。在地面标出 0°、90°、180°、270°中心线，2.7 m 管片内径投影线，2.85 m 滑动铁板半径方向中心线。将所有支墩中心线调整至 2.85 m 的圆圈上，测试下环

B2 块对应的千斤顶中心的高程并记录，如图 3-30(b)所示。

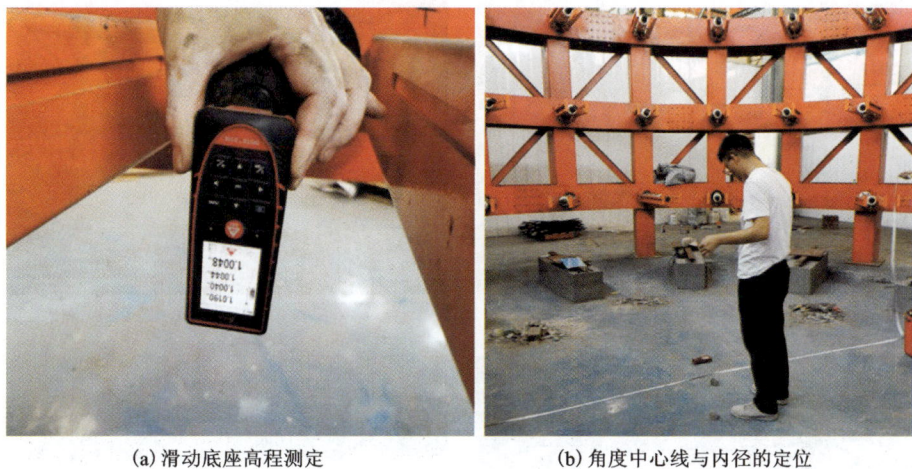

<table>
<tr><td>(a) 滑动底座高程测定</td><td>(b) 角度中心线与内径的定位</td></tr>
</table>

图 3-30　拼装前测定与定位

1. 拼下环

第一块管片拼装选择 B2 块。管片中心对准 270°的位置，"B2"字样朝下，校核管片上沿(不包括止水带的高度)与千斤顶中心的相对高差为 0.6 m，确保后期持荷梁中心与管片中心对准；保证管片上沿都在同一高程上，用铅锤确定管片竖直度，用铁片垫在管片底部找平。对准 270°的位置分别顺时针、逆时针扫 36°校核 B2 块的中心对准 270 位置，保证 B2 整块的内径始终为 2.7 m。拼装过程如图 3-31(a)所示。

按顺序拼装 B3、B1、L2、L1、F 块，拼装时应注意管片内弧面中心标的字样朝下。校核管片上沿(不包括止水带的高度)与已安装的管片上沿是否在同一高度，有差异时用铁片垫高找平。用铅锤确定管片竖直度。测量管片边偏离角度是否与拼装角度图一致，保持整块的内径始终为 2.7 m。测量校核管片外径中心与千斤顶中心在同一水平线上，确保后期持荷梁中心与管片中心对准。拼 F 块时应校核管片中心线是否与 90°线对齐。拼装过程如图 3-31(b)~图 3-31(d)所示。

2. 拼中环

中环为装有监测元件的管片环，拼装时注意不要压线(环向螺栓为 12 根贴好应变片的 M27 螺栓)。第一块管片拼装选择 B2 块，对准 90°的位置分别顺时针、逆时针扫 36°校核 B2 片的中心对准 90°线，保持 B2 整块的内径始终为 2.7 m。

(a) 水准仪测量　　　　　　　　　　　(b) 标准块拼装

(c) 量测调整距离　　　　　　　　　　(d) 封顶快拼装

图 3-31　下环拼装过程

按顺序拼装 B3、B1、L2、L1、F 块，拼装时应注意管片内弧面中心标的字样朝下。测量校核管片边偏离角度要与拼装角度图一致，保持整块的内径始终为 2.7 m。拼 F 块时应校核管片中心线是否与 270°线对齐。中环拼装过程图如 3-32(a) 和图 3-32(b) 所示。

　　3. 拼上环

　　在上环拼装时注意不要压线（纵向螺栓为 10 根贴好应变片的 M24 螺栓）。第一块管片拼装选择 B2 块，管片中心大概对准 270°的位置，保持 B2 整块的内径始终为 2.7 m。按顺序拼 B3、B1、L2、L1、F 块，拼装时应注意管片内弧面中心标的字样朝下。测量校核管片边偏离角度与拼装角度一致，保持 B2 整块的内径始终为 2.7 m。拼 F 块时应校核管片中心线是否与 90°线对齐。拼装完成后如图 3-33 所示。

(a) 中环标准块拼装　　　　　　　　　(b) 中环拼装完成

图 3-32　中环拼装过程

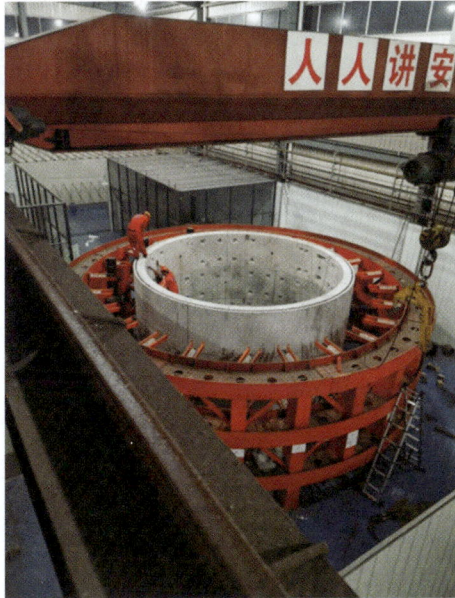

图 3-33　上环拼装完成

3.4　足尺试验加载方案

3.4.1　试验设备

本试验采用的盾构隧道衬砌管片结构足尺加载系统为三整环足尺试验，主要由液压加载系统、数据采集系统及反力架等构成。加载系统采用千斤顶顶推加载方式。试验加载反力架如图 3-34(a) 所示。管片环需卧式进行加载，下部利用支座作支撑，衬砌管片结构支座和布置如图 3-34(b) 和图 3-34(c) 所示。

(a) 衬砌管片结构试验反力架　　　　　(b) 衬砌管片结构支座

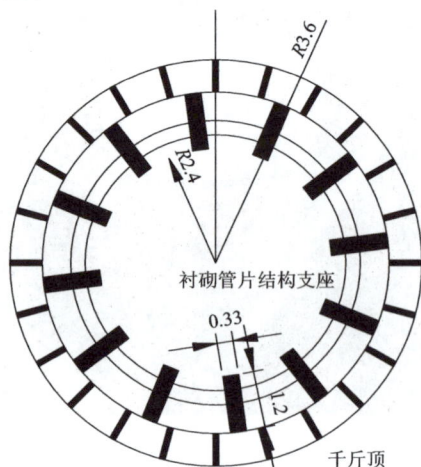

(c) 支座布置示意图

图 3-34　加载装备 (单位：m)

　　反力架由 3 个主体反力圆环与众多附属连接部件构成，试验可以利用
24×3 个环向分布的千斤顶分别模拟衬砌管片结构实际过程中所受的地层作用
力和水压力，如图 3-35 所示，以此进行力的自由组合来模拟实际工程中管片
所受到的超载、卸载等不利荷载情况，从而获得衬砌管片结构的内力特征和变
形特征。该反力架可实现对国内外常见尺寸的盾构隧道衬砌管片结构进行全过
程加载直至极限破坏。

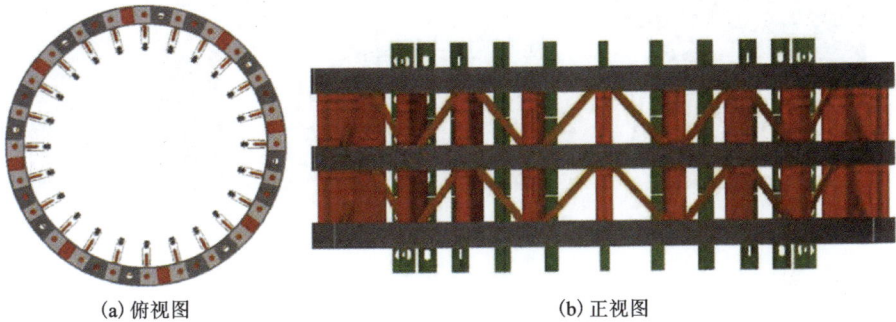

(a) 俯视图　　　　　　　　　　　　　　(b) 正视图

图 3-35　环向加载设备

　　考虑到错缝拼装管片间变形不同步的情况，本试验对持荷梁进行了分截面
设计，可满足上、中、下三环管片的不同步变形。在持荷梁表面设置橡胶传力
垫，与管片柔性接触，可以更加真实模拟管片在地层中的实际受力状况。设计
千斤顶耳座以消除管片切向变形带来的切向力作用，保障试验设备安全，确保
千斤顶顶力的方向始终垂直于管片外表面，如图 3-36 所示。

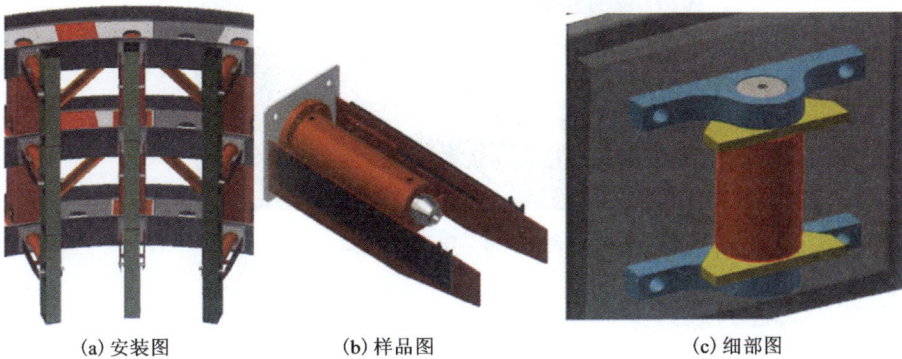

(a) 安装图　　　　　　(b) 样品图　　　　　　(c) 细部图

图 3-36　千斤顶耳座

竖向设计6个加载点用于模拟管片间的纵向荷载，竖向加载装置包含竖向千斤顶，张拉螺纹杆与承载底座等。竖向加载设备如图3-37所示。

图 3-37　竖向加载设备

在试验中，由电动液压泵提供所需环向力和竖向力，提供环向力的电动液压泵可控制环向压力为0~100 MPa，提供竖向力的电动液压泵可控制竖向压力为0~40 MPa。电动液压泵如图3-38所示。

图 3-38　电动液压泵

3.4.2　试验加载方案

3.4.2.1　地层情况

选取南昌地铁3号线上沙沟站—青山湖西站盾构隧道管片作为足尺试验对

象，计算荷载按照如下考虑：

（1）隧道埋深为 16.6 m。

（2）水位埋深为 4.5 m。

（3）土层自上而下依次划分为杂填土、粉质黏土、中砂、砾砂层，土层参数如表 3-3 所示。

表 3-3　土层参数

层号	土层名称	厚度/m	重度/(kN·m⁻³)	层底土压力/kPa
①1	杂填土	2.89	19.0	54.91
③1	粉质黏土	4.13	19.1	30.751
③3	中砂	4.55	18.9	22.932
③5	砾砂	5.03	19.8	44.135

3.4.2.2　竖向和侧向土压力

1. 竖向土压力的确定

（1）当隧道覆土厚度 $H \leq 10$ m 时，按 10 m 覆土柱计算顶部土压力。

（2）当隧道覆土厚度 10 m$<H \leq 2.5D$（D 为管片环外径）时，隧道拱顶土压力按全覆土进行计算。

（3）当隧道覆土厚度 $H>2.5D$ 时，对具备成拱效应的地层可按太沙基松动土压力公式计算垂直土压力，并设置 $2.5D$ 覆土厚度作为土压力下限值；对中等固结黏土（$4 \leq N<8$，N 为标准贯入锤击数）或软黏土（$2 \leq N<4$），则常采用全覆土土压力计算方法。太沙基原理松动土压力计算如下：

$$\sigma_{\mathrm{v}} = \frac{B_1\left(\gamma - \dfrac{c}{B_1}\right)}{K_0 \tan \varphi}\left(1 - \mathrm{e}^{-K_0 \tan \varphi \frac{H}{B_1}}\right) + P_0 \mathrm{e}^{-K_0 \tan \varphi \frac{H}{B_1}} \tag{3-1}$$

当 $\dfrac{P_0}{\gamma}<H$ 时，采用下式计算：

$$\sigma_{\mathrm{v}} = \frac{B_1\left(\gamma - \dfrac{c}{B_1}\right)}{K_0 \tan \varphi}\left(1 - \mathrm{e}^{-K_0 \tan \varphi \frac{H}{B_1}}\right) \tag{3-2}$$

$$B_1 = R_0 \cot\left(\frac{45° + \dfrac{\varphi}{2}}{2}\right) \tag{3-3}$$

式中：P_0 为上覆荷重；B_1 为隧道开挖影响宽度的一半，m；H 为覆土深度，m；

φ 为土的内摩擦角，(°)；σ_v 为太沙基竖向松动土压力，kN/m^2；K_0 为侧压力系数；c 为土的黏聚力，kPa；R_0 为管片外圆半径，m；γ 为土的容重。

由于区间主要地层是透水性土体，所以采用水土分算的方式计算隧道所受竖向力和侧向力，以上所有 γ 都取土的浮重度。水压力计算公式为：

$$P_{w1} = \gamma_w h_w \qquad (3-4)$$

式中：P_{w1} 为水压力；γ_w 为水的重度；h_w 为水头高度。

盾构隧道顶部竖向土压力采用太沙基松动土压力+水压力组合计算：

$$P_v = \sigma_v + P_{w1} \qquad (3-5)$$

2. 侧向土压力的确定

砂土中采用水土分算方法计算水土压力，结合《建筑基坑支护技术规范》（JGJ 120—2012）对侧向土压力计算的相关规定可得：

$$P_a = K_0 \sum_{i=1}^{n} \gamma'_i h_i + \gamma_w h_a \qquad (3-6)$$

$$P_b = K_0 \sum_{i=1}^{n} \gamma'_i h_i + K_0 \gamma_D D + \gamma_w h_b \qquad (3-7)$$

式中：K_0 为侧压力系数；P_a 为隧道顶部侧向土压力值；P_b 为隧道底部侧向土压力值；h_i、γ'_i 为对应的第 i 层土层的厚度（m）、重度（kN/m^3）；h_a、h_b 为隧道顶部、底部距地下水位线的距离，m；γ_D 为隧道范围内的土体重度，kN/m^3；γ_w 为水的重度，kN/m^3；D 为隧道外径，m。

通过计算得出的隧道所受竖向力和水平力与实测的土压力相比，确保所加荷载组合的合理性。李雪对盾构隧道实测土压力分布规律及影响因素的研究表明，地下水位较高时，作用在盾构隧道衬砌管片结构上的长期稳定土压力以水压力为主，有效土压力较小，总土压力沿环向分布均匀；地下水位较低时，作用在衬砌管片结构上的稳定土压力以有效土压力为主，但土压力沿环向分布不均匀，作用在衬砌管片结构上的总土压力大小及分布与土层中静水压力大小不可忽略。综合以上分析可知，由于上沙沟站—青山湖西站区间潜水水位埋深较浅，所以拱腰与拱顶土压力应相差不大。

3.4.2.3 试验加载力的确定

为模拟盾构隧道的真实受荷变形，同时考虑到试验的可操作性，拟通过布置 24 个加载点来模拟实际盾构所受的地层抗力、土压力和上部堆卸载等荷载。24 组加载点分为 P_1、P_2、P_3 三种。其中：P_1 模拟隧道顶部所受的竖向土压力和隧道底部所受的地基反力；P_2 模拟隧道所受的侧向压力，取值为 P_1 与侧压力系数的乘积；P_3 模拟隧道过渡段压力，取值为 P_1 和 P_2 的均值。设计荷载如图 3-39（a）所示，试验荷载如图 3-39（b）所示。

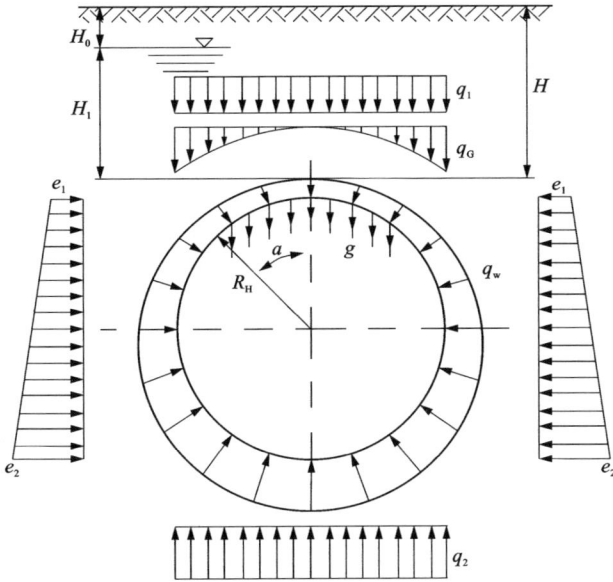

(a) 设计荷载示意图

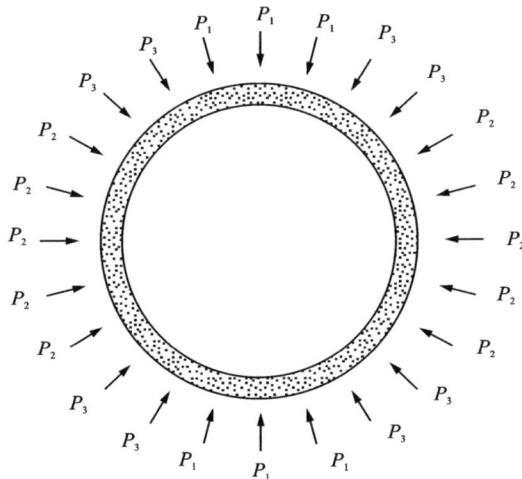

(b) 试验荷载示意图

e_1—隧道顶部侧向压力；e_2—隧道底部侧向压力；q_1—上部荷载；q_w—等效荷载。

图 3-39　隧道设计与试验荷载模式图

1. P_1 的确定

如图 3-40 所示，计算试验加载力时将隧道顶竖向荷载等效为单点施加的 P_1，根据力的平衡关系可得：

$$P_1 = P_v \cdot \frac{\pi D}{24} \cdot 1.2 = 0.942 P_v \tag{3-8}$$

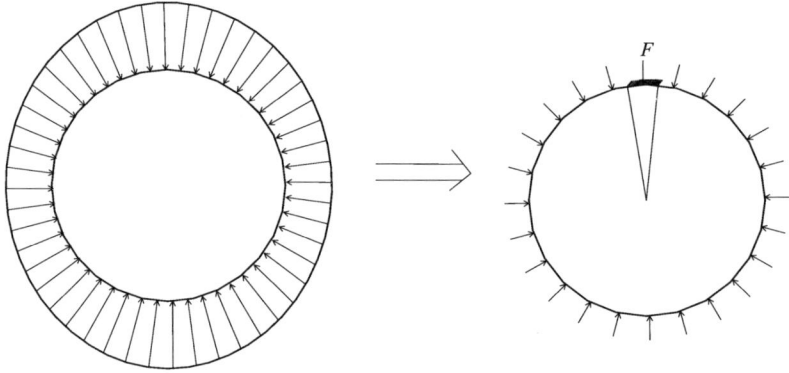

图 3-40 实际荷载与实验荷载等效示意图

2. P_2 的确定

$$P_2 = P_1 \cdot K_0 \tag{3-9}$$

式中：K_0 为侧压力系数。

3. P_3 的确定

$$P_3 = \frac{P_1 + P_2}{2} \tag{3-10}$$

由上述试验荷载示意图以及 P_1、P_2、P_3 计算结果，得到中环加载示意图和上环和下环加载示意图，如图 3-41 和图 3-42 所示。

为了在管片关键截面布置监测点，避免外弧面混凝土应变片、内部钢筋应变片和钢筋应力计引线出口位置与持荷梁的相互干扰，应事先画出隧道管片内外侧展开图作为混凝土和筋应变片的监测点布置参考，如图 3-43 所示。

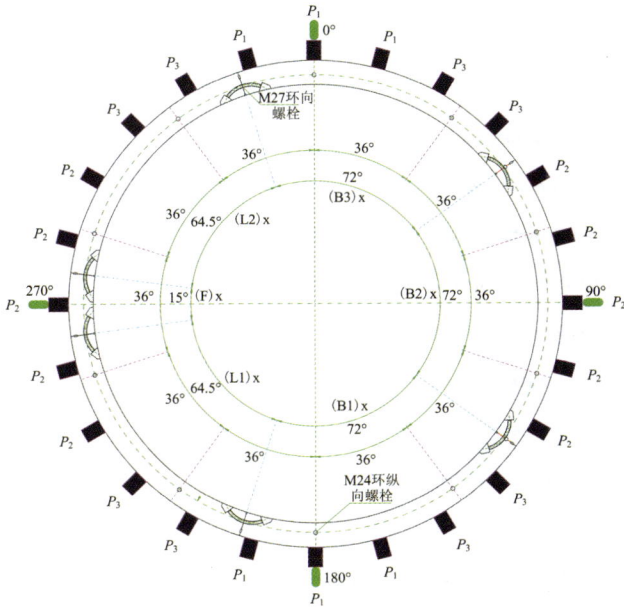

图 3-41　中环加载示意图

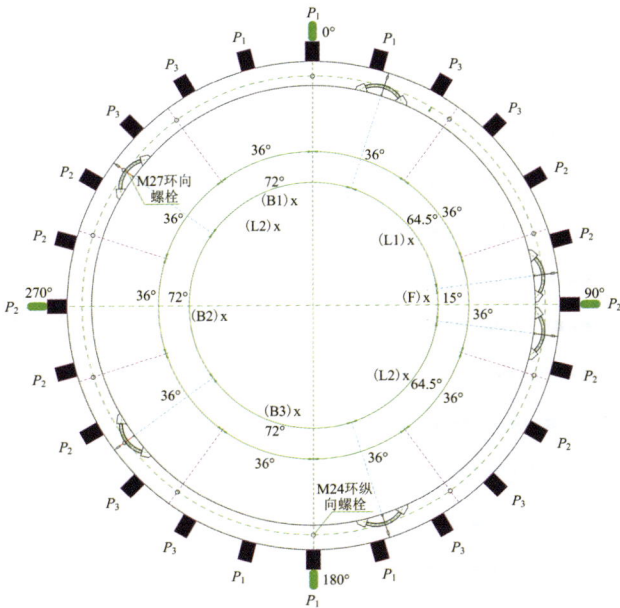

图 3-42　上环和下环加载示意图

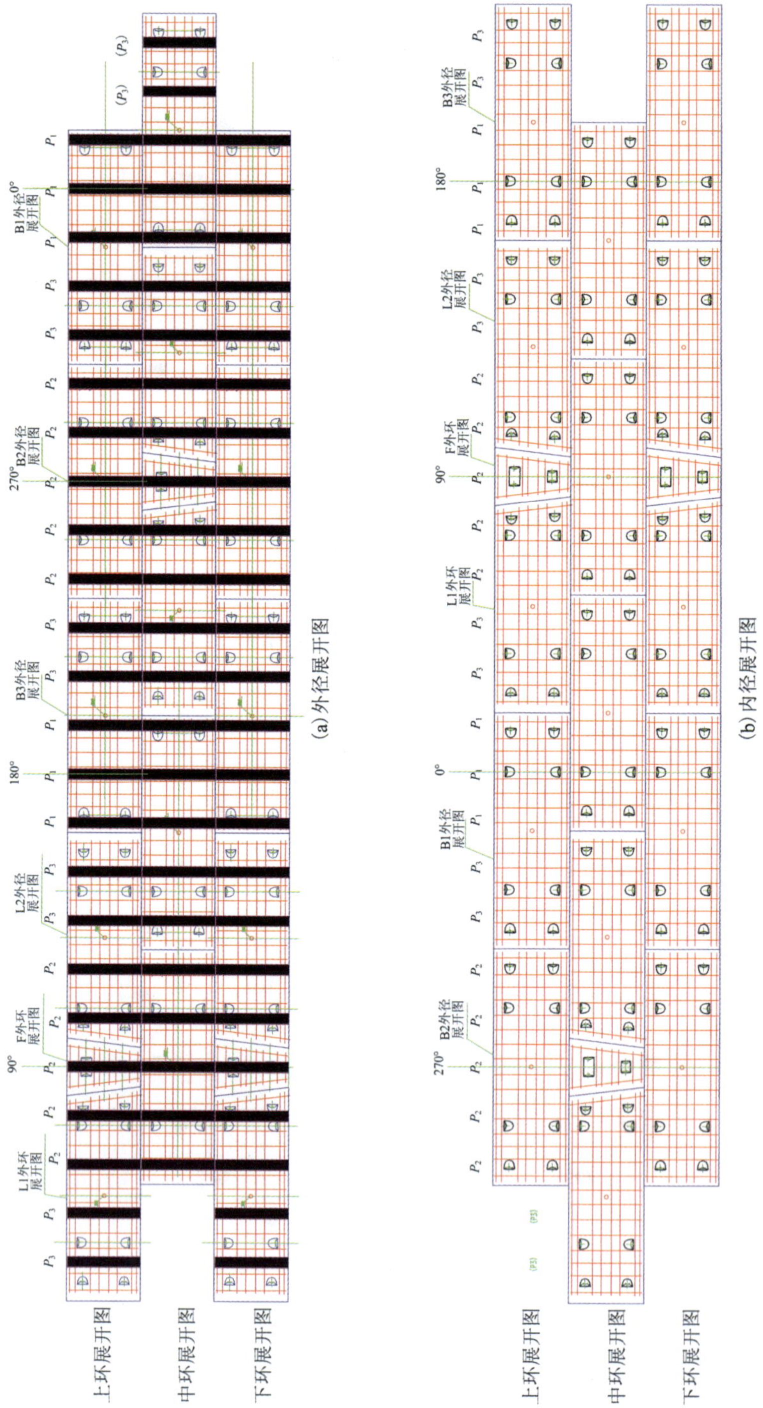

(a) 外径展开图

(b) 内径展开图

图3-43 持荷梁位置和隧道管片内外弧面展开图

3.4.3　试验工况设计

盾构隧道整环足尺试验共设计三组试验,分别为顶部超载试验、侧向卸载试验和卸载后加固试验。

1. 顶部超载试验

顶部超载试验是指管片拼装完成后首先加载到设计荷载,然后继续增加竖向荷载,直至管片破坏。其主要用于研究超载工况下盾构隧道衬砌管片结构的变形、裂缝、破损、螺栓受力等问题。本组试验主要用于模拟盾构隧道正常使用情况下地面超载较大(如盾构隧道上方高层建筑及其他堆载等)引起盾构隧道损伤的情况。

目前,承载力极限状态的定义为:

(1)盾构隧道直径为 6 m 时最大变化量达到 400 mm。

(2)管缝螺栓拉断或拉流。

顶部超载试验加载过程为:

(1)P_1 由 0 kN 分级加载至设计值,P_1 每级荷载增量是 P_1 设计值的 0.1 倍,P_2 每级荷载增量是 P_2 设计值的 0.1 倍,$P_3=(P_1+P_2)/2$。此阶段采用荷载控制加载方式。

(2)维持 P_2 不变,加载 P_1 与 P_3,直至极限状态。过程中维持 $P_3=(P_1+P_2)/2$,P_1 每级荷载增量是 P_1 设计值的 0.05 倍。此阶段采用先荷载控制、后位移控制的加载方式。

(3)加载过程中每级荷载稳载时间不低于 10 min,待应变值和位移计数值显示稳定后开始读数。采集数据后,及时计算盾构隧道衬砌管片结构的水平和竖向收敛值变形,判断结构受力状态,进行下一级的加载。具体加载过程如表 3-4 所示,超载工况下加载过程如图 3-44 所示。

表 3-4　顶部超载试验加载过程

序号	荷载等级	F_1/kN	P_1/MPa	F_2/kN	P_2/MPa	F_3/kN	P_3/MPa	F/MPa
0	第 0 级	0	0.0	0	0.0	0	0.0	2.6
1	第 1 级	26	3.4	17	2.2	21.5	2.8	2.6
2	第 2 级	52	6.8	33	4.3	42.5	5.6	2.6
3	第 3 级	77	10.1	50	6.5	63.5	8.3	2.6
4	第 4 级	103	13.5	66	8.6	84.5	11.0	2.6

富水砂层地铁盾构隧道衬砌结构力学性能研究

续表3-4

序号	荷载等级	F_1/kN	P_1/MPa	F_2/kN	P_2/MPa	F_3/kN	P_3/MPa	F/MPa
5	第5级	129	16.8	83	10.8	106	13.8	2.6
6	第6级	155	20.2	100	13.1	127.5	16.7	2.6
7	第7级	181	23.6	116	15.2	148.5	19.4	2.6
8	第8级	206	26.9	133	17.4	169.5	22.1	2.6
9	第9级	219	28.6	141	18.4	180	23.5	2.6
10	第10级	232	30.3	149	19.5	190.5	24.9	2.6
11	第11级	245	32.0	158	20.6	201.5	26.3	2.6
12	第12级	258	33.7	166	21.7	212	27.7	2.6
13	第13级	271	35.4	166	21.7	218.5	28.5	2.6
14	第14级	284	37.1	166	21.7	225	29.4	2.6
15	第15级	297	38.8	166	21.7	231.5	30.2	2.6
16	第16级	310	40.5	166	21.7	238	31.1	2.6
17	第17级	323	42.2	166	21.7	244.5	31.9	2.6
18	第18级	336	43.9	166	21.7	251	32.8	2.6
19	第19级	349	45.6	166	21.7	257.5	33.6	2.6
20	第20级	362	47.3	166	21.7	264	34.5	2.6
…	…	…	…	…	…	…	…	…

注：F_1、F_2、F_3为千斤顶力。

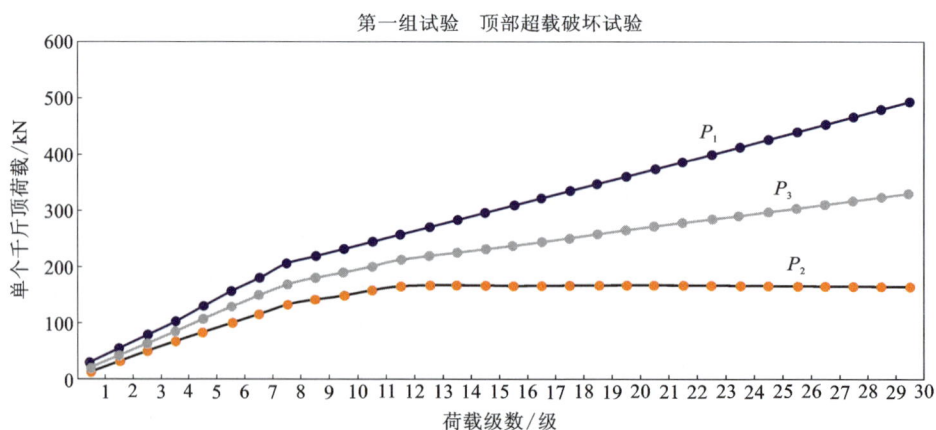

图3-44 超载工况下荷载加载过程曲线

64

2. 侧向卸载试验

侧向卸载试验是指管片拼装完成后首先加载到设计荷载，然后减少侧向荷载，直至管片破坏。其主要用于研究卸载工况下盾构隧道衬砌管片结构变形、裂缝、破损、螺栓受力等问题。本组试验主要用于模拟盾构隧道正常使用情况下旁侧约束减少(如旁侧基坑及近接隧道开挖等典型工况)引起盾构隧道损伤的情况。

承载力极限状态的定义为：

(1)盾构隧道直径为 6 m 时最大变化量达到 400 mm。

(2)管缝螺栓拉断或拉流。

侧向卸载试验加载过程为：

(1)P_1 由 0 kN 分级加载至设计值，P_1 每级荷载增量是 P_1 设计值的 0.1 倍，P_2 每级荷载增量是 P_2 设计值的 0.1 倍，$P_3 = (P_1 + P_2)/2$。此阶段采用荷载控制加载方式。

(2)维持 P_1 不变，卸载 P_2 直至极限状态，过程中维持 $P_3 = (P_1 + P_2)/2$，P_2 每级荷载减小量是 P_2 设计值的 0.05 倍。此阶段采用先荷载控制、后位移控制的加载方式。

加载过程中每级荷载稳载时间不低于 10 min，待应变值和位移计数值显示稳定后开始读数。采集数据后，及时计算盾构隧道衬砌管片结构的水平和竖向收敛值变形，判断结构受力状态，进行下一级的加载。具体加载过程如表 3-5 所示，卸载工况下加载过程如图 3-45 所示。

表 3-5　侧向卸载试验加载过程

序号	荷载等级	P_1 /kN	P_1 MPa	P_2 /kN	P_2 /MPa	P_3 /kN	P_3 /MPa	F /MPa
0	第 0 级	0	0.0	0	0.0	0	0.0	2.6
1	第 1 级	32	4.2	19	2.4	26	3.3	2.6
2	第 2 级	65	8.4	37	4.9	51	6.7	2.6
3	第 3 级	97	12.7	56	7.3	77	10.0	2.6
4	第 4 级	129	16.9	75	9.8	102	13.3	2.6
5	第 5 级	162	21.1	94	12.2	128	16.7	2.6
6	第 6 级	194	25.3	112	14.7	153	20.0	2.6
7	第 7 级	226	29.5	131	17.1	179	23.3	2.6

续表3-5

序号	荷载等级	P_1/kN	P_1/MPa	P_2/kN	P_2/MPa	P_3/kN	P_3/MPa	F/MPa
8	第8级	258	33.8	150	19.5	204	26.6	2.6
9	第9级	275	35.9	159	20.8	217	28.3	2.6
10	第10级	291	38.0	168	22.0	230	30.0	2.6
11	第11级	307	40.1	178	23.2	242	31.6	2.6
12	第12级	323	42.2	187	24.4	255	33.3	2.6
13	第13级	323	42.2	178	23.2	250	32.7	2.6
14	第14级	323	42.2	168	22.0	246	32.1	2.6
15	第15级	323	42.2	159	20.8	241	31.5	2.6
16	第16级	323	42.2	150	19.5	236	30.9	2.6
17	第17级	323	42.2	140	18.3	232	30.3	2.6
18	第18级	323	42.2	131	17.1	227	29.6	2.6
19	第19级	323	42.2	122	15.9	222	29.0	2.6
20	第20级	323	42.2	112	14.7	218	28.4	2.6
21	第21级	323	42.2	103	13.4	213	27.8	2.6
…	…	…	…	…	…	…	…	…

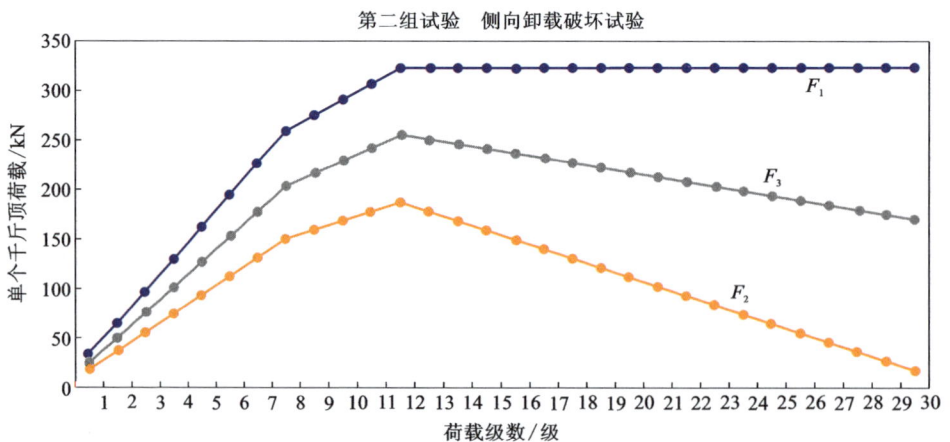

图3-45 卸载工况下荷载加载过程曲线

3. 卸载后加固试验

卸载加固试验是指先将盾构隧道管片环加载到 100 mm 收敛值，然后进行钢环加固后继续加载，直至破坏。通过对比加固前后的盾构隧道衬砌管片结构受力变形行为规律以及极限承载力特征点，验证钢环加固对盾构隧道衬砌管片结构承载力的提升比例。

承载力极限状态的定义为：

(1) 盾构隧道直径最大变化量达到 100 mm 时，暂停加载，进行钢环加固后再重新加载。

(2) 管缝螺栓拉断或拉流。

卸载加固试验加载过程为：

(1) 根据顶部超载工况试验、侧向卸载工况试验，确定隧道极限状态收敛值。

(2) 考虑一定安全储备，确定加固措施以及施加点。

(3) 按照第二组试验步骤进行加载，加载至对点位移。

(4) 将荷载卸除后，考虑现场实际工况误差，进行隧道加固。

(5) 按照第二组试验步骤进行加载，加载至极限状态。

3.5　本章小节

本章主要选取南昌地铁 3 号线上沙沟站—青山湖西站区间的盾构管片进行足尺试验设计与准备工作。首先，通过计算得到盾构隧道所受的地层抗力、土压力、上方堆载、侧方卸载等荷载；然后，根据计算结果对顶部超载、侧向卸载以及卸载后加固三种典型工况足尺试验的加载方案、监测方案进行设计与确定。在实验过程中，采用千斤顶顶推的加载方式进行逐级加载，并且通过各类监测元件与数据采集系统对不同工况下的管片环变形量，管片错台量，接缝张开量，主筋应力、应变，弯螺栓应变，混凝土表面应变等数据进行监测。

第4章

超载工况下盾构隧道衬砌管片结构性能试验研究

地铁线路往往不可避免地下穿大量城市商业区、住宅建筑区等黄金开发地带，在上部工程活动造成的超载作用下，将致使盾构隧道衬砌管片结构发生一定程度的变形，严重情况下将导致管片裂损、椭圆度超限、接缝张开、剪切错动等结构大变形甚至结构破坏现象，为盾构隧道的正常运营带来重大安全隐患。

本章以南昌地铁3号线盾构隧道为工程背景，通过三环足尺试验，对超载工况下盾构隧道衬砌管片结构性能展开深入研究，重点分析了顶部超载工况下盾构隧道衬砌管片结构的变形规律（管片环水平及竖向收敛，管片错台，接缝张开量），应力、应变规律（管片混凝土，钢筋，弯螺栓应力、应变规律）及管片混凝土裂缝发展规律等，获取了衬砌管片结构在顶部超载作用下的变形控制特征点及承载力关键性能点，为实际工程提供了真实、可靠的理论依据。

4.1 衬砌管片结构变形试验结果分析

4.1.1 管片环变形试验

在试验准备及加载方案（详见第3章）制订完成后，按照实验目的及要求布置径向测点，然后对管片环进行逐级加压试验并测量记录每个测点的变形和位移，从而绘制出逐级加载情况下管片环各个角度的直径收敛值变化规律曲线图。

1. 测点布置

按第3.2节测点布置原则及相关要求，在选定管片环内布置16个不同角度的径向测点，并对其进行编号分类（测点编号101~106）。测点具体布置如图4-1所示。

2. 变形试验结果分析

对管片环进行逐级加压试验，可以得到在逐级加压条件下管片断面形状变化规律以及工况荷载与隧道直径的收敛关系。其中管片断面形状变化由水平直径收敛值和竖向直径收敛值共同表现，通过对比二者的变化可以得出盾构隧道衬砌管片结构的变形趋势。而工况荷载与隧道直径的收敛关系则通过在工况荷载条件下对比不同角度位置的直径收敛值变化来体现。通过记录上述实验数据，绘制水平收敛值和竖向直径收敛值变化曲线，如图 4-2 所示；并绘制工况荷载和隧道直径收敛关系曲线，如图 4-3 所示。

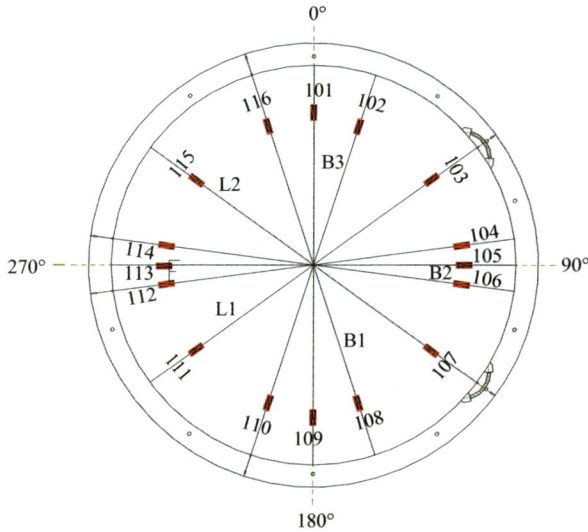

图 4-1　中环径向变形测点布置图

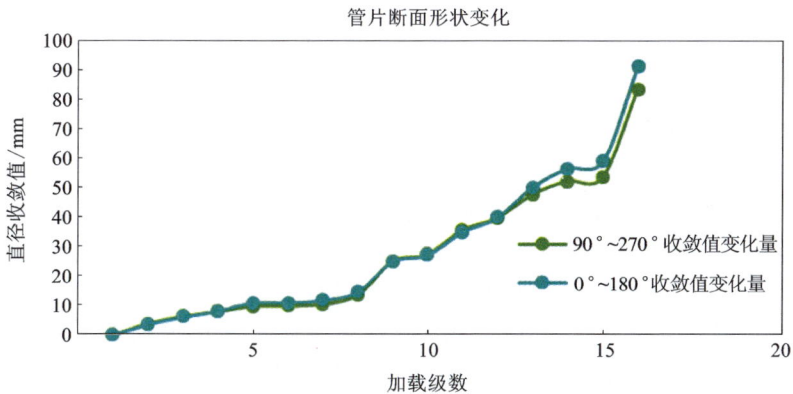

管片断面形状变化

图 4-2　水平直径收敛值和竖向直径收敛值变化曲线

由图 4-2 可得，管片在 90°~270° 位置（水平向）的直径收敛值和 0°~180° 位置（竖向）的直径收敛值变化规律基本相同，其中竖向直径收敛值略大于水平向收敛值；随着荷载的施加，管片各角度直径收敛增速发展，衬砌管片结构整体呈现腰部向外变形、拱顶和拱底向内变形的趋势，呈"横鸭蛋"形；随着荷载级数增加到 16 级（$P_1 = 310$ kN，$P_2 = 166$ kN，$P_3 = 238$ kN），衬砌管片结构水平与竖向收敛值突增，此时认为结构已发生失效破坏，并停止加载。

由图 4-3 可得，盾构隧道衬砌管片结构直径收敛值随着工况荷载的增大而增大，并且呈一定的线性关系；荷载级数与隧道管片环直径收敛值的变化曲线斜率在荷载级数为 7 级（$P_1 = 181$ kN）和 16 级（$P_1 = 310$ kN）两处存在明显变化。

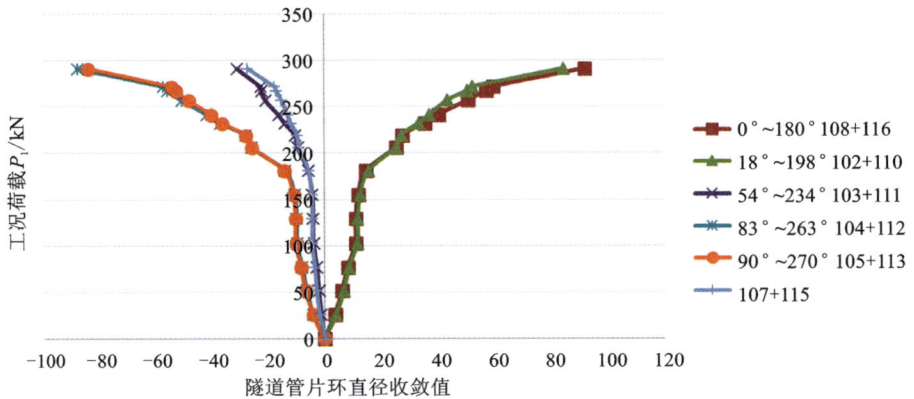

图 4-3　工况荷载和隧道直径收敛关系曲线

盾构隧道水平直径收敛值-工况荷载曲线如图 4-4 所示。由图可见，随着等比例荷载的施加，图中有几个比较明显的关键性能点加载到达每个性能点后，趋势发生明显的变化，具体如下所述。

（1）由隧道管片环水平收敛值-工况荷载 P_1 曲线可知，在竖向荷载 P_1 从 0~181 kN 的加载过程中，此区间隧道管片环水平直径收敛值与荷载值近似呈线性关系；并且在 $P_1 = 181$ kN 时衬砌管片结构到达弹性极限性能点，此时收敛变形达到 15 mm，为管片直径的 2.5‰。根据《盾构法隧道结构服役性能鉴定规范》（DG/TJ08—2023—2013）可知，盾构段及连接通道横断面的相对变形允许值为 3‰~5‰，而该弹性极限性能点相对变形为 2.5‰，是相对安全的。

（2）在竖向荷载 P_1 为 181~297 kN 的加载过程中，此区间隧道管片水平直径收敛值与荷载值也近似呈线性关系，但其曲线斜率与上一区间变化较大；并且在 $P_1 = 297$ kN 时曲线达到明显转折点，此时收敛变形达到 85 mm，为管片直径的

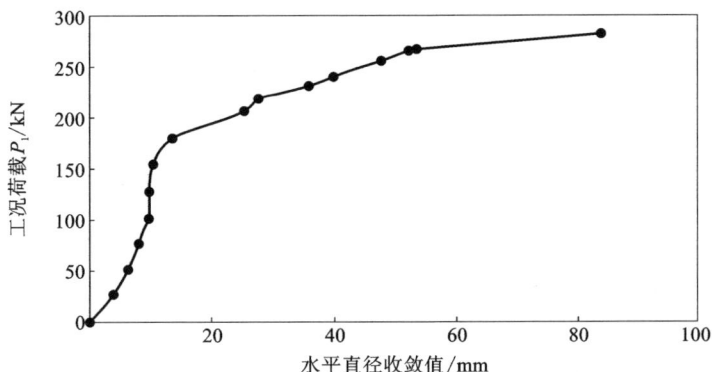

图 4-4　管片环水平直径收敛值-工况荷载 P_1 曲线

14.2‰。根据《盾构法隧道结构服役性能鉴定规范》(DG/TJ08—2023—2013)可知，盾构段及连接通道横断面的相对变形允许值为 3‰~5‰，而该转折点处相对变形为 14.2‰，是相对危险的。随着竖向荷载 P_1 的进一步增大，其收敛值增大速率加剧，但管片依旧未产生破坏，说明在 P_1 = 181~297 kN 的区间内，即隧道收敛变形达到 85 mm 时隧道仍处于弹塑性状态，尚未进入强化或者颈缩阶段。

通过对上述管片环变形试验结果进行分析，可以得出在荷载逐渐增大至超载情况下，管片直径收敛值也随之逐步增大，但其增长速率并非保持不变。即曲线存在两个明显的转折点：其一为弹性状态性能点，其二为弹塑性状态性能点。而实际工程中因管片超载引起椭圆度超限等问题时常出现，本次试验得出的两个管片环变形关键性能点可为此类实际工程问题提供可靠的理论依据。

4.1.2　错台量试验

在试验准备及加载方案制订完成后，按照实验目的及要求布置不同错台情况下的测点，然后对管片环进行逐级加压试验并测量记录每个测点的错台量，从而绘制出逐级加载工况三种不同错台情况下管片环水平直径收敛值与错台量的关系曲线图。

1. 测点布置

按第 3.2 节测点布置原则及要求，分别在中环纵缝径向、上环和中环环缝环向、上环和中环环缝径向布置若干测点。其具体布置如下：

中环纵缝径向测点布置：在管片 6 个纵缝间分别布设 6 个测点，并对其进行编号分类(测点编号 13~18)，如图 4-5 所示。

上环和中环环缝环向测点布置：在环向共布设 4 个，并且对其进行编号分类(测点编号 19~22)，如图 4-6 所示。

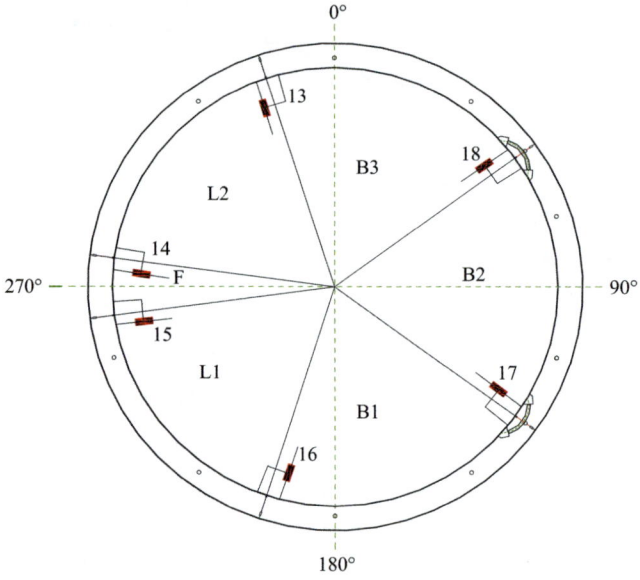

图 4-5　中环纵缝径向错台测点布置图

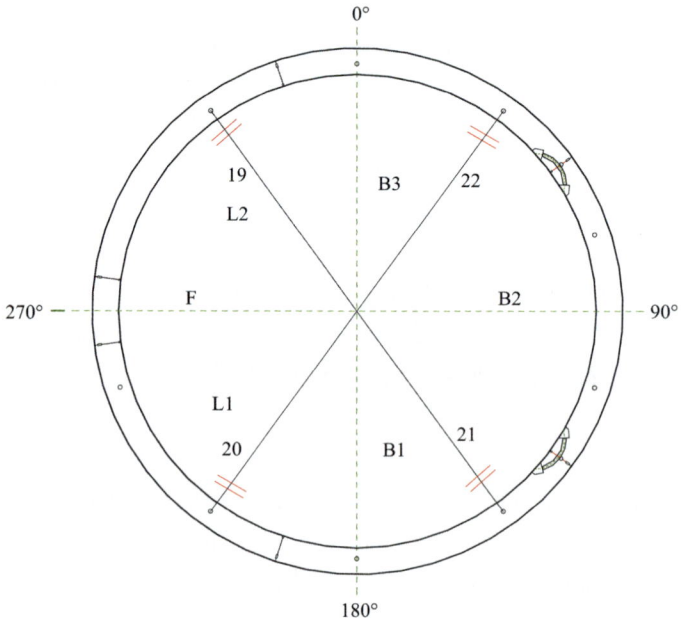

图 4-6　上环和中环环缝环向错台测点布置图

上环和中环环缝径向测点布置：在径向共布设 4 个，并且对其进行编号分类（测点编号 23~26），如图 4-7 所示。

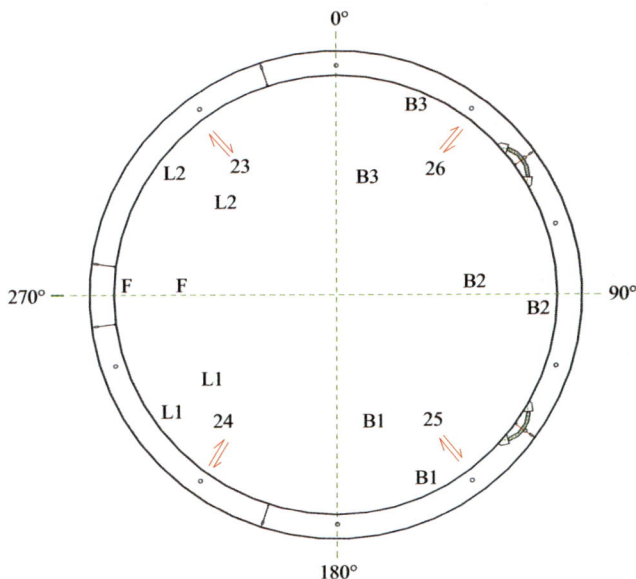

图 4-7　上环和中环环缝径向错台测点布置图

2. 错台量试验结果分析

对管片环进行逐级加压试验，记录管片环水平方向的直径收敛值和环向、径向错台量。基于试验结果绘制中环纵缝径向、上环和中环环缝环向、上环和中环环缝径向三种不同情况下水平直径收敛值与错台量的关系曲线如图 4-8~图4-10 所示。

通过对上述三种不同错台试验结果进行分析，可以得出在荷载逐渐增大至超载情况下，管片环的错台量也随之增大，且整体上近似呈线性关系；观察可知其增长速率并非保持不变，而是在部分曲线中存在一个明显的错台量转折点，即当加载到水平直径收敛值为 50 mm 时，部分错台量发生了突变，但其曲线斜率并未发生较大改变。这一现象说明此次突变并非由螺栓屈服导致，推测其主要原因为加载后期因荷载过大致使管片环发生切向转动，进而导致盾构隧道衬砌管片结构整体失稳。

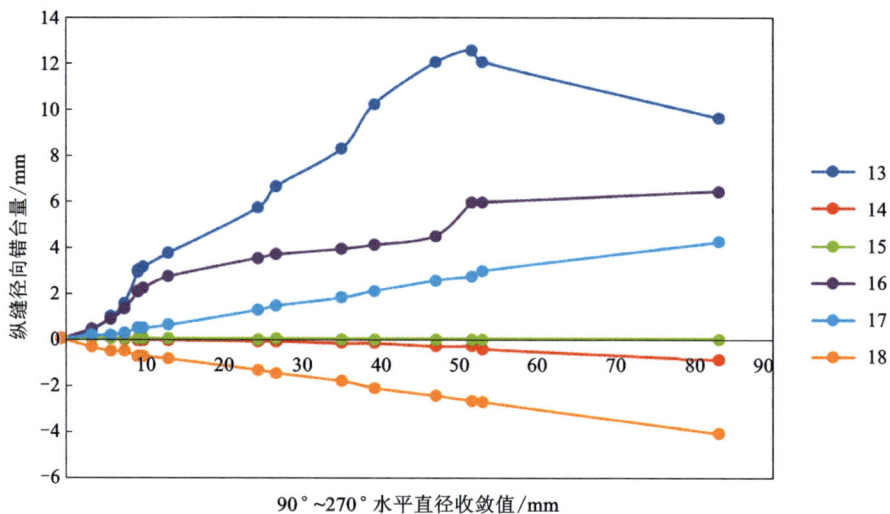

图 4-8　中环纵缝径向错台量

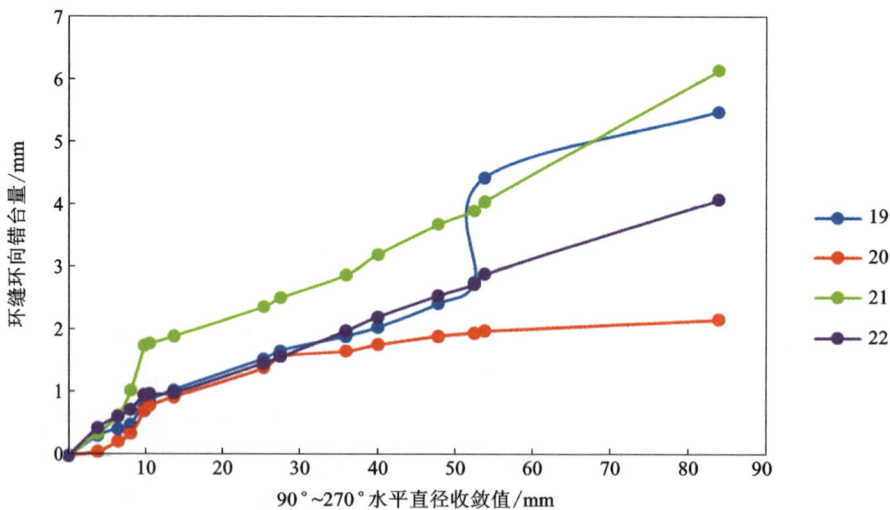

图 4-9　上环和中环环缝环向错台量

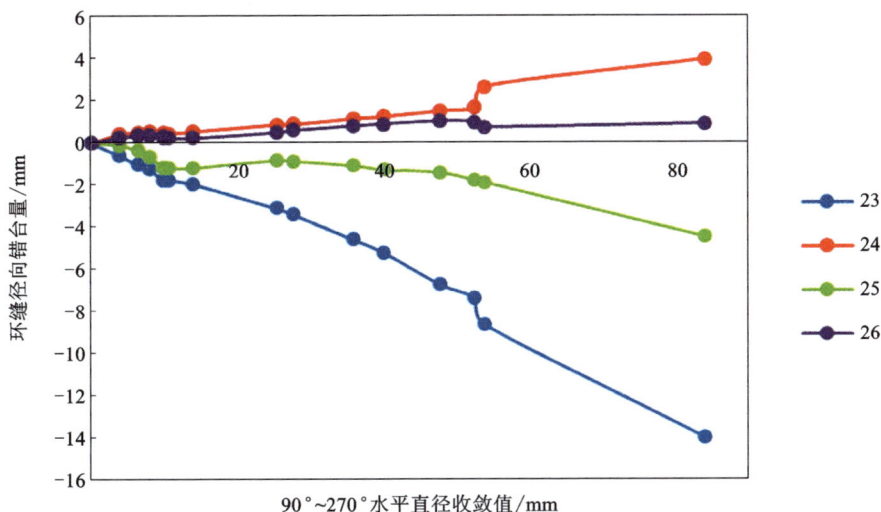

图 4-10　上环和中环环缝径向错台量

4.1.3　接缝张开量试验

在试验准备及加载方案制订完成后，按照实验目的及要求布置测点，然后对管片环进行逐级加压试验并测量记录每个测点的张开量，从而绘制出逐级加载情况下管片环各接缝之间的张开量变化曲线图。最后通过分析相关曲线得出管片环接缝张开量演化规律，并计算出在第 8 级荷载时所对应接缝位置的接缝转角与螺栓变形。

1. 测点布置

按第 3.2 节测点布置原则及要求，分别在环内纵缝处，管片内、外表面接缝处各布置 1 个测点，中环布置 12 个测点，并对测点进行编号分类。测点具体布置如图 4-11 所示。

2. 接缝张开量试验结果分析

对管片环进行逐级加压试验，同时记录管片环水平方向的直径收敛值和测点布置处接缝张开量的变化。根据试验结果绘制不同接缝位置接缝张开量与水平直径收敛值的关系曲线图，其中数值为正表示张开，数值为负表示闭合，如图 4-12~图 4-14 所示。

根据各接缝张开量的最大值，可简要绘制出管片环中纵缝的大致变形图，如图 4-15 所示。

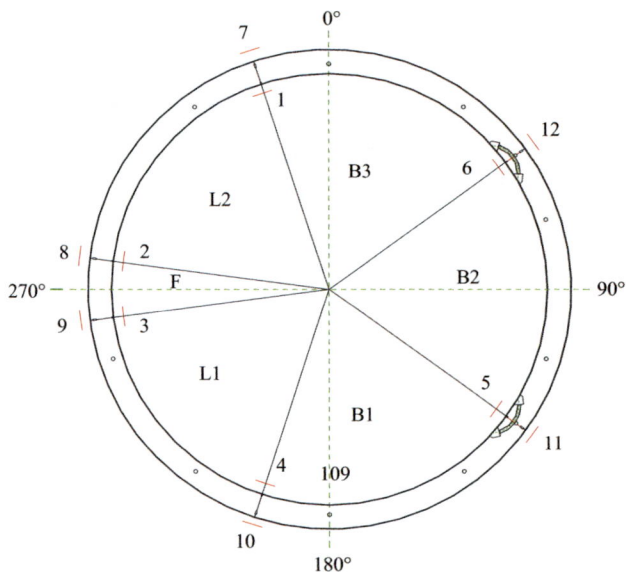

图 4-11　管片环接缝张开量测点布置图

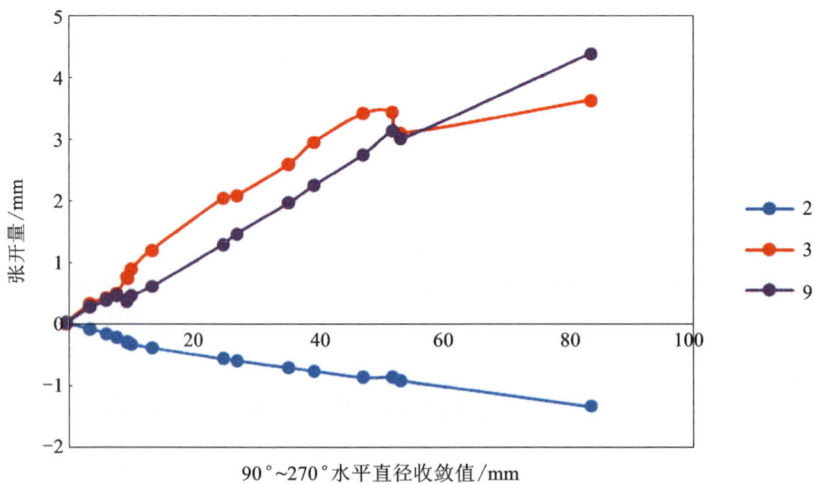

图 4-12　F 块旁接缝张开量曲线图

各纵缝张开量变化值为正则表示张开，为负则表示闭合。纵缝变形示意如

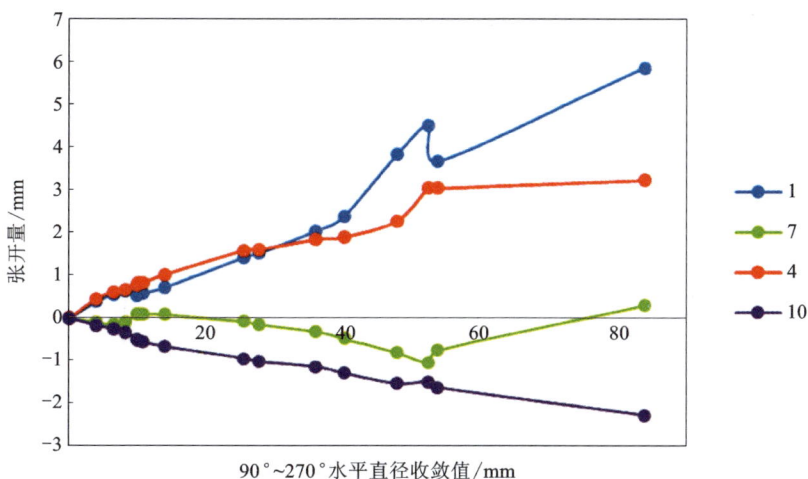

图 4-13   B1、B3 块旁接缝张开量曲线图

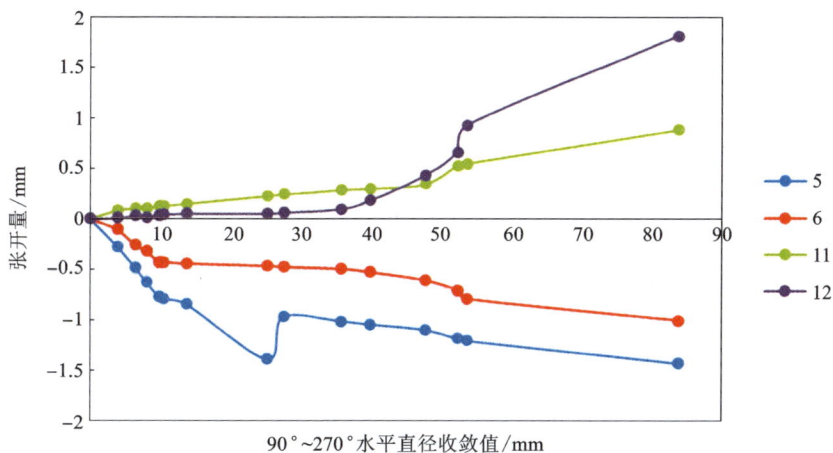

图 4-14   B2 块旁接缝张开量曲线图

图 4-15 所示,从图中可看出 2、5、6、7、10 是闭合的,其余则是张开的,这一结果也与图 4-12~图 4-14 中张开量数据相互对应。从中环纵缝的张开情况来看,随着荷载的增大,拱顶、拱底产生向内的形变,而拱腰处产生向外的形变,与结构变形相对应;拱顶、拱底管片纵缝内侧张开、外侧闭合,而拱腰区域管片纵缝外侧张开、内侧闭合;F 块较为特殊,接缝内外侧均张开。对应试验测得的外部最大张开量为 F 块的接缝位置,其值为 4.4 mm,最大内部张开量为靠近 0°的 L2~B3 接缝位置,其值为 5.8 mm。拱顶、拱底的纵向接缝变形形态

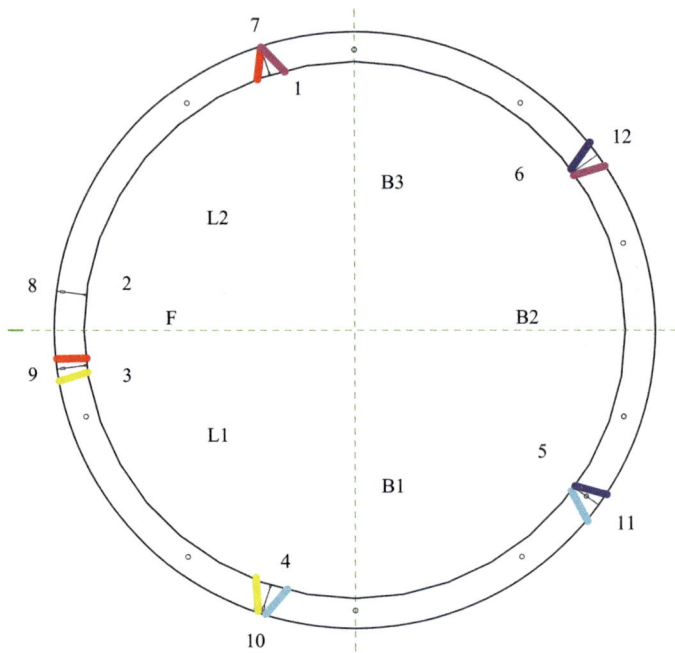

图 4-15 纵缝变形示意图

（内侧张开，外侧闭合）对应正弯矩，而拱腰的纵向接缝变形形态（外侧张开，内侧闭合）对应负弯矩。

3. 纵缝接缝转角及螺栓变形计算

如图 4-16 所示，选取接缝张开为线性变化的阶段，螺栓内径的高度为 120 mm。假设纵向接缝沿高度线性变化，螺栓处的变形如下式：

$$d_{螺栓} = d_2 + (d_1 - d_2) \frac{h_{螺栓}}{h} \tag{4-1}$$

弯矩导致的接缝转角为：

$$\tan \frac{\theta_{接缝}}{2} = \frac{(d_2 - d_1)}{2h} \tag{4-2}$$

为了更好地计算后续纵缝弯曲刚度，选取收敛变形–接缝张开量变化为线性的点进行计算。因此，重点分析第 8 级荷载时管片的状态，此时管片环处于弹性极限状态，其横向收敛变形为 10 mm。根据上述公式可计算出在第 8 级荷载时对应接缝位置的接缝转角与螺栓变形，其计算结果如表 4-1 所示。《盾构法隧道结构服役性能鉴定规范》（DG/TJ08—2023—2013）附录 G 规定，对于盾构段，环缝和纵缝的接缝张开量允许值均为 4 ~ 8 mm。根据计算结果可知，当

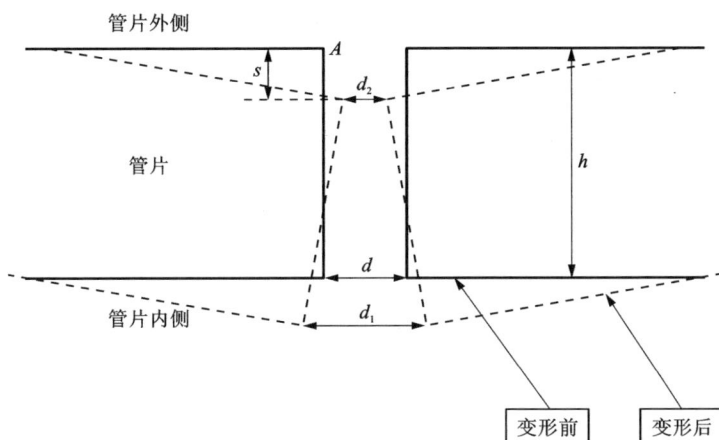

图 4-16　接头在弯矩作用下变形图

加载到第 8 极荷载时, 所测得的管片接缝张开量均在允许值范围内。

表 4-1　纵缝接缝转角及螺栓变形值

接缝位置	接缝转角/rad	螺栓变形/mm
1、7 接缝	−0.00208	0.96
3、9 接缝	−0.00198	0.95
4、10 接缝	−0.0056	0.35
5、11 接缝	−0.003324	−0.45
6、12 接缝	−0.001649	−0.248

　　本小节通过对接缝张开量试验结果进行分析, 得出在荷载逐渐增大至超载情况下, 管片环各个纵缝张开量也随之增大(张开量正为张开, 负为闭合), 但其增长速率并非保持不变, 曲线存在比较明显的转折点, 当加载到收敛值为 50 mm 时, 各个接缝张开量发生程度不一的突变, 其突变原因与上一节中错台突变原因一致。同时, 记录试验结束时各个接缝张开量的数值, 得出管片环外部最大张开量出现在 F 块的接缝位置为 4.4 mm;管片环内部最大张开量出现在 L2~B3 的接缝位置为 5.8 mm。由规范可知, 接缝张开量均在允许值范围内。然后对纵缝接缝转角及螺栓变形进行计算, 选取管片弹性极限状态时对应的第 8 级荷载进行计算, 得出各个接缝位置的接缝转角及螺栓变形。在实际工程中, 顶部超载引起的管片环纵缝张开量过大会对地铁的运营及防水产生较大的

不利影响。本次试验所得出的接缝张开量数据、张开量分布规律、接缝转角及螺栓变形量均能为类似顶部超载等实际工程问题提供详细的理论依据及可靠的工程指导。

4.2 应力应变试验结果分析

在超载工况下，盾构隧道管片的钢筋、混凝土、环向与纵向螺栓均会产生较大的应力及应变，从而对衬砌管片结构性能造成影响。本次足尺试验中，对超载工况下管片中的钢筋、混凝土及螺栓的应力、应变进行监测，并基于试验数据分析规律，为后续管片内力计算提供依据。为了避免边界条件的干扰，本试验选取中环进行研究，钢筋、混凝土测点断面编号对应如图 4-17 所示。

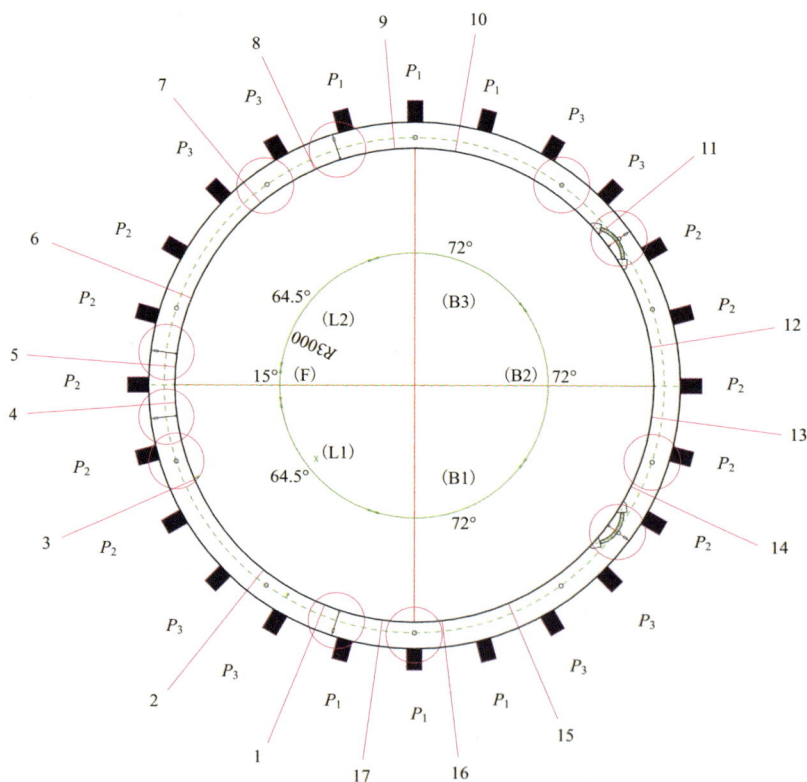

图 4-17 钢筋、混凝土测点布置图

4.2.1　钢筋应力应变

1. 测点的布置

根据第 3.2 节测点布置原则及要求,分别在管片环环向布设 17 个控制断面,在拱顶、拱底和拱腰位置加密布置;管片环纵向布设 4 个控制断面;管片环厚度方向布设 2 个控制断面。然后对其进行编号分类。部分测点编号及分布如图 4-17 所示,具体布置展开图如第 3 章中图 3-18 和图 3-19 所示。

2. 钢筋应变试验结果分析

对管片环进行逐级加压试验,同时记录试验终止时内层、外层钢筋应变值。绘制试验终止时外层、内层的钢筋应变片编号对应的钢筋应变如图 4-18 和图 4-19 所示。

钢筋的极限弹性拉应变为 2000 $\mu\varepsilon$,钢筋应变片受拉为正值、受压为负值。从图 4-18 和图 4-19 可以看出,拱顶和拱底处管片外弧面钢筋受压,钢筋受压应变值不超过 500 $\mu\varepsilon$,内弧面钢筋受拉,钢筋受拉应变值不超过 1500 $\mu\varepsilon$,失效的钢筋应变片未显示数值。拱腰附近的应力分布特点为管片外弧面钢筋受拉,内弧面钢筋受压,90°位置的管片外弧面钢筋受拉应变值较大,接近钢筋的极限弹性拉应变,部分钢筋出现屈服。总体来说,钢筋受拉应变值大于受压应变值。

3. 钢筋应力试验结果分析

对管片环进行逐级加压试验,同时记录管片环水平方向的直径收敛值和拱顶、拱底、拱腰处的钢筋应力值。基于试验数据绘制拱顶、拱底以及拱腰处在加载过程中钢筋应力变化的曲线图,如图 4-20 所示。

从图 4-20 中可以看出,钢筋计测得的结果与钢筋应变片所测结果较为一致,钢筋均未超过屈服应力;各级荷载下主筋拉应力、压应力均小于钢筋的屈服强度,拱顶、拱底处外层钢筋受压、内层钢筋受拉;拱腰处外层钢筋受拉、内层钢筋受压,拱腰 90°处的管片外层钢筋拉应力较大,拱腰 270°处外层钢筋几乎不受力,这与封顶块的受力有关,接缝变形较大、封顶块 F 的变形较小导致钢筋应力较小。

本节采用钢筋应变片及钢筋应力计两种测量手段,对在逐级加压情况下的管片钢筋进行监测记录。通过对上述两种不同方法的钢筋应力、应变试验结果进行分析可以得出,当荷载逐渐增大至超载情况时,钢筋应力、应变也随之增大,且两种方法测得的结果较为一致:①各级荷载下钢筋均未超过屈服应力;②钢筋在拱顶、拱底处外侧受压、内侧受拉,在拱腰处外侧受拉内侧受压;③封顶块接缝变形较大引起拱腰两侧受力并非一致,拱腰 90°处的管片外层钢筋

富水砂层地铁盾构隧道衬砌结构力学性能研究

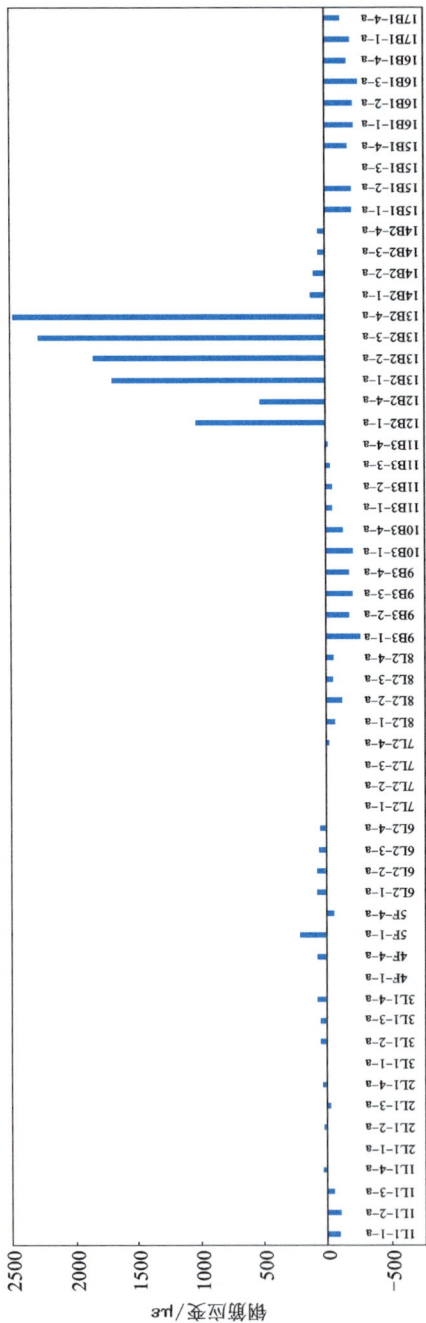

图4-18 试验终止时外层钢筋应变值

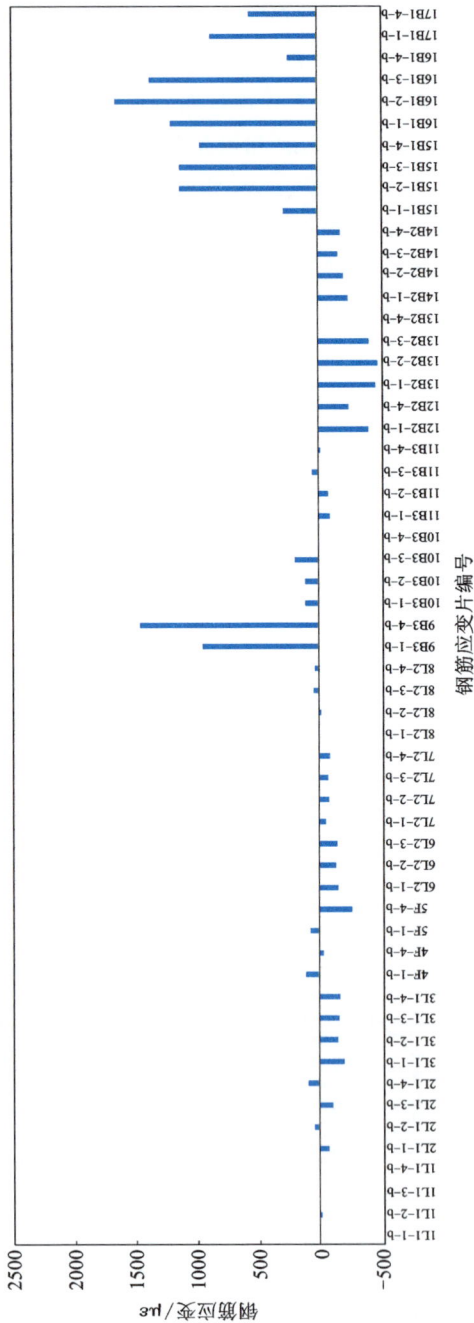

图4-19 试验终止时内层钢筋应变值

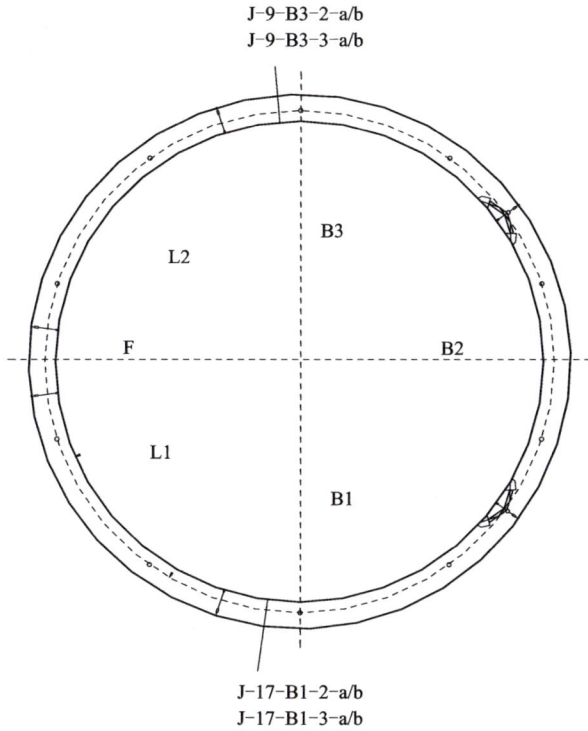

J-9-B3-2-a/b
J-9-B3-3-a/b

B3

L2

F　　　　　　　　　B2

L1

B1

J-17-B1-2-a/b
J-17-B1-3-a/b

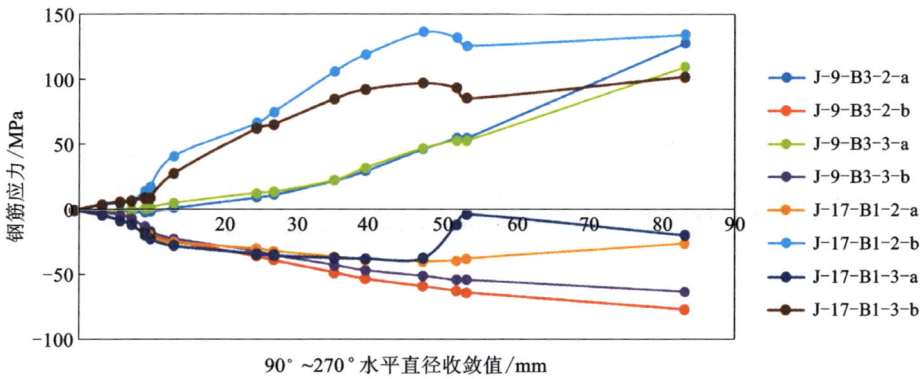

J-9-B3-2-a
J-9-B3-2-b
J-9-B3-3-a
J-9-B3-3-b
J-17-B1-2-a
J-17-B1-2-b
J-17-B1-3-a
J-17-B1-3-b

钢筋应力 /MPa

90°～270°水平直径收敛值/mm
(a) 拱顶、拱底处钢筋应力

（b）拱腰处钢筋应力

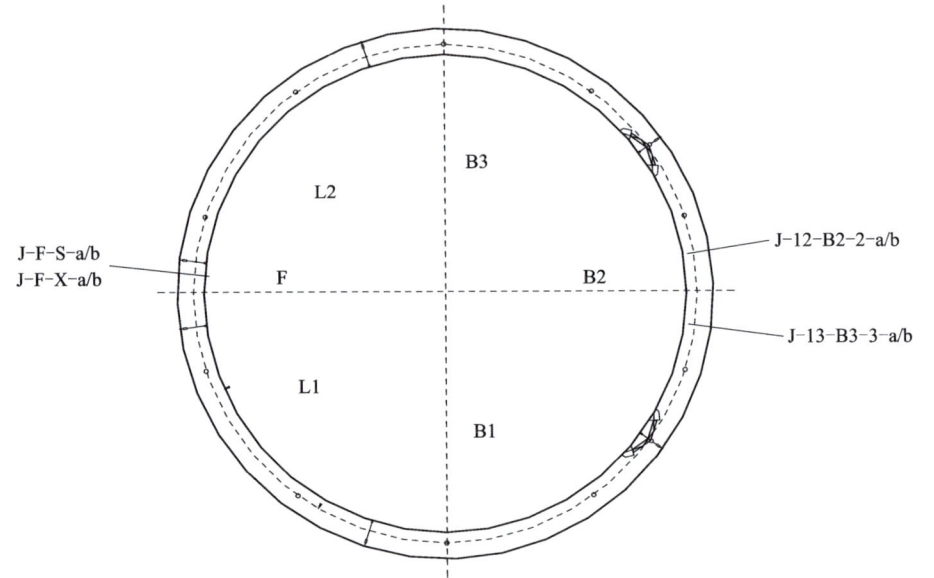

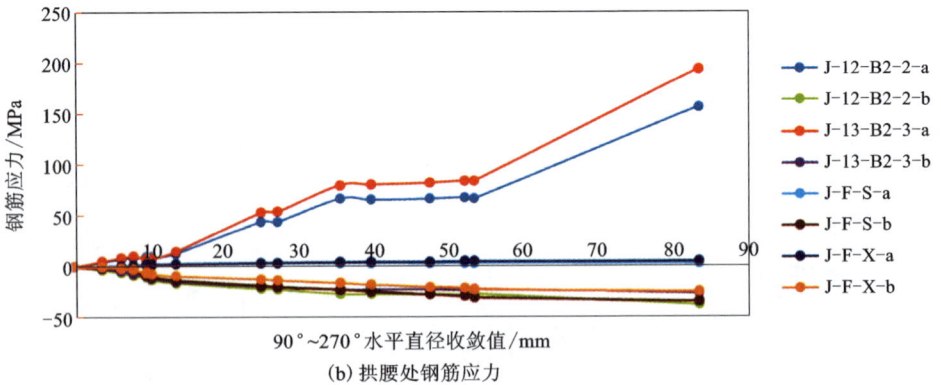

图4-20 钢筋应力

拉应力较大，拱腰 270°处的管片外层钢筋几乎不受力。从以上结论可以看出，管片在超载工况下钢筋的受力是相对复杂的，其不仅与施加荷载有关，管片接缝变形对钢筋应力、应变也有较大影响。而在实际工程中，钢筋应力、应变的计算与分析考虑因素更为复杂。本节得出的钢筋应力、应变详细数据及分布规律可为此类管片钢筋应力应变问题提供真实的数据及有效的思路指导。

4.2.2　混凝土应变

1. 测点的布置

按第 3.2 节测点布置原则及要求，分别在管片环环向布设 16 个控制断面，在拱顶、拱底和拱腰位置加密布置；管片环纵向布设 4 个控制断面；管片环厚度方向布设 2 个控制断面。然后对其进行编号分类，具体编号及布置展开图见 3.2 节。

2. 混凝土应变试验结果分析

对管片环进行逐级加压试验，同时记录试验终止时外弧面、内弧面混凝土应变值。根据监测结果绘制试验终止时内、外弧面混凝土应变片编号对应的混凝土应变图，如图 4-21 和图 4-22 所示；同时绘制试验加载结束后失效混凝土应变分布图，如图 4-23 所示，并绘制部分应变片在加载条件下的混凝土应变曲线，如图 4-24 所示。

由图 4-21~图 4-23 可以看出，拱顶、拱底管片外弧面附近的混凝土受压、内弧面混凝土受拉（混凝土应变片受拉为正、受压为负）；拱腰附近的应力分布特点为管片外弧面混凝土受拉、内弧面混凝土受压，其中，90°对应的拱腰内弧面混凝土达到屈服，且其管片外弧面的混凝土受拉值比 270°对应外弧面混凝土受拉值大。由图 4-24 可以看出，当水平直径收敛值为 14 mm 时，一部分混凝土应变片已经失效；当水平直径收敛值达到 53 mm 时，对应管片 0°和 180°处的内表面部分混凝土应变片失效，其主要原因为混凝土受拉超出混凝土应变片的量程。

对比上节试验结果可以发现，混凝土与钢筋受拉、受压分布规律基本趋于同步。与常规钢筋混凝土结构类似，盾构隧道衬砌管片结构中压应力主要由混凝土承担，而钢筋则起到承受拉应力、控制裂缝萌生扩展的作用。

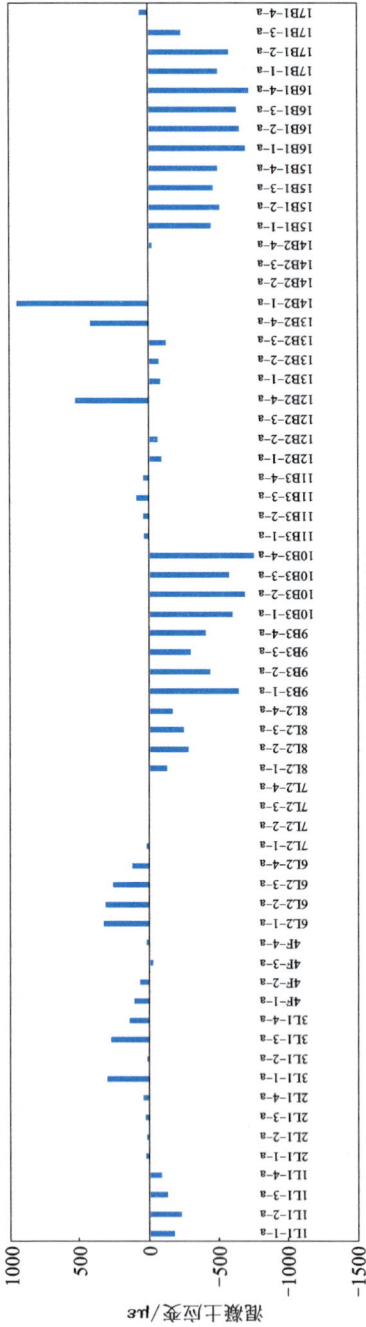

图4-21 试验终止时外弧面混凝土应变值

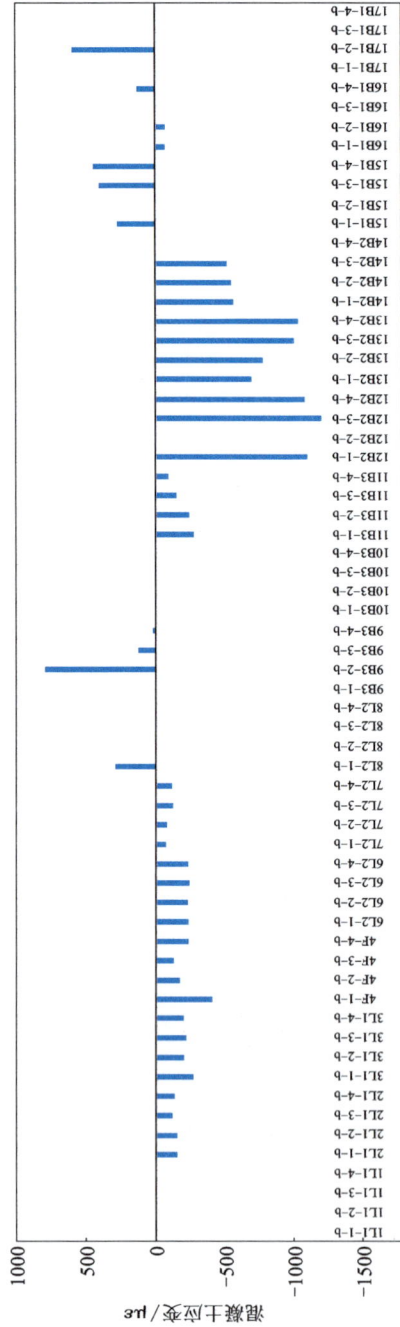

图4-22 试验终止时内弧面混凝土应变值

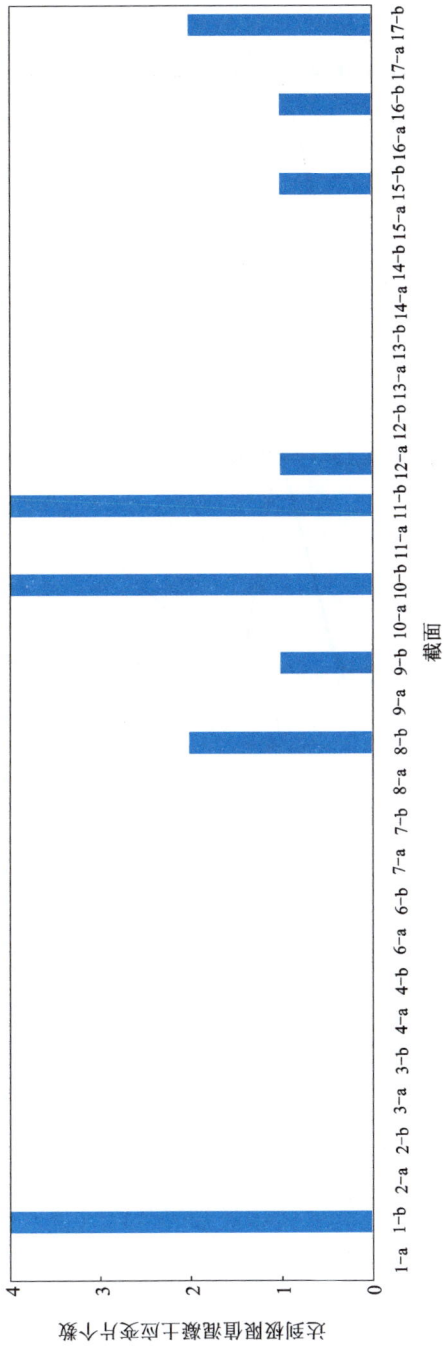

图 4-23　试验加载结束后失效混凝土应变片分布图

(a) 应变曲线1

(b) 应变曲线2

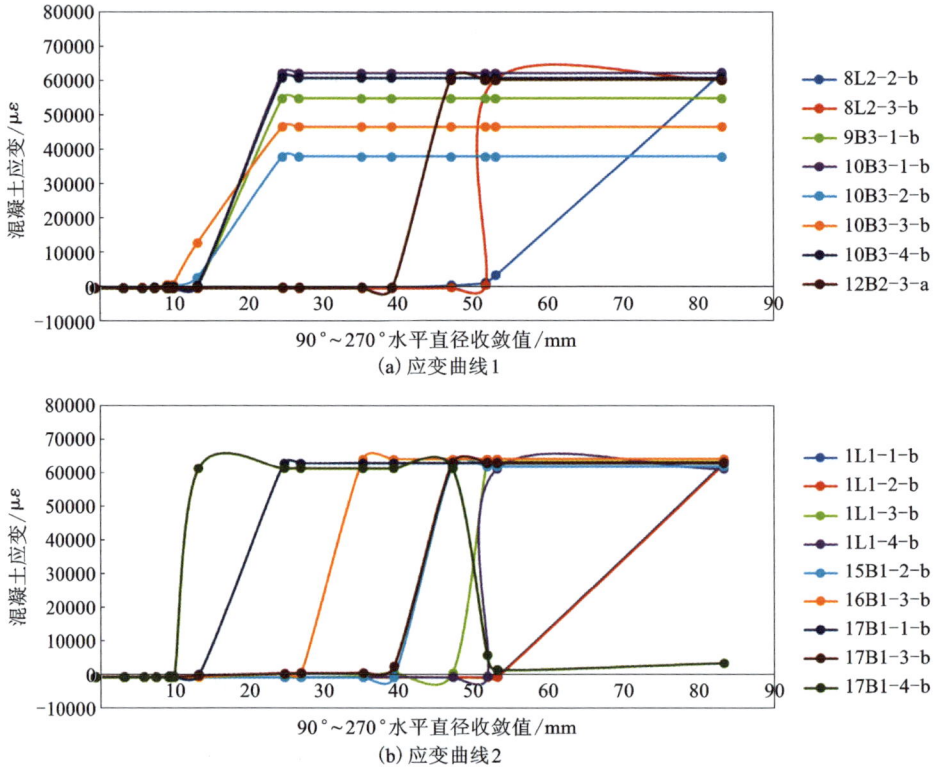

图4-24　混凝土应变曲线

4.2.3　弯螺栓应变

1. 测点的布置

按第3.2节测点布置原则及要求，分别在管片中环6个纵缝处、上环与中环环缝10处布置44个测点，并对其进行编号分类。部分测点编号及分布如图4-25和图4-26所示，具体布置展开图见第3.2节。

2. 环向螺栓应变

对管片环进行逐级加压试验，记录管片环水平方向的直径收敛值和相应位置处螺栓的应变值，并绘制上述相应位置处螺栓的应变值与水平直径收敛值的关系曲线图，如图4-25所示。

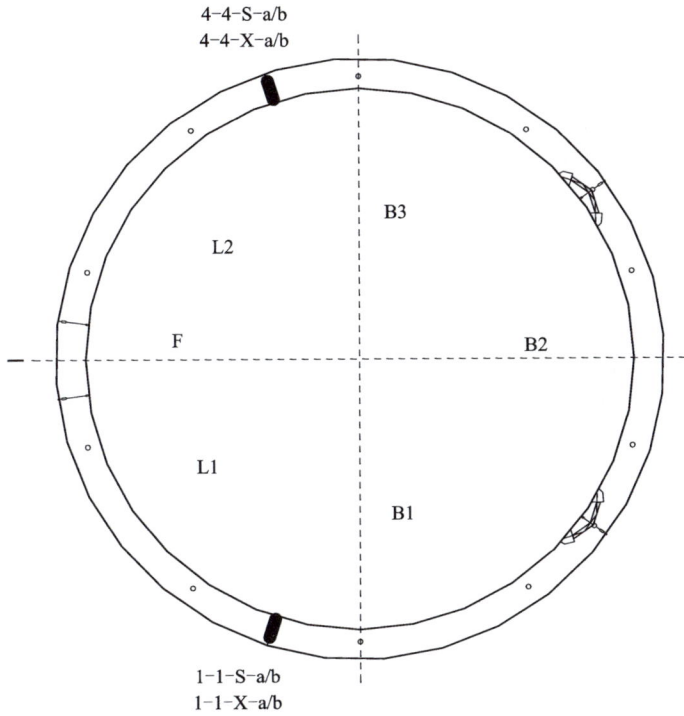

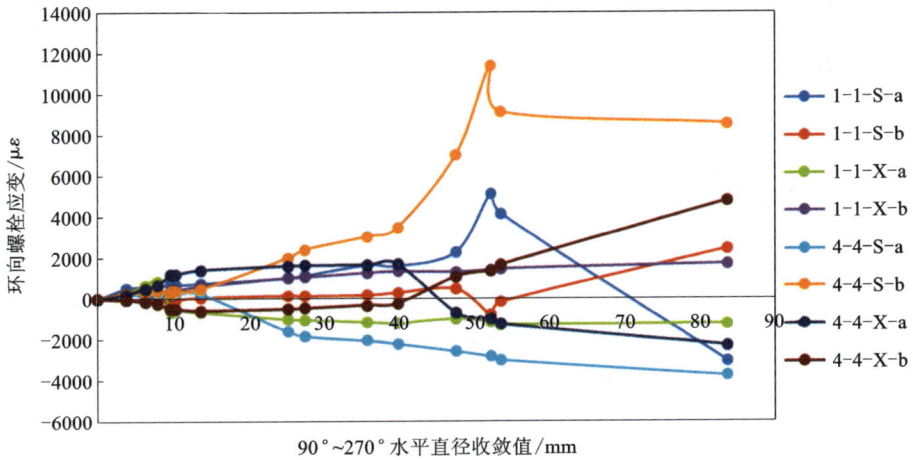

（a）标准 B 形管片与邻接 L 形管片间环向螺栓应变

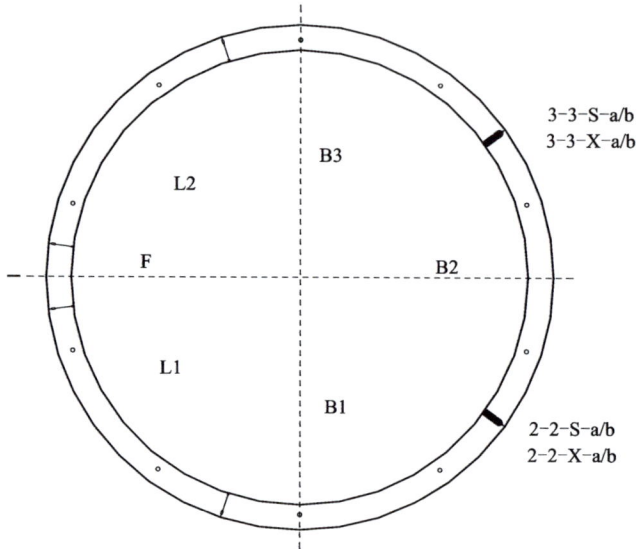

3-3-S-a/b
3-3-X-a/b

2-2-S-a/b
2-2-X-a/b

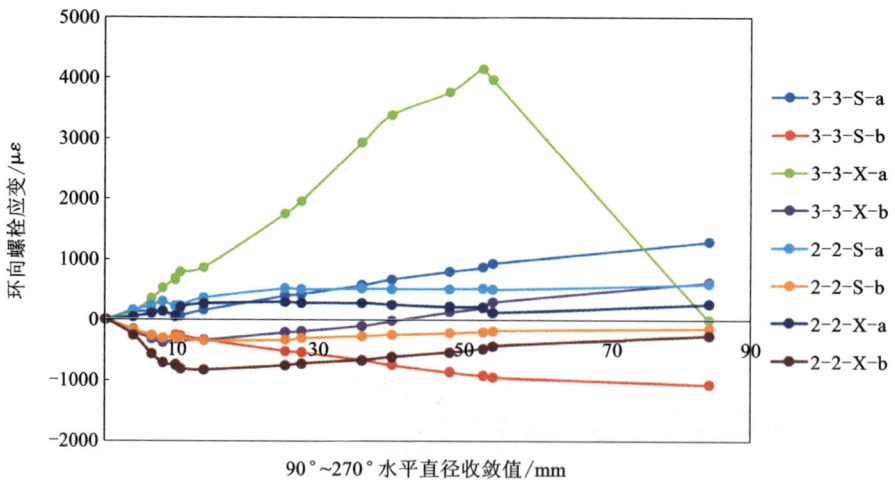

(b) 标准B形管片间环向螺栓应变

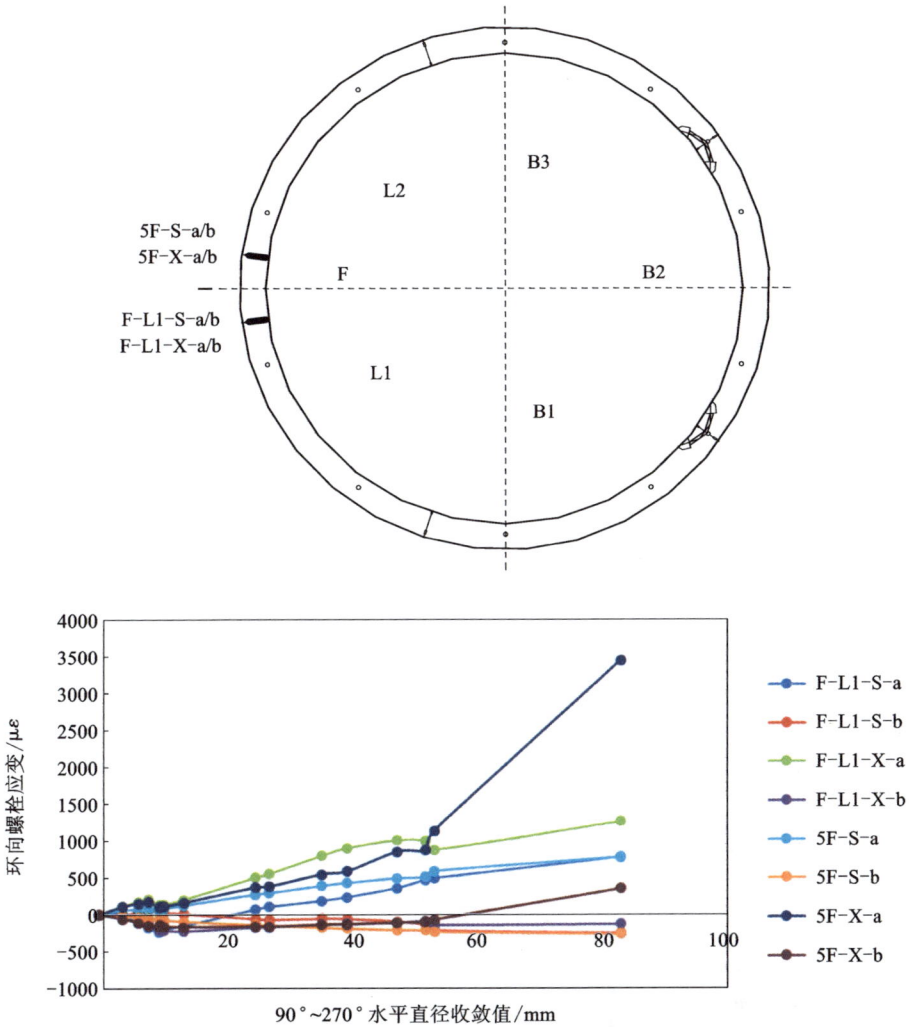

(c) 邻接 L 形管片与封顶 F 形管片间环向螺栓应变

图 4-25 管片环水平直径收敛–环向螺栓应变曲线

从图中可以看出，顶部加载导致衬砌管片结构整体呈"横鸭蛋"形状变形，拱顶、拱底的环向螺栓外侧受压、内侧受拉，而拱腰处的环向螺栓为外侧受拉、内侧受压；试验结束时管片水平直径收敛值达到 85 mm，拱顶、拱底的环向螺栓全部屈服（超过螺栓的极限弹性应变 2000 με）；随着荷载的施加，部分拱腰

富水砂层地铁盾构隧道衬砌结构力学性能研究

处的环向螺栓达到屈服。

3. 纵向螺栓应变

采用上述测点布置方法并对管片环进行逐级加压试验,记录管片环水平方向的直径收敛值和相应位置处螺栓的应变值。根据监测数据绘制上述相应位置处螺栓的应变值与水平直径收敛值的关系曲线,如图4-26所示。

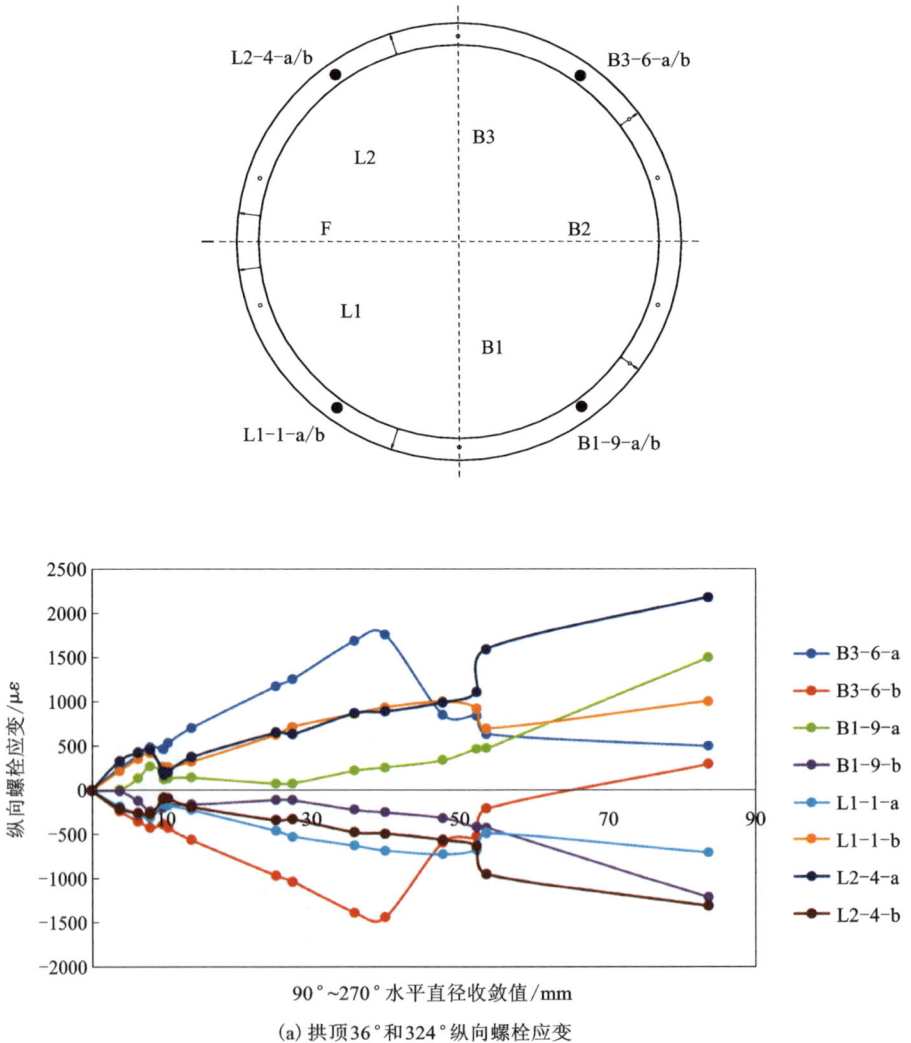

(a) 拱顶36°和324°纵向螺栓应变

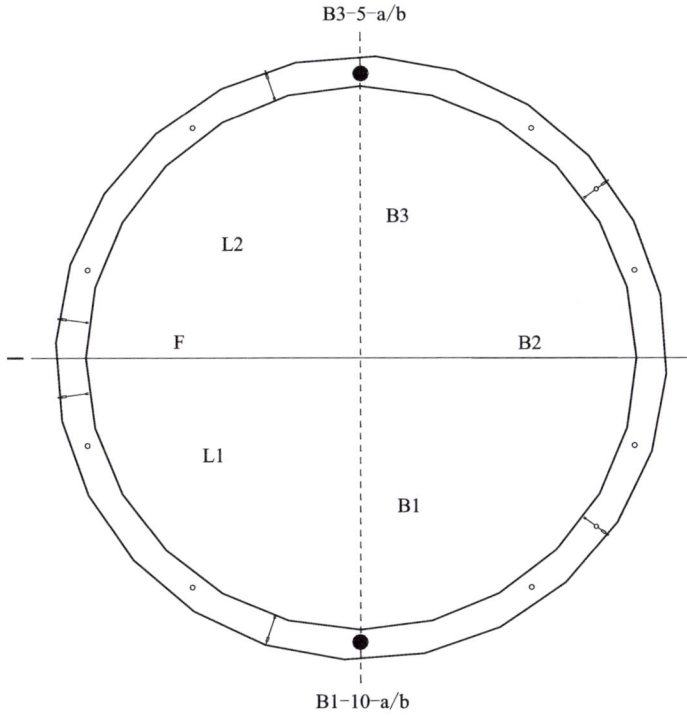

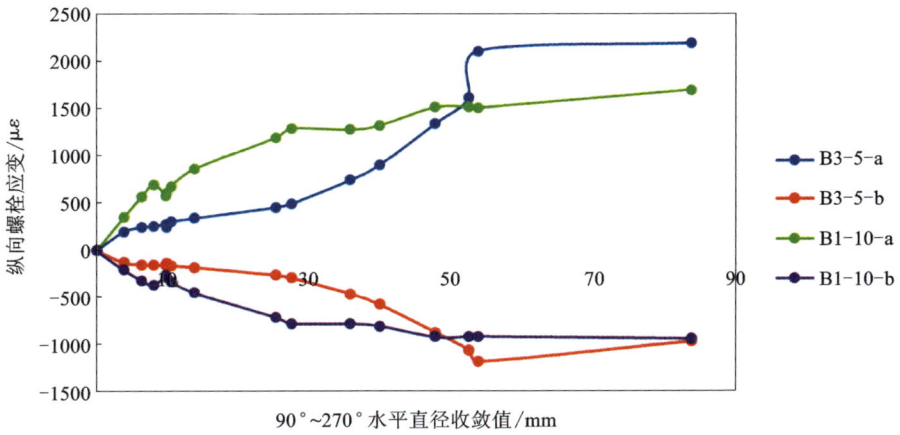

(b) 拱顶、拱底处纵向螺栓应变

(c) 拱腰处纵向螺栓应变

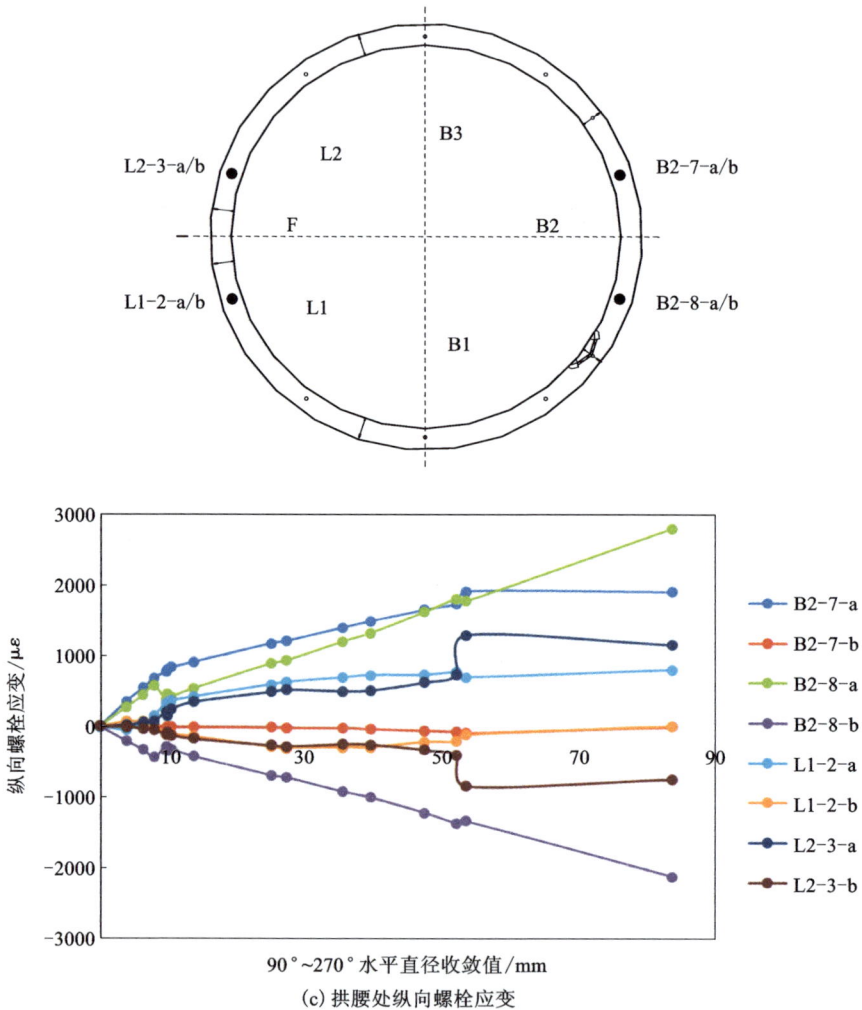

图 4-26 管片环水平直径收敛-纵向螺栓应变曲线

　　从图中可以看出，在顶部超载作用下，拱顶、拱底处的纵向螺栓呈外侧受压、内侧受拉的规律，当水平直径收敛值达到 50~55 mm 时，拱顶处螺栓率先发生屈服；当收敛值达到 85 mm 时，拱顶、拱底处螺栓均发生屈服，而拱顶 36°和 324°对应的纵向螺栓比拱底对应位置处纵向螺栓的应变值更大。与拱顶、拱底处螺栓受力规律有所不同，拱腰处纵向螺栓外侧受拉、内侧受压，其中 90°处附近的纵向螺栓在水平直径收敛值达到 50~55 mm 时已发生屈服，而试验结束时水平直径收敛值达到 85 mm，270°附近的纵向螺栓并未达到屈服值。

4.3　混凝土裂缝规律分析

4.3.1　全过程影像记录

本次试验采用 4 个高分辨率摄像机对整个试验过程进行实时记录，整个测试过程的影像资料可用于后期部分测试内容的校核及对照。在试验前，对隧道内壁进行粉刷，如图 4-27 所示，以便在试验过程中观测内弧面混凝土开裂，粉刷时应避开混凝土应变片粘贴位置。

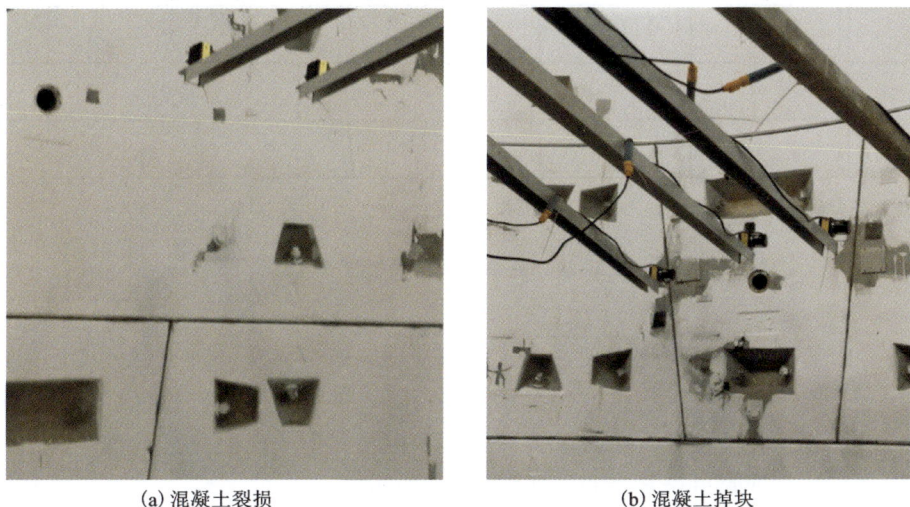

(a) 混凝土裂损　　　　　　　　　　　(b) 混凝土掉块

图 4-27　管片的混凝土破损

4.3.2　管片裂缝观测

裂缝记录完成后，绘制内弧面及外弧面管片裂缝展开图，如图 4-28 和图 4-29 所示。

由三环管片内外弧面的裂缝和缺损病害统计结果可知，大多裂缝和缺损分布在 0°、180° 附近的混凝土内外弧面，且均分布在纵向或者环向接缝处，即环向螺栓和纵向螺栓附近。其中，管片环内侧检查共发现管片缺损 8 处，管片环外侧检查共发现管片缺损 7 处。管片环内侧检查混凝土管片裂缝共计 4 条，基本以纵向裂缝为主，裂缝宽度最宽达到 0.98 mm(出现在上环 L1 块管片)；管片环外侧检测结果显示混凝土管片没有出现单条裂缝，而是存在大量的缺损和

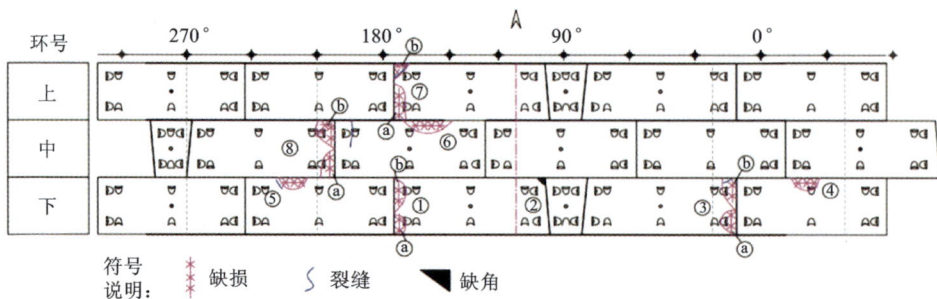

图 4-28 内弧面管片裂缝展开图

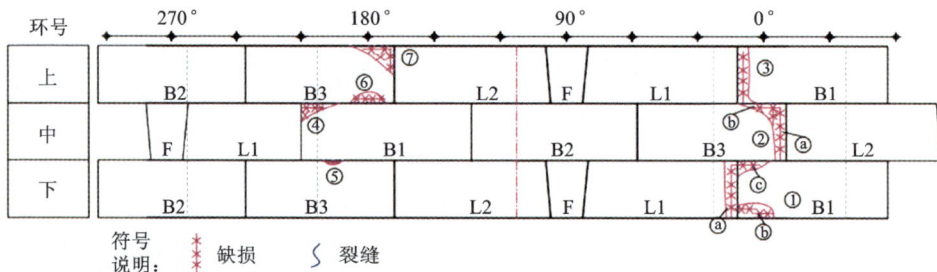

图 4-29 外弧面管片裂缝展开图

掉块。内弧面混凝土破坏主要出现在拱顶、拱底附近，且由于拱顶外弧面混凝土受压严重，纵缝受压破坏处均在顶部外弧面。拱腰部位内外弧面在卸下管片前均未见裂缝和掉块，而在卸下管片后发现拱腰部位内弧面对应的纵向接缝处螺栓孔和凹凸榫附近破坏严重，如图 4-30 所示。

(a) 环向接缝破坏

(b) 纵向接缝破坏

图 4-30 接缝破坏

对拆卸后的管片进行观察发现,管片的纵向截面存在大量的贯通裂缝,一部分贯通裂缝是凹凸榫连接处贯穿整个管片环向,其主要原因为正弯矩作用下纵向接缝外侧混凝土受压,使纵缝处凹凸榫对相邻管片产生较大压力和剪力,从而导致该处混凝土发生破坏,如图 4-31(a)所示。此外,部分贯通裂缝出现在纵向接缝的环向螺栓孔附近,其主要原因可能是负弯矩作用下纵向接缝内侧混凝土挤压,使螺栓弯曲变形过大,从而导致螺栓孔附近混凝土被压溃,如图 4-31(b)所示。

(a) 负弯矩作用下螺栓孔处破坏　　　　　　　　(b) 正弯矩作用下混凝土

图 4-31　弯矩作用下混凝土破坏

由观测结果可得,环向接缝处的纵向螺栓孔附近也有部分混凝土掉块,可能是由于上环与中环、中环与下环间的径向错台过大,从而使纵向螺栓对螺栓孔处的混凝土压力过大。

基于混凝土裂缝观测结果综合分析,证明管片接头是盾构隧道衬砌管片结构中的薄弱环节,接头的受力性能在很大程度上决定了隧道结构的承载能力。

4.4　本章小结

本章通过三环足尺实验,对超载工况下盾构隧道结构性能展开研究。基于管片环水平直径收敛值,错台量,接缝张开量,钢筋应力、应变,混凝土应变,螺栓应变,管片内力及混凝土裂缝等监测结果,分析获取衬砌管片结构变形破坏行为规律与承载力特征,主要结论如下所述。

(1)对管片环整体变形试验结果分析可得:在顶部超载作用下,衬砌管片结构整体变形呈"横鸭蛋"形;在加载初期,管片环水平直径收敛值与荷载近似呈线性关系,当管片环水平直径收敛值在 15 mm 以下时,可认为管片结构尚处于弹性阶段；随着荷载级数的增大，管片环水平直径收敛值不断增大，当达到 85 mm 时，其变形速率突增，此时衬砌管片结构进入弹塑性变形阶段。

（2）对管片错台量和接缝张开量监测结果分析可得：管片错台量和接缝张开量均随着加载级数的增大而增大；当管片环水平直径收敛值为 50 mm 时，部分接缝处错台量及张开量出现突变；管片环水平直径收敛值达到 85 mm 时，环缝纵缝错台量小于 20 mm，环缝纵缝接缝张开量小于 10 mm。

（3）对管片钢筋混凝土应力、应变及弯螺栓应变监测结果分析可得：拱顶、拱底处管片混凝土外侧受压、内侧受拉，拱腰处外侧受拉、内侧受压；各级荷载下钢筋均未超过屈服应力，钢筋在拱顶、拱底处外侧受压、内侧受拉，在拱腰处外侧受拉、内侧受压；当管片环水平直径收敛值达到 50~55 mm 时，管环螺栓达到屈服；当管片环水平直径收敛值达到 85 mm 时，管片钢筋尚未屈服。

（4）对管片混凝土裂缝观测结果分析可得：随着荷载的不断增大，管片多处出现裂缝和掉块，且均分布在纵向或者环向接缝处；加载结束并拆卸管片环后，观测到管片的纵向接缝截面存在大量贯通裂缝，且环向接缝的纵向螺栓孔附近存在部分混凝土掉块。

纵观整个超载工况试验，其规律大同小异，在加载初期衬砌管片结构处于弹性工作状态时，各接缝及管片构件本体变形发展缓慢，其结构荷载-变形曲线基本呈线性。随着荷载的增加衬砌管片结构逐渐达到弹性极限工作状态，其结构荷载-变形曲线出现转折点，此后收敛值，接缝张开量、错台量，各构件应力应变值的增速都有明显的增大，此时盾构隧道衬砌管片结构进入弹塑性阶段，且伴随着大量贯通裂缝及掉块。

第 5 章

卸载工况下盾构隧道衬砌管片
结构性能试验研究

地铁线路临近基坑开挖、近接隧道掘进等工程活动都会对盾构隧道产生卸荷作用，进而引发盾构隧道衬砌管片结构变形、损伤甚至破坏。本章以南昌地铁 3 号线盾构隧道为工程背景，通过三环足尺试验对卸载工况下盾构隧道衬砌管片结构性能展开深入研究。本章重点分析了侧向卸载工况下盾构隧道衬砌管片结构的变形规律（管片环水平及竖向收敛、管片错台、接缝张开量），应力、应变规律（管片混凝土、钢筋，弯螺栓应力应变规律）及管片的混凝土裂缝发展规律等，获取了衬砌管片结构在侧向卸载作用下的变形控制特征点及承载力关键性能点，为实际工程提供真实、可靠的理论依据。

5.1　管片结构变形试验结果分析

5.1.1　管片环变形试验

在试验准备及加载、卸载方案（详见第 3 章）制订完成后，按照实验目的及要求布置径向测点，然后对管片环进行逐级卸载试验并测量记录每个测点的变形和位移，从而绘制出逐级卸载工况下管片环各个角度的直径收敛值变化规律曲线图，最后通过分析曲线图得出衬砌管片结构变形试验结果。

1. 测点布置

在选定管片环内布置 16 个不同角度的径向测点，并对其进行编号分类（测点编号 101 ~ 116）。测点具体布置如图 5-1 所示。

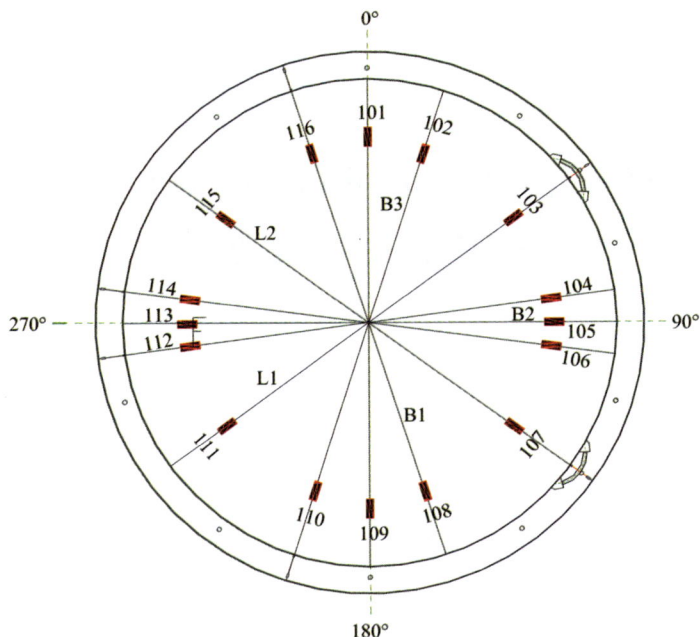

图5-1 中环径向变形测点布置图

2. 变形试验结果分析

采用上述测点布置方法，并对管片环进行逐级加压到设计荷载，然后逐级进行卸载试验，可以得到在卸载工况下荷载与管片直径收敛值的关系，如图5-2和图5-3所示。

由图5-2可知，在加载初期，当管片直径收敛值处于0~7 mm时，管片环直径最大变化量与荷载几乎呈线性关系，此时整个结构处于弹性工作阶段；当管片环直径变化量为7 mm时，荷载-直径变化量曲线出现第一次转折点，管片环直径收敛值变化增快，其原因可能为在收敛值为7 mm时管片环发生了错位或滑移；当管片环直径变化量达到25 mm时，荷载-直径变化量曲线再次出现转折点，管片环直径收敛值变化减缓，且管片环直径收敛值为25~30 mm时的斜率与0~7 mm时相同，则判断此时整个衬砌管片结构受力状态与加载初期0~7 mm时相似，也处于弹性工作阶段，其原因可能为在收敛值为25 mm时，管片环发生错位滑移后迅速重新嵌固咬合，从而致使整个衬砌管片结构变形及受力达到新的平衡。从管片环直径收敛值0~30 mm时的曲线可以看出，除管片因错位滑移导致的突变点外，该区间段管片环直径收敛值变化与荷载几乎呈

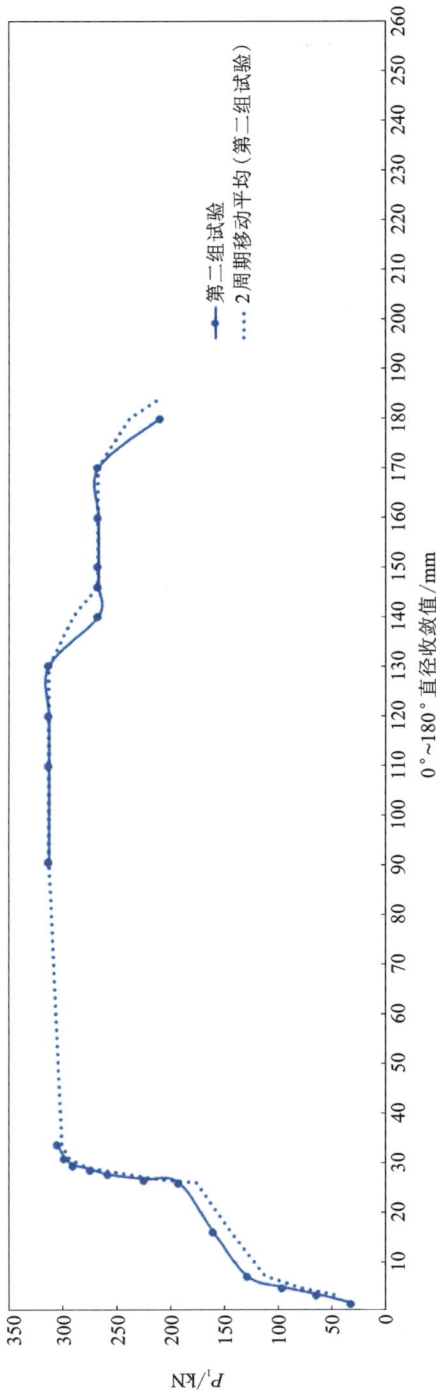

图5-2 卸载工况下荷载与管片直径收敛值的关系曲线-1

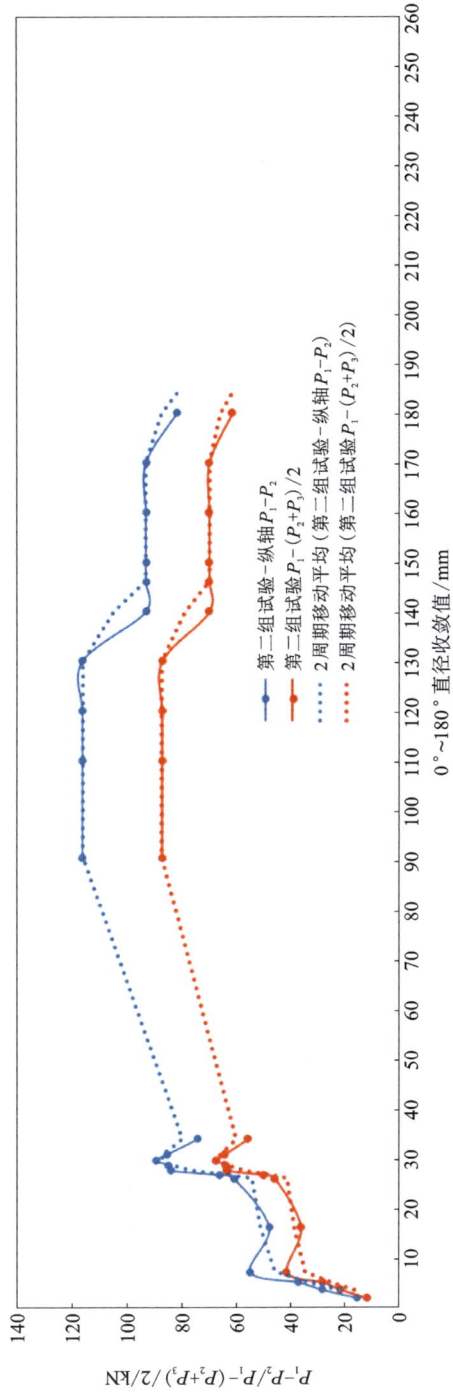

图5-3 卸载工况下荷载与管片直径收敛值的关系曲线-2

线性关系,此时衬砌管片结构尚属于弹性工作状态。当管片环直径收敛值为30 mm时,衬砌管片结构达到弹性极限状态,此后当管片环直径收敛值为30~90 mm时,管片环直径收敛值增速加快,衬砌管片结构处于弹塑性阶段。

当加载到设计荷载之后,维持荷载 P_1 不变并逐步降低侧向荷载 P_2 进行卸载,此时荷载与管片环直径收敛值的关系曲线如图5-3所示。从图中可以看出,当管片环直径收敛值为90 mm时,荷载-变形曲线出现转折点,此后管片环收敛值增加速度更快,衬砌管片结构从弹塑性阶段进入完全塑性阶段;管片环直径收敛值达到130 mm时,衬砌管片结构从塑性阶段进入完全颈缩或下降阶段,发生整体性破坏并逐渐失去承载力。

通过对上述管片环变形试验结果进行分析,可知卸载工况下隧道衬砌管片结构的变形也表现出明显的阶段性:当管片环直径收敛值为0~30 mm时,衬砌管片结构处于弹性工作状态;当管片环直径收敛值为30~90 mm时,衬砌管片结构处于弹塑性工作状态;当管片环直径收敛值为90~130 mm时,衬砌管片结构处于完全塑性状态;当管片环直径收敛值为130 mm时,衬砌管片结构进入完全颈缩或下降阶段,开始破坏。故可将卸载工况下衬砌管片结构的变形过程分为弹性、弹塑性、完全塑性及破坏四个阶段。

5.1.2　错台量试验

在试验准备及加卸载方案制订完成后,按照实验目的及要求布置径向测点,对管片环逐级加压到设计荷载,然后进行逐级卸载试验,并测量记录每个测点的错台量(具体加卸载过程见第3.4.3节试验工况设计),从而绘制卸载工况下管片环水平直径收敛值与错台量变化规律曲线图,最后通过分析曲线图得出管片环错台量试验结果。

1.测点布置

按第3.2节测点布置原则及要求,分别在中环纵缝径向、上环和中环环缝环向、上环和中环环缝径向布置若干测点,其具体布置如下:

中环纵缝径向测点布置:在管片6个纵缝间分别布设6个测点,并对其进行编号分类(测点编号13~18),如图5-4所示。

上环和中环环缝环向测点布置:在环向共布设4个,并对其进行编号分类(测点编号19~22),如图5-5所示。

上环和中环环缝径向测点布置:在径向共布设4个,并对其进行编号分类(测点编号23~26),如图5-6所示。

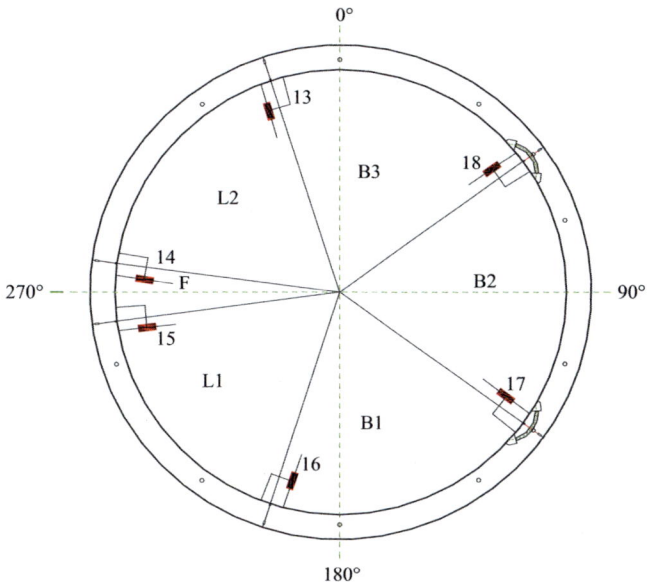

图 5-4　中环纵缝径向错台测点布置图

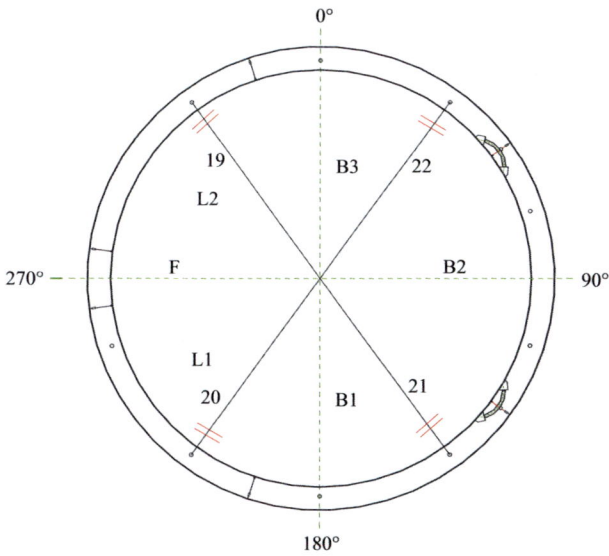

图 5-5　上环和中环环缝环向错台测点布置图

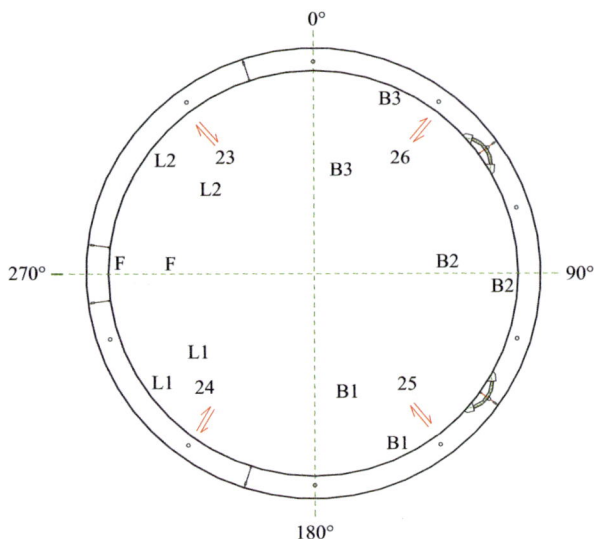

图 5-6 上环和中环环缝径向错台测点布置图

2. 错台量试验结果分析

对管片环进行逐级加压达到设计荷载值，然后进行逐级卸载试验，过程中记录管片环水平方向的直径收敛值和环向、径向错台量，并且绘制中环纵缝径向、上环和中环环缝环向、上环和中环环缝径向三种不同情况下管片环水平直径收敛值与错台量的关系曲线，如图 5-7~图 5-9 所示。

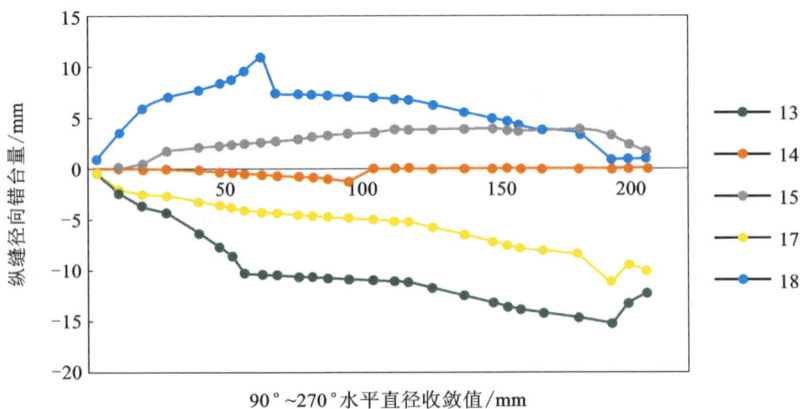

图 5-7 管片环水平直径收敛值与中环纵缝径向错台量的关系曲线

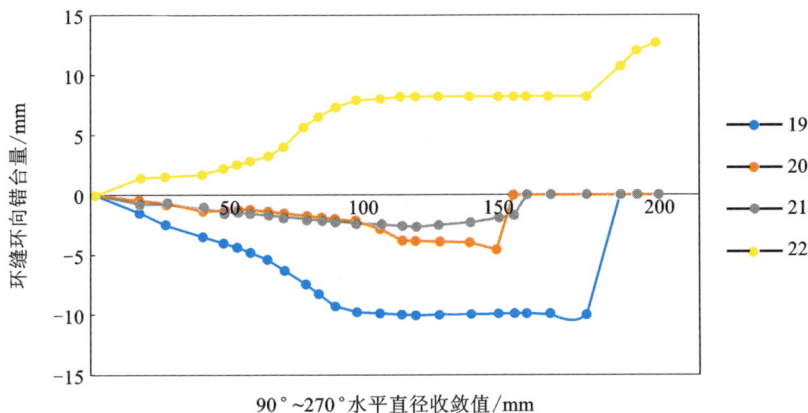

图 5-8　管片环水平直径收敛值与上环和中环环缝环向错台量的关系曲线

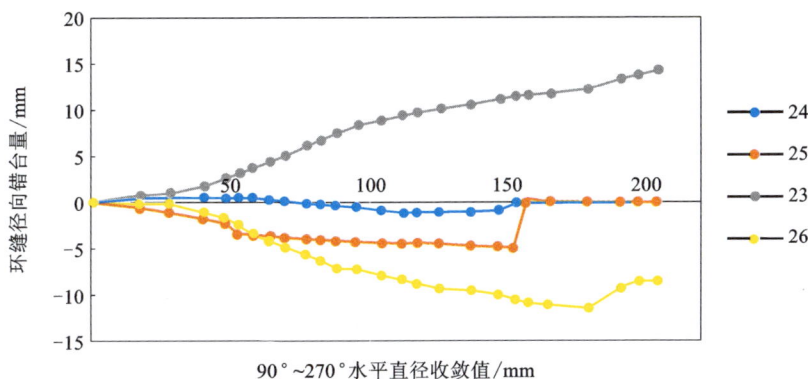

图 5-9　管片环水平直径收敛值与上环和中环环缝径向错台量的关系曲线

　　通过对上述三种不同错台试验结果进行分析，与加载工况类似，管片环错台量与水平直径收敛值近似呈线性关系，在管片环水平直径收敛值从 0 增加到 200 mm 的过程中，环缝、纵缝错台量最大值达到 15 mm。其中，当水平直径收敛值达到 75 mm 时，部分测点错台量发生突变，其主要原因与加载工况时出现的同一现象原因类似，由于曲线斜率并未发生较大改变，可以推测此次突变并非是螺栓屈服导致，而是卸载后期因荷载过大致使管片环发生切向转动，进而导致盾构隧道衬砌管片结构整体失稳。

5.1.3 接缝张开量试验

在试验准备及加卸载方案制订完成后，按照实验目的及要求布置径向测点，对管片环逐级加压到设计荷载后进行逐级卸载试验并测量记录每个测点的张开量，从而绘制出逐级卸载情况下衬砌管片结构各接缝之间的张开量变化曲线图，最后通过分析曲线图得出衬砌管片结构接缝张开量演化规律。

1. 测点布置

按第 3.2 节测点布置原则及要求，分别在环内纵缝处，管片内、外表面接缝处各布置 1 个测点，中环布置 12 个测点，并对测点进行编号分类。测点具体布置如图 5-10 所示。

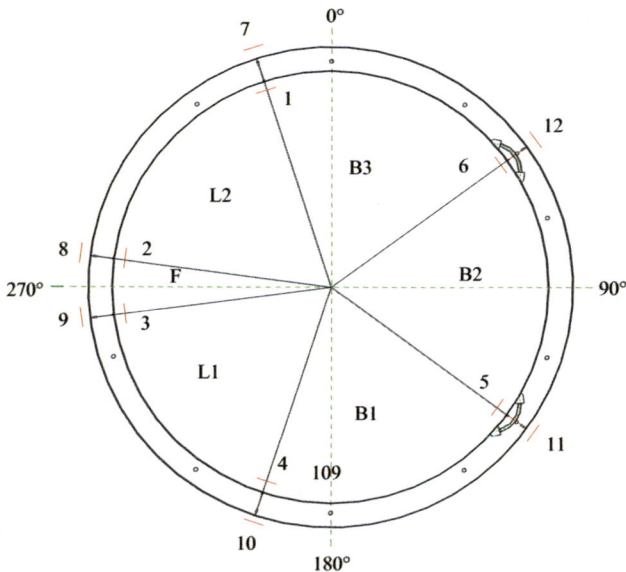

图 5-10 管片环接缝张开量测点布置

2. 接缝张开量试验结果分析

对管片环进行逐级卸载试验，同时记录管片环水平方向的直径收敛值和测点布置处接缝张开量的变化。根据实验结果绘制不同接缝位置接缝张开量与水平直径收敛值的关系曲线图，其中数值为正表示张开，数值为负表示闭合，如图 5-11~图 5-13 所示。

由图 5-11~图 5-13 可知，随着水平直径收敛值的逐渐增大，拱顶、拱底

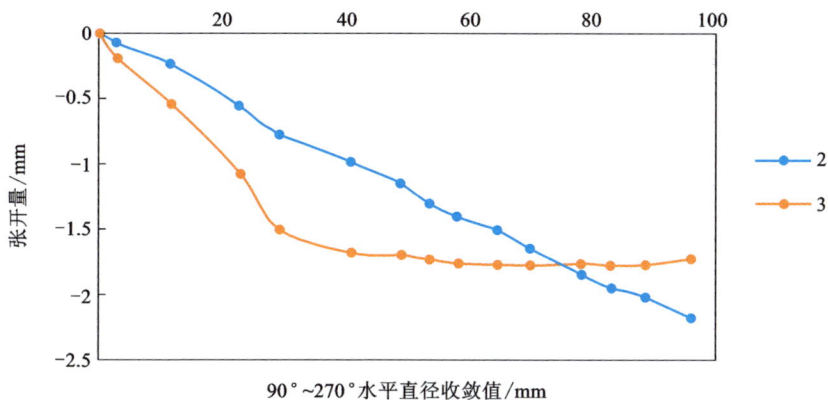

图 5-11　F 块旁接缝张开量曲线

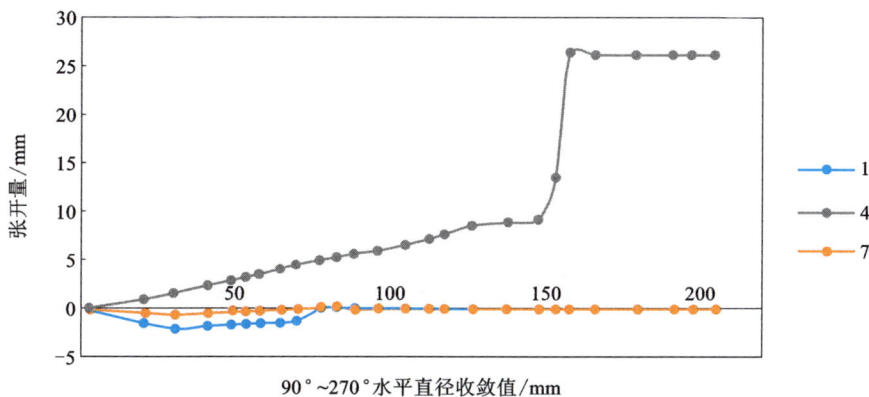

图 5-12　B1、B3 块旁接缝张开量曲线

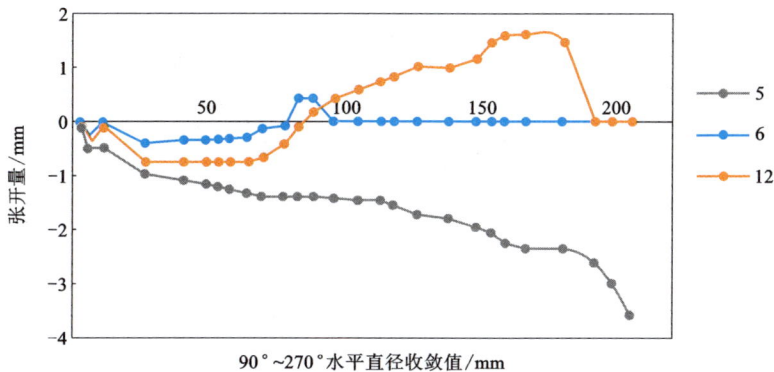

图 5-13　B2 块旁接缝张开量曲线

产生向内的形变，而拱腰处产生向外的形变，与加载工况类似，衬砌管片结构整体呈"横鸭蛋"形。在此过程中，拱顶管片纵缝基本不张开，而拱底管片纵缝内侧张开，外侧则处于闭合状态；拱腰管片纵缝内侧闭合、外侧张开。在管片环水平直径收敛值从 0 增加到 130 mm 的过程中，管片环缝和纵缝张开量均小于 10 mm；而当管片环水平直径收敛值达到 130 mm 时，最大内部张开量发生在靠近 180°的 L1~B1 管片接缝位置，达到 25 mm。

5.2　应力、应变试验结果分析

本次足尺试验中，对卸载工况下盾构隧道管片的钢筋、混凝土及螺栓的应力、应变进行监测，并基于试验数据分析规律，为后续管片内力计算提供依据。为了避免边界条件的干扰，本试验选取中环进行研究，钢筋、混凝土测点如图 5-14 所示。

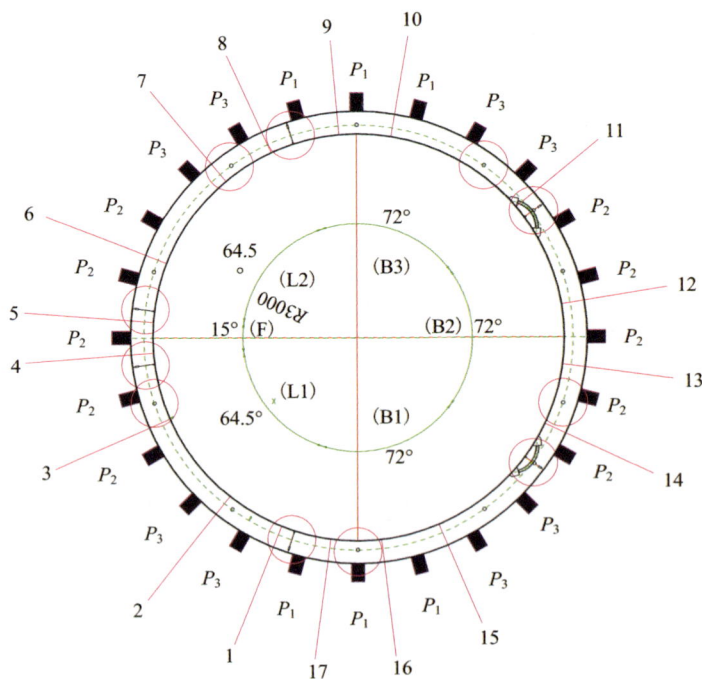

图 5-14　钢筋、混凝土测点布置图

5.2.1　钢筋应力应变

1. 测点的布置

根据第 3.2 节测点布置原则及要求,分别在管片环环向布设 17 个控制断面,在拱顶、拱底和拱腰位置加密布置;管片环纵向布设 4 个控制断面;管片环厚度方向布设 2 个控制断面。然后对其进行编号分类。部分测点编号及分布如图 5-14 所示,具体布置展开图见第 3 章图 3-18 和图 3-19。

2. 钢筋应变试验结果分析

对管片环逐级加压到设计荷载,然后进行逐级卸载试验,同时记录试验终止时内层、外层钢筋应变值。绘制试验终止时外层、内层的钢筋应变片编号对应的钢筋应变如图 5-15 和图 5-16 所示。

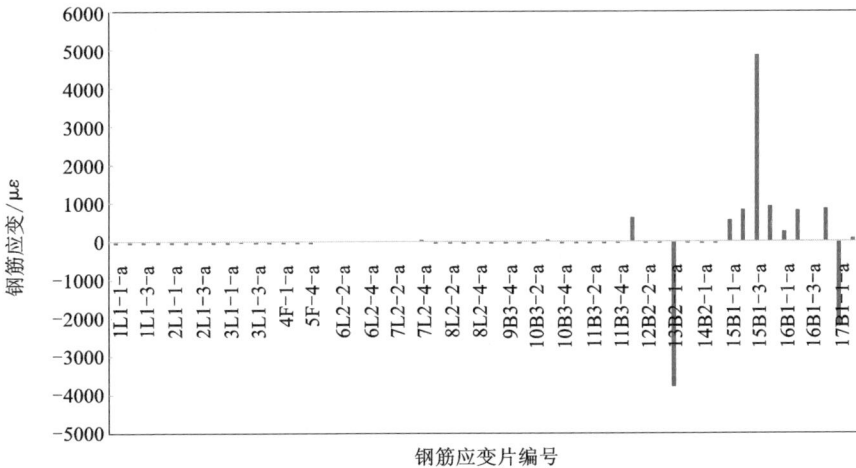

图 5-15　试验终止时外层钢筋应变值

由图 5-15 和图 5-16 可得,拱顶部分的钢筋和 270°位置处管片的钢筋基本上未产生应变,说明拱顶处管片和 270°位置处的钢筋基本未受力,这一现象也与前文中衬砌管片结构变形规律一致;拱底部分管片外弧面钢筋受压,而内弧面钢筋受拉,其值很小,可忽略不记;拱腰部分 90°位置处管片外弧面钢筋受压,且试验过程中测得最大应变为-37171.3 με,内弧面钢筋受拉,在实验过程中,部分钢筋出现屈服。

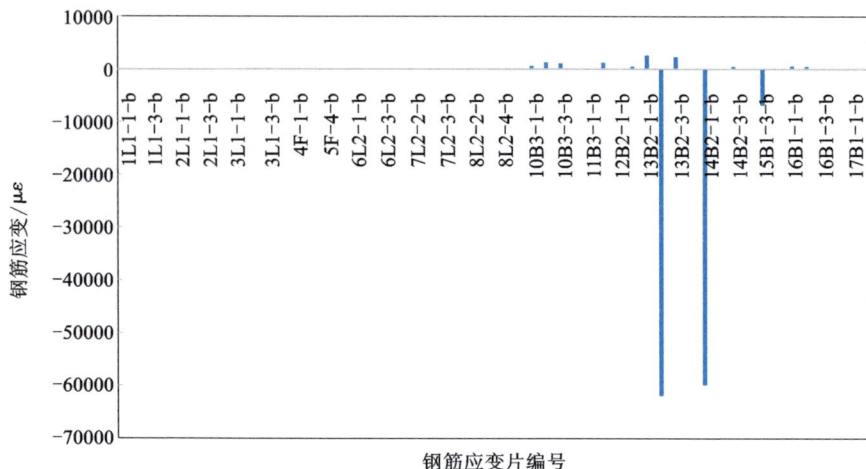

图 5-16　试验终止时内层钢筋应变值

3. 钢筋应力试验结果分析

对管片环逐级加压到设计荷载，然后进行逐级卸载试验，同时记录管片环水平方向的直径收敛值和拱顶、拱底、拱腰处的钢筋应力值。钢筋计布置同第 4 章加载工况下一致，基于试验结果绘制的拱顶、拱底以及拱腰处在卸载过程中钢筋应力变化曲线如图 5-17 所示。

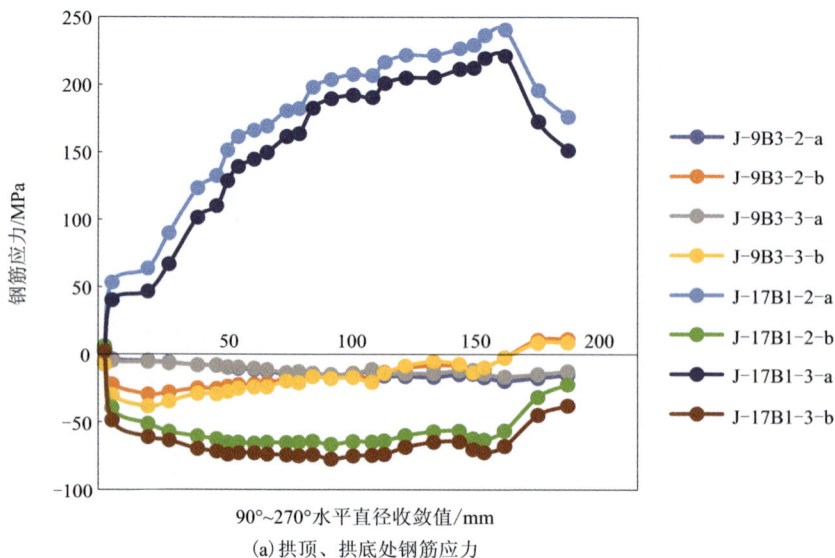

(a) 拱顶、拱底处钢筋应力

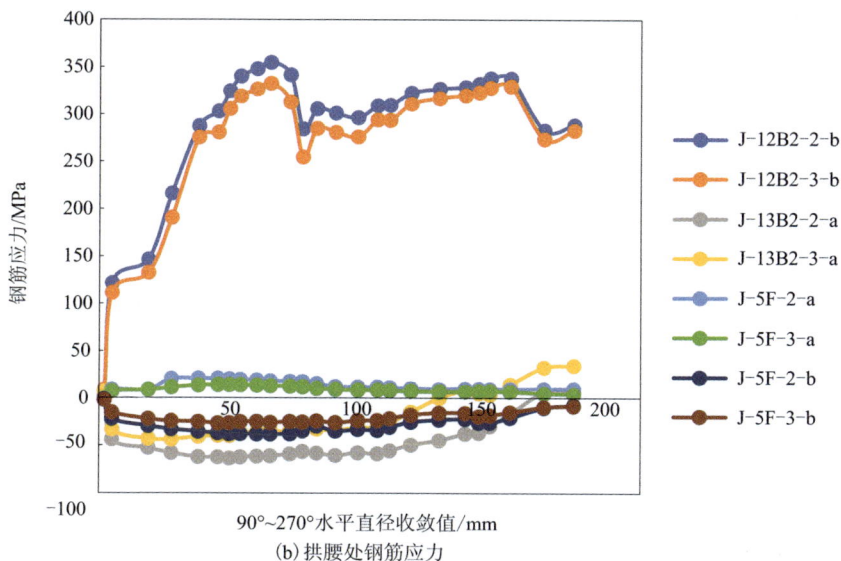

(b) 拱腰处钢筋应力

图 5-17　钢筋应力变化曲线

由图 5-17 可得，各级荷载作用下主筋拉应力、压应力均低于钢筋的屈服强度。其中，拱顶部分的主筋只受到特别小的应力，可忽略不计。拱底管片外层钢筋受拉，其所受最大拉应力为 240.7 kN；拱底管片内层钢筋受压，其所受最大压应力为 77.1 kN。因此，拱底部分所受的拉应力远大于压应力。拱腰90°处管片外层钢筋承受较小的拉应力，管片内层钢筋承受较大的压应力，其最大值达到 354.8 kN；而拱腰 270°处内外层钢筋几乎不受力。这一现象与封顶块区域的局部受力变形规律有关，由于接缝变形较大而封顶块 F 本体变形较小，从而导致其内部钢筋承受的应力相对较小。

5.2.2　混凝土应变

1. 测点的布置

按第 3.2 节测点布置原则及要求，分别在管片环环向布设 16 个控制断面，在拱顶、拱底和拱腰位置加密布置；管片环纵向布设 4 个控制断面；管片环厚度方向布设 2 个控制断面。然后对其进行编号分类，具体编号及布置展开图见 3.2 节。

2. 混凝土应变试验结果分析

对管片环逐级加压到设计荷载,然后进行逐级卸载,同时记录试验终止时外弧面、内弧面混凝土应变值。最后根据监测结果绘制试验终止时内、外弧面混凝土应变片编号对应的混凝土应变图,如图 5-18 和图 5-19 所示。

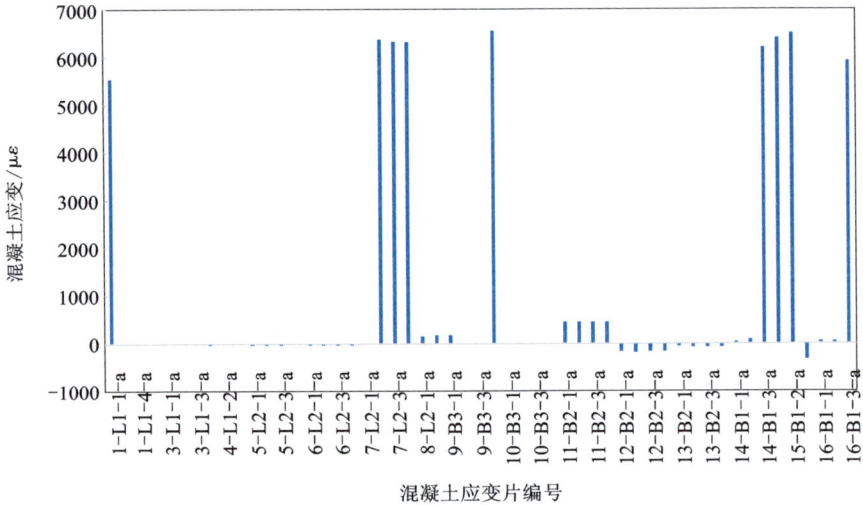

图 5-18　试验终止时外弧面混凝土应变值

由图 5-18 和图 5-19 可得,拱顶管片外弧面混凝土受拉,测得其最大应变为 65466.5 με,内弧面混凝土也受拉,其最大应变值为 62091 με;拱底管片外弧面混凝土受拉,测得混凝土最大应变值 59095.6 με,拱底管片内弧面混凝土也受拉,其最大应变值为 62355.3 με。拱腰部分 90°位置处管片混凝土外弧面受到很小的压应力,内弧面受到拉应力,且其最大应变为 60781.6 με。拱腰部分 270°位置附近的混凝土基本上不受力,这是由于接缝变形较大,而封顶块 F 本体变形较小,因此其混凝土结构承受的应力相对较小。

5.2.3　弯螺栓应变

1. 测点的布置

按第 3.2 节测点布置原则及要求,分别在管片中环 6 个纵缝处、上环与中环环缝 10 处布置 44 个测点,并对其进行编号分类。部分测点编号及分布见超载工况下布置图(图 4-25),具体布置展开图见第 3 章图 3-18 和图 3-19。

2. 环向螺栓应变

采用上述测点布置方法,并对管片环逐级加压到设计荷载,然后进行逐级卸载

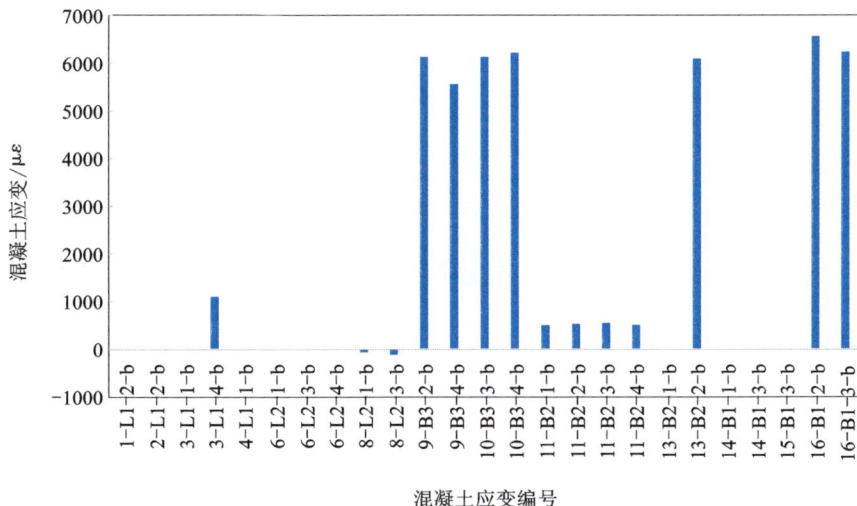

图 5-19　试验终止时内弧面混凝土应变值

试验,记录管片环水平方向的直径收敛值和相应位置处螺栓的应变值。绘制上述相应位置处环的螺栓的应变值与水平直径收敛值的关系曲线图,如图 5-20 所示。

从图 5-20 中可以看出,在试验初期,随着水平直径收敛值的增大,环向螺栓应变也逐渐增大。其中,拱顶处环向螺栓内、外侧均受拉,外侧最大螺栓应变为 7572.5 $\mu\varepsilon$,内侧最大应变为 4433.7 $\mu\varepsilon$;拱底处环向螺栓外侧产生应变很小,而内侧受拉,最大螺栓应变为 7566.6 $\mu\varepsilon$。拱腰处螺栓外侧受拉、内侧受压。随着卸载的持续进行,部分拱腰螺栓达到屈服;试验结束时,管片环水平直径收敛值达到 200 mm,拱顶、拱底的环向螺栓全部屈服。

3. 纵向螺栓应变

采用上述测点布置方法,并对管片环逐级加压到设计荷载,然后进行逐级卸载试验,记录管片环水平方向的直径收敛值和相应位置处纵向螺栓的应变值。绘制上述相应位置处螺栓的应变值与水平直径收敛值的关系曲线,如图 5-21 所示。

从图 5-21 中可以看出,拱顶、拱底部分纵向螺栓均为外侧受压、内侧受拉,并且在拱顶处纵向螺栓外侧最大应变为 -595.3 $\mu\varepsilon$,内侧最大应变为 1623.3 $\mu\varepsilon$;拱底处纵向螺栓外侧最大应变值为 -1003.3 $\mu\varepsilon$,内侧最大螺栓应变值为 2116.3 $\mu\varepsilon$。拱腰部分纵向螺栓为外侧受压、内侧受拉,其中,90°处附近的纵向螺栓在水平直径收敛值达到 88.271 mm 时发生屈服。当试验结束时,水平直径收敛值达到 200 mm,拱顶、拱底的螺栓都发生屈服,部分拱腰螺栓发生屈服,而 270°附近的纵向螺栓未达到屈服值。

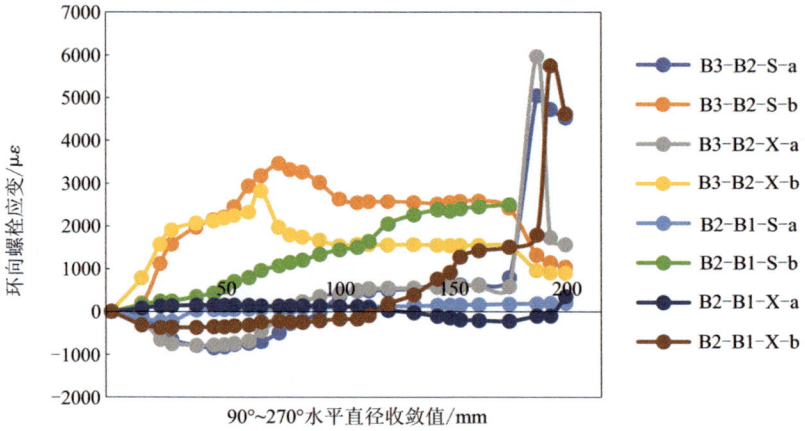

(a) 标准B形管片间环向螺栓应变

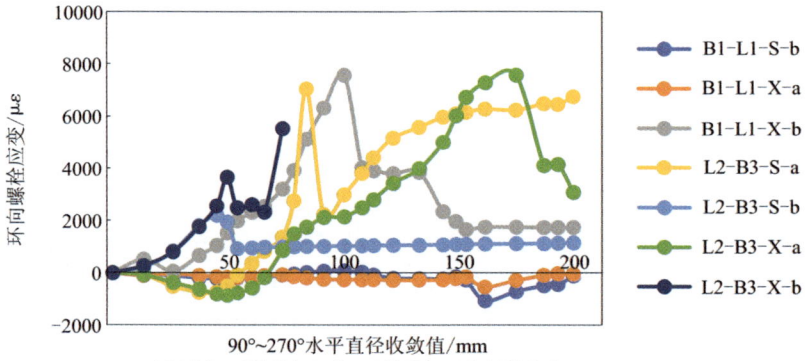

(b) 标准B形管片与邻接L形管片间环向螺栓应变

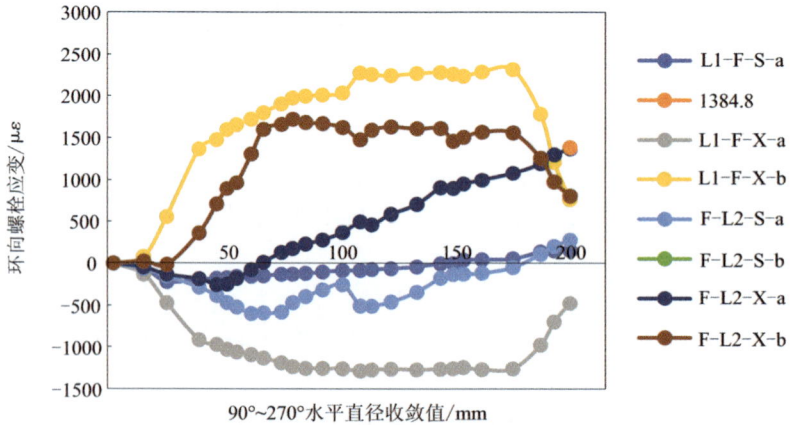

(c) 邻接L形管片与封顶F形管片间环向螺栓应变

图5-20　隧道收敛-环向螺栓应力曲线

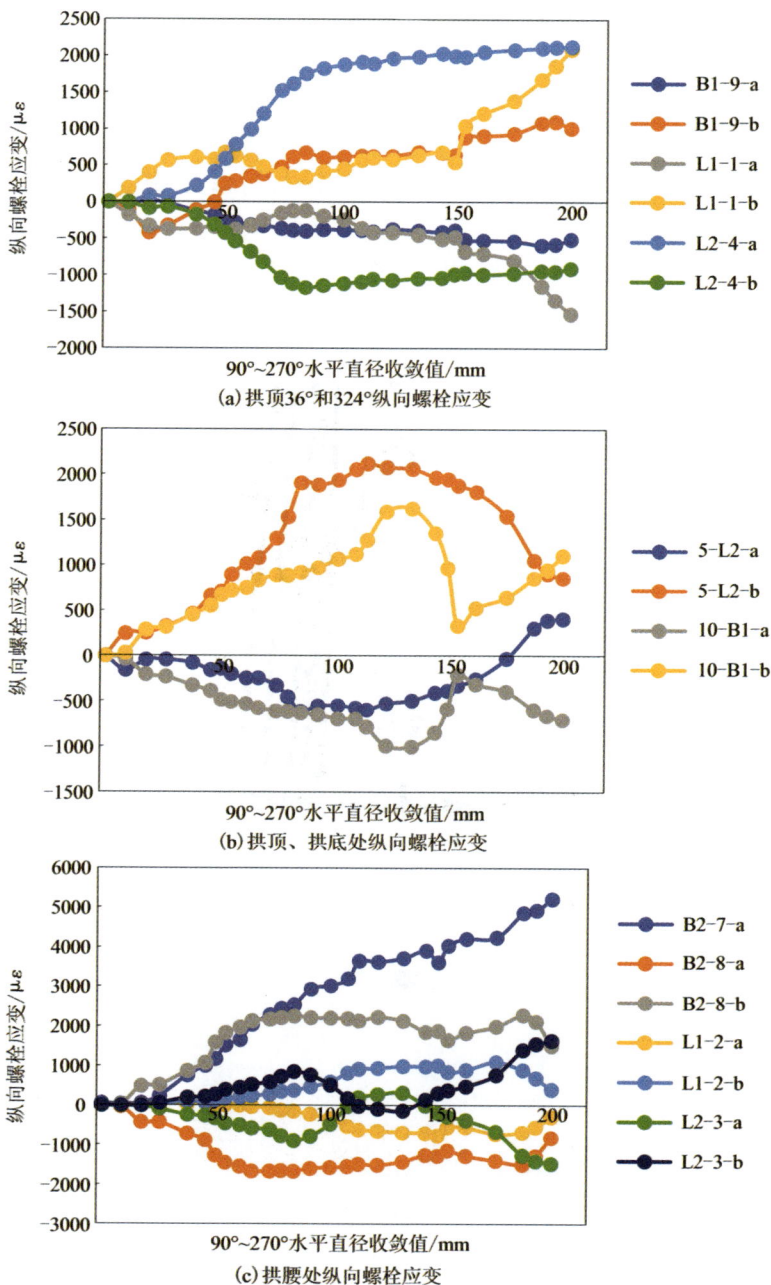

(a) 拱顶36°和324°纵向螺栓应变

(b) 拱顶、拱底处纵向螺栓应变

(c) 拱腰处纵向螺栓应变

图 5-21　管片水平直径收敛-纵向螺栓应变曲线

5.3 混凝土裂缝规律分析

5.3.1 全过程影像记录

本次试验采用 4 个高分辨率摄像机对整个试验过程进行记录，整个测试过程的影像资料可用于后期部分测试内容的校核及对照。在试验前，对隧道内壁进行粉刷，以便在试验过程中观测内弧面混凝土开裂，粉刷时应避开混凝土应变片粘贴位置。管片的混凝土内弧面裂缝如图 5-22 所示。

图 5-22 管片的混凝土内弧面裂缝

5.3.2　管片裂缝观测

裂缝记录完成后, 绘制内弧面及外弧面管片裂缝展开图, 如图 5-23 和图 5-24 所示。

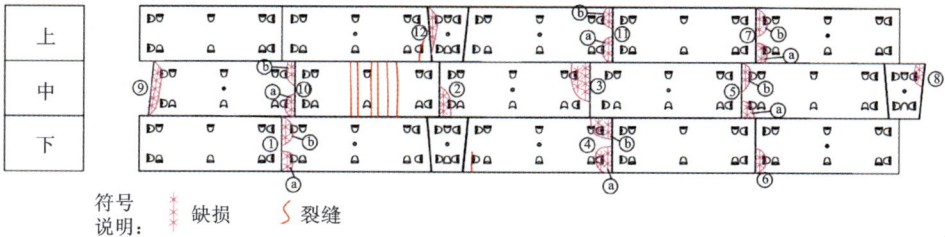

符号说明：　✳✳✳ 缺损　∫ 裂缝

图 5-23　内弧面管片裂缝展开图

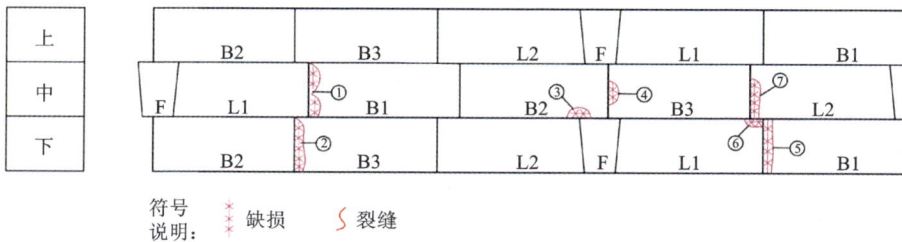

符号说明：　✳✳✳ 缺损　∫ 裂缝

图 5-24　外弧面管片裂缝展开图

试验结束后, 对三环管片内外弧面的裂缝和缺损病害进行统计, 如图 5-23 和图 5-24 所示。缺损病害在管片环全环上均有分布, 且都发生在纵向或者环向接缝处, 即环向螺栓和纵向螺栓附近。管片环内侧检查共发现管片缺损 18 处, 管片环外侧检查共发现管片缺损 7 处。三环管片内侧检查混凝土管片裂缝共计 8 条, 均为纵向裂缝, 裂缝宽度最宽达到 0.23 mm(中环 B3 块管片); 三环管片外侧检查混凝土管片没有检测到裂缝, 只有大量的缺损和掉块。试验结果证明, 管片接头是盾构隧道衬砌管片结构中的薄弱环节, 接头受力性能在很大程度上决定了隧道衬砌管片结构整体变形和承载能力, 因此在实际工程中应该注重加强接头处的强度和刚度。

5.4 本章小结

本章采用足尺实验对卸载工况下盾构隧道衬砌管片结构性能展开研究，并基于管片环水平直径收敛值、错台量、接缝张开量、钢筋应力、应变、混凝土应变、螺栓应变、管片内力及混凝土裂缝规律等监测结果，分析获取衬砌管片结构变形破坏行为规律与承载力特征，主要结论如下所述。

（1）对管片环整体变形试验结果分析可得：在侧向卸载作用下，衬砌管片结构的变形也表现出明显的阶段性，即弹性、弹塑性、完全塑性及破坏四个阶段。当管片环直径收敛值为 0~30 mm 时，衬砌管片结构处于弹性工作状态；当管片环直径收敛值为 30~90 mm 时，衬砌管片结构处于弹塑性工作状态；当管片环直径收敛值为 90~130 mm 时，衬砌管片结构处于完全塑性状态；当水平直径收敛值达到 130 mm 后，衬砌管片结构进入完全颈缩衬砌下降阶段，此时衬砌管片结构发生破坏。

（2）对管片错台量和接缝张开量监测结果分析可得：与加载工况类似，管片错台量与管片环水平直径收敛值近似呈线性关系，当水平直径收敛值达到 75 mm 时，部分测点错台量发生突变；在管片环水平直径收敛值从 0 增加到 200 mm 的过程中，环缝、纵缝错台量最大值达到 15 mm。在管片环水平直径收敛值从 0 增加到 130 mm 的过程中，环纵缝接缝张开量均小于 10 mm，当环水平直径收敛值达到 130 mm 及以上，管片最大张开量发生在靠近 180° 的 L1~B1 接缝位置，达到 25 mm。

（3）对管片的钢筋混凝土应力、应变及弯螺栓应变监测结果分析可得：随着侧向荷载的卸除，管片钢筋，混凝土及弯螺栓应力、应变均逐渐增大。钢筋应力应变随着侧向卸载逐渐增大，其中拱顶处钢筋受力可忽略不计，而拱底处钢筋外侧受拉、内侧受压；拱腰 90° 处管片内层钢筋所受压应力较大，拱腰 270° 处管片钢筋几乎不受力；管片环向、纵向螺栓应变也随侧向荷载逐渐增大，表现为拱顶处环向螺栓内外侧均受拉，拱底处环向螺栓内侧受拉，拱腰处环向螺栓外侧受拉、内侧受压，拱顶、拱底纵向螺栓均为外侧受压、内侧受拉；在水平直径收敛值达到 88.271 mm 时，拱顶螺栓率先达到屈服，在水平直径收敛值达到 200 mm 时，拱顶拱底螺栓全部达到屈服。

（4）对管片的混凝土裂缝观测结果分析可得：缺损病害在管片环全环上均有分布，且主要发生在纵向或者环向接缝处，即环向螺栓和纵向螺栓附近；三环管片内侧检查混凝土管片裂缝共计 8 条，均为纵向裂缝，裂缝宽度最宽达到 0.23 mm（中环 B3 块管片），混凝土管片外侧未检测到裂缝，只有大量缺损和掉块。

第 6 章

卸载后加固盾构隧道衬砌管片结构性能研究

地铁盾构隧道施工运营过程中，在内、外部工程活动及环境变化等因素的综合影响下，将不可避免地引发一定程度的结构病害，对盾构隧道的长期运营安全造成威胁。为了有效避免盾构隧道衬砌管片结构发生大变形乃至结构性破坏，在较小程度变形、裂损和渗漏水等情况出现时，必须及时对受损隧道采取相应的治理措施。而针对盾构隧道中已出现的结构大变形问题，目前工程中主要采取内张钢环加固方式对衬砌管片结构进行后期补强，以提高整体承载能力，控制后期变形。

本章以南昌地铁 1 号线为工程背景，通过三环足尺加载试验，对卸载后内张钢环加固衬砌管片结构的承载力特性及变形破坏行为规律展开研究。在试验过程中，首先按第 5 章卸载工况的加载过程对拼装完成的管片环进行加载，待管片环直径收敛值达到 100 mm 时卸除荷载，并对管片环进行内张钢环加固，再重新进行加载直至管片环破坏。通过对比加固前后管片环直径收敛值、错台量、接缝张开量、螺栓应力、钢筋应力、混凝土塑性应变等，研究分析富水砂层地区盾构隧道内张钢环加固衬砌管片结构的变形规律及承载性能提升程度，从而为该盾构隧道的加固提供理论基础与技术支持。

6.1　管片结构变形试验结果分析

6.1.1　管片环变形试验

在试验准备及加载、卸载方案(详见第 3 章)制订完成后，按照实验目的及要求布置径向测点，然后对管片环进行卸载工况下隧道加固足尺试验，并测量记录每个测点的变形和位移，从而绘制出管片环各个角度的直径收敛值变化规律曲线图。

1. 测点布置

按第 3.2 节测点布置原则及要求,在选定管片环内布置 16 个不同角度的径向测点,并对其进行编号分类(测点编号 101~116)。测点具体布置如图 6-1 所示。

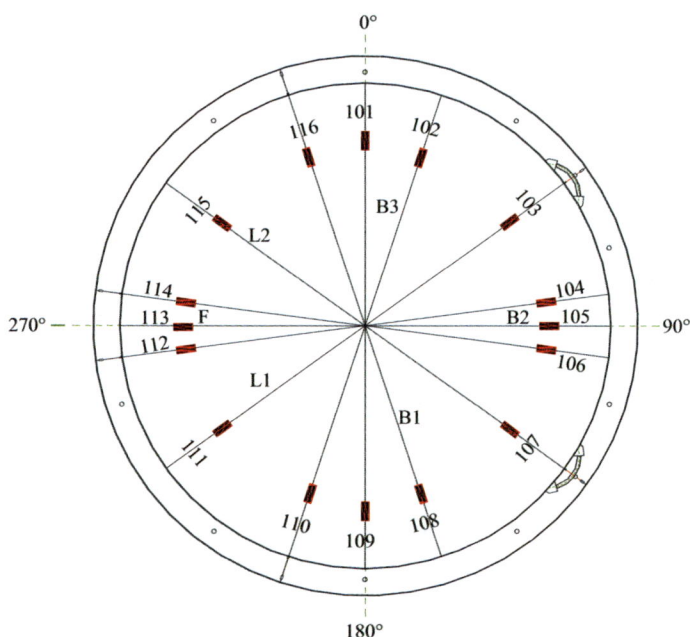

图 6-1　中环径向变形测点布置

2. 变形试验结果分析

对管片环进行足尺试验,可以得到在卸载后加固条件下管片环断面形状变化规律以及 P_1-P_2(竖向荷载与侧向荷载差值)与隧道管片环直径收敛的关系。在本章中定义"($0°\sim180°$直径变化量)/(P_1-P_2)"为类刚度指标,通过对比加固前与加固后的类刚度指标等,得到内张钢环加固对管片环性能的提升程度。其中管片环断面形状变化由水平直径收敛值和竖向直径收敛值共同表现,通过对比二者的变化可以得出隧道衬砌管片结构的变形趋势。管片环加固效果则通过加固前后的直径收敛值来体现。通过记录上述实验数据,绘制 P_1-P_2 与竖向直径收敛值和水平直径收敛值变化曲线,如图 6-2 所示。

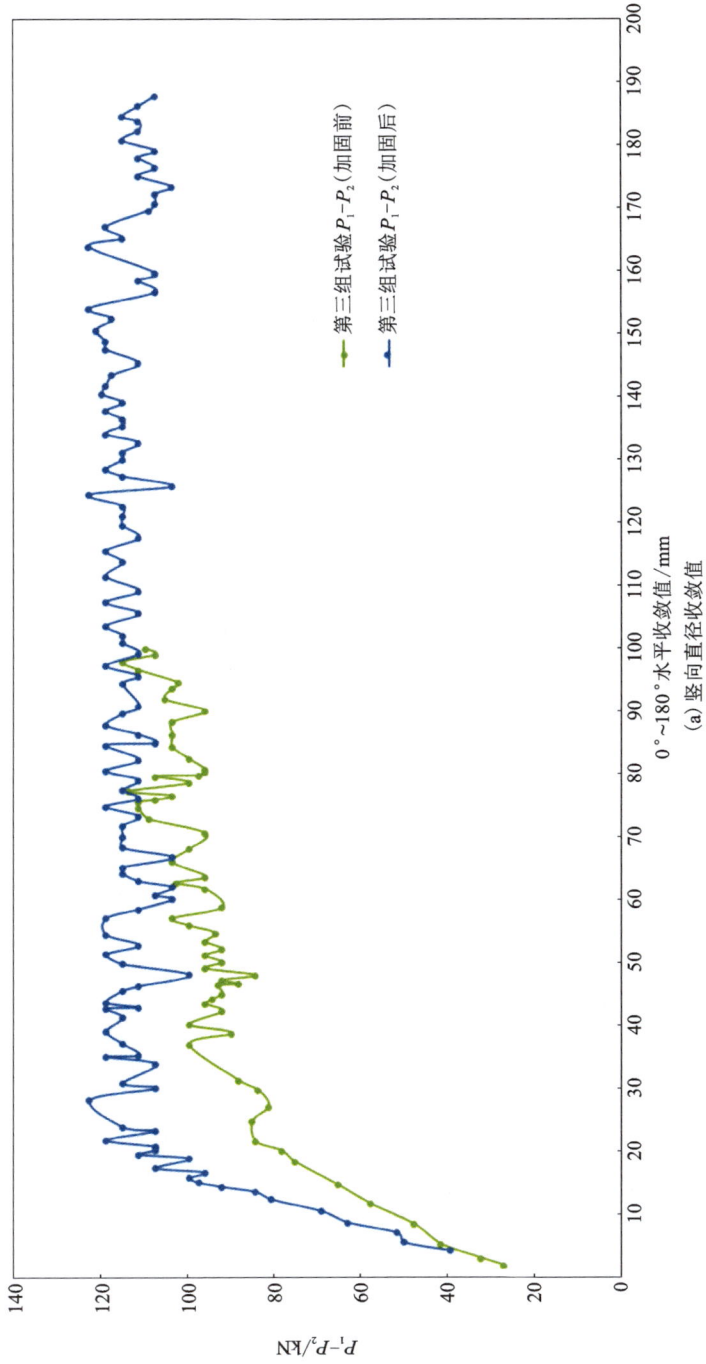

(a) 竖向直径收敛值

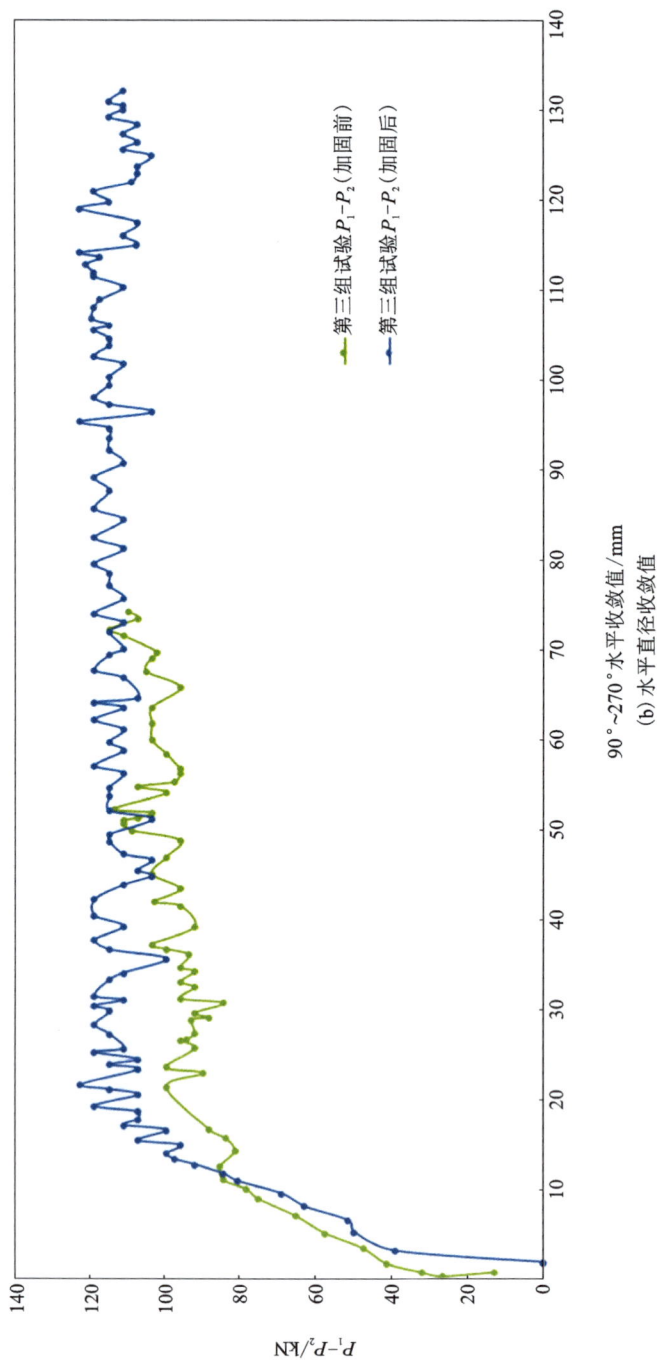

90°~270°水平收敛值/mm

(b) 水平直径收敛值

图6-2 荷载与直径变化量关系曲线图

由图 6-2(a)可知,在加载初期,管片环加固前和加固后在 0°~180° 位置的直径收敛值(即竖向直径收敛值)都随着 P_1-P_2 的增大近似呈线性增大趋势;加固前 P_1-P_2 最大值为 110 kN,加固后 P_1-P_2 最大值为 123 kN。对比加固前和加固后曲线可知,在相同的 P_1-P_2 值下,加固前的竖向直径收敛值大于加固后的竖向直径收敛值。

由图 6-2(b)可知,在加载初期,管片环加固前和加固后在 90°~270° 位置的直径收敛值(即水平直径收敛值)随着 P_1-P_2 的增大也近似呈线性增大趋势;对比加固前和加固后的曲线可知,在水平直径收敛值达到 12 mm 之前,对于相同的 P_1-P_2 值,加固前的水平直径收敛值小于加固后的水平直径收敛值;而在水平直径收敛值达到 12 mm 之后,则呈现相反的趋势,表现为加固前的水平直径收敛值远大于加固后的水平直径收敛值。

对比图 6-2(a)和图 6-2(b)可知,管片环在 0°~180° 位置的直径收敛值大于 90°~270° 位置的直径收敛值,并且由于竖向荷载 P_1 大于横向荷载 P_2,因此 0°~180° 直径收敛值表现为向内收敛变形,90°~270° 直径收敛值表现为向外凸出变形,结构整体呈"横鸭蛋"形。

总体分析图 6-2 可知,在加载初期,管片环直径最大变化量与荷载近似呈线性关系,当管片环直径变化量为 25 mm 时,衬砌管片结构从弹性阶段开始进入弹塑性阶段;当衬砌管片结构直径变化量随着荷载增大逐渐增大,且直径变化量达到 75 mm 时,管片环从弹塑性阶段进入完全塑性阶段;未加钢环前,当管片环直径变化量达到 130 mm 时,衬砌管片结构从塑性阶段进入完全颈缩或下降阶段,管片环开始破坏。加固钢环后,当管片环直径变化量达到 190 mm 时,尚未看到颈缩迹象。综上所述,采用内张钢环对盾构隧道衬砌管片结构进行加固后,管片环的整体延性、弹性阶段的刚度指标和整体强度都得到了提升。

6.1.2　错台量监测

在试验准备及加卸载方案制订完成后,按照实验目的及要求布置不同错台情况下的测点,然后对管片环进行卸载后加固试验并测量记录每个测点的错台量,从而绘制出卸载后加固工况中三种不同错台情况下 P_1-P_2 与错台量的关系曲线图。

1. 测点布置

按第 3.2 节测点布置原则及要求,分别在中环纵缝径向、上环和中环环缝环向、上环和中环环缝径向布置若干测点,其具体布置如下:

中环纵缝径向测点布置:在管片 6 个纵缝间分别布设 6 个测点,并对其进行编号分类(测点编号 13~18),如图 6-3 所示。

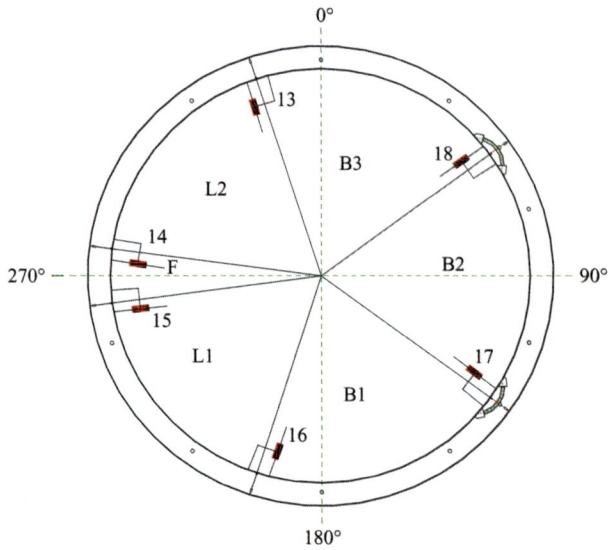

图 6-3　中环纵缝径向错台测点布置

　　上环和中环环缝环向测点布置：在环向共布设 4 个，并对其进行编号分类（测点编号 19~22），如图 6-4 所示。

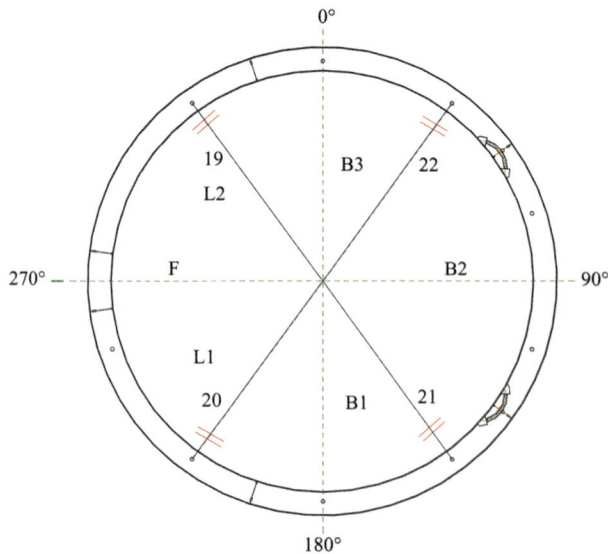

图 6-4　上环和中环环缝环向错台测点布置

上环和中环环缝径向测点布置：在径向共布设 4 个，并对其进行编号分类（测点编号 23~26），如图 6-5 所示。

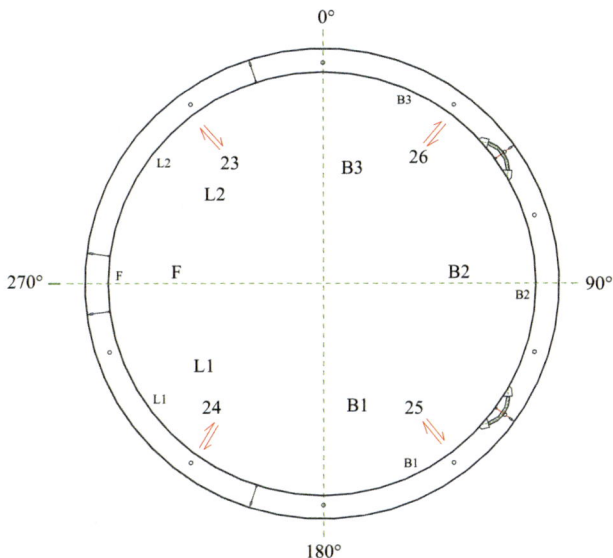

图 6-5　上环和中环环缝径向错台测点布置

2. 错台量试验结果分析

对管片环进行卸载后加固试验，记录管片环环向、径向错台量，根据试验结果绘制中环纵缝径向错台量、环缝环向错台量、环缝径向错台量三种不同错台情况下 P_1-P_2 与错台量的关系曲线图。

加固前后中环纵缝径向错台量与 P_1-P_2 值的关系曲线如图 6-6 所示。

由图 6-6(a) 可知，当 P_1-P_2 小于 57.45 kN 时，17 号和 18 号测点的纵缝径向错台量均为负值，并且呈现出先增大后减小的趋势；14 号和 15 号测点径向错台量为正值，且随着 P_1-P_2 的增大近似呈线性增大。当 P_1-P_2 继续增大时，17 号和 18 号测点错台量由负值转变为正值。当 P_1-P_2 达到 84.26 kN 时，各测点错台量发生突变，且最大错台量出现在 17 号测点上，达到了 2.88 mm。

由图 6-6(b) 可知，当 P_1-P_2 小于 99.58 kN 时，13 号测点和 14 号测点的纵缝径向错台量随着 P_1-P_2 的增大呈线性增大，且最大值为 2.04 mm。当 P_1-P_2 达到 99.58 kN，此时各测点错台量发生突变，其中 17 号测点的错台量为负值，达到了 -20 mm，其余测点的错台量均为正值，且最大正值错台量发生在 14 号测点，为 10 mm。

(a) 加固前

(b) 加固后

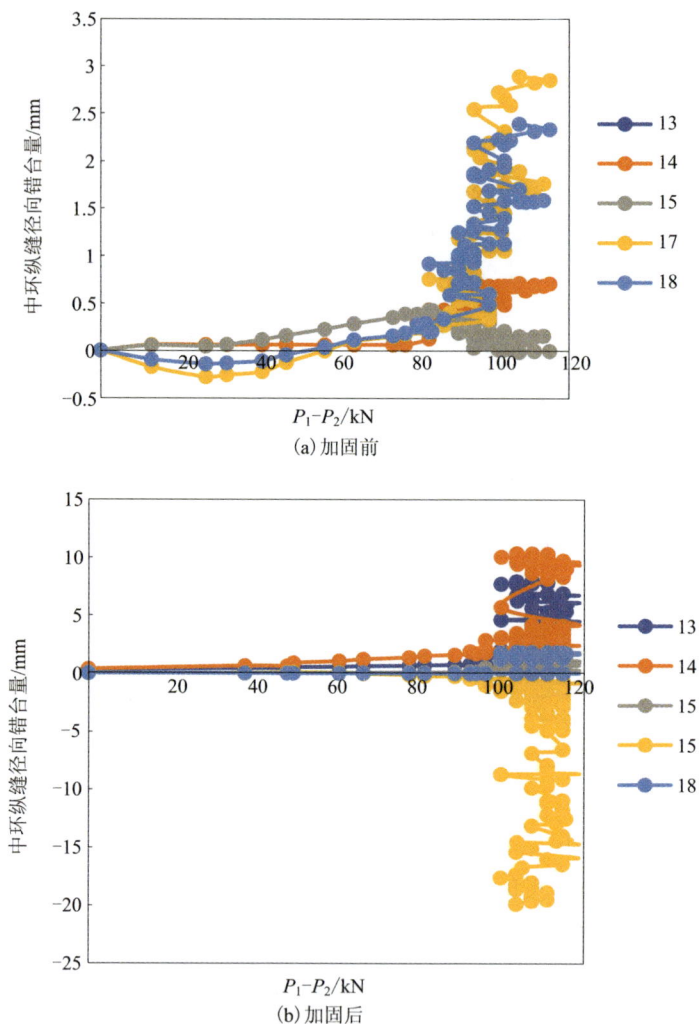

图 6-6 加固前后中环纵缝径向错台量与 P_1-P_2 值的关系曲线

对比图 6-6(a) 和图 6-6(b) 可知，管片环在加固之前，各测点错台量发生突变时对应的 P_1-P_2 值为 84.26 kN，其最大错台量为 2.88 mm；管片环加固之后，各测点错台量发生突变时对应的 P_1-P_2 值为 99.58 kN，最大错台量可达到-20 mm。由此可知，管片环加固后承载能力得到了较大的提升。

加固前后环缝环向错台量与 P_1-P_2 值的关系曲线如图 6-7 所示。

(a) 加固前

(b) 加固后

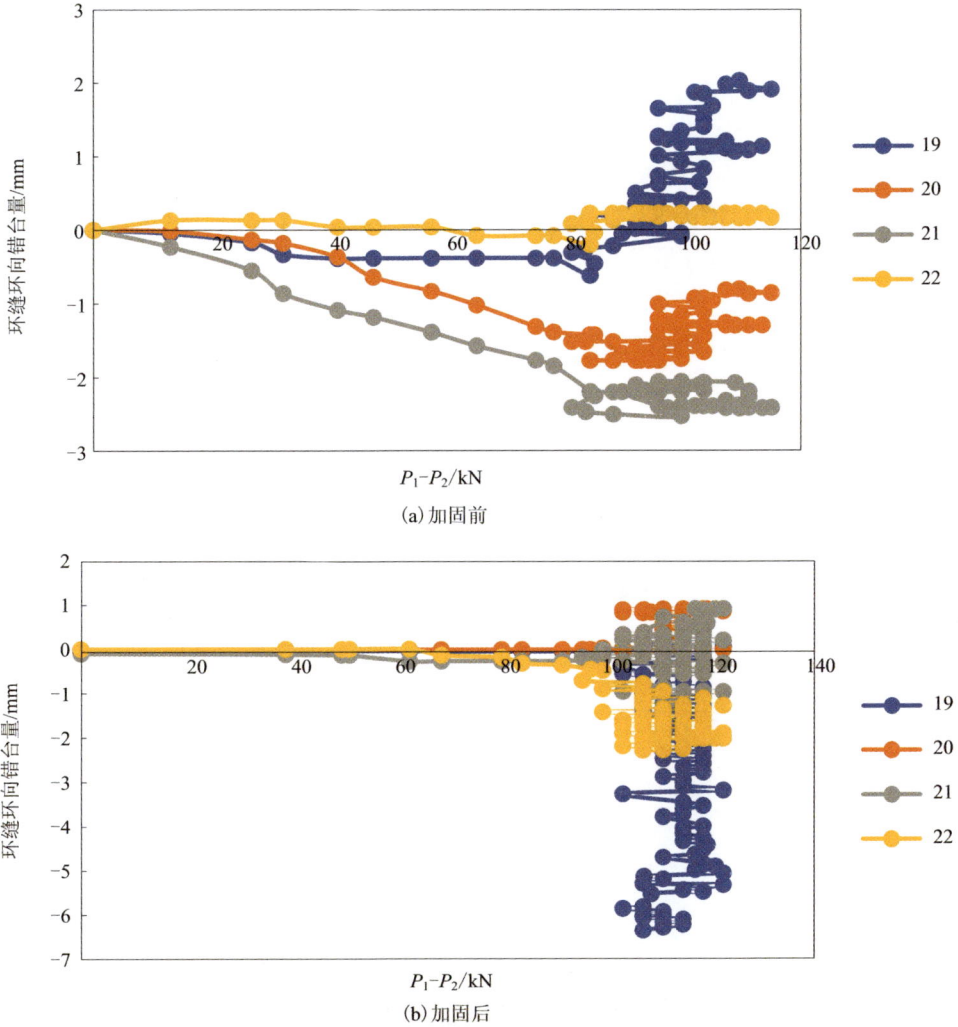

图 6-7　加固前后环缝环向错台量与 P_1-P_2 值的关系曲线

由图 6-7(a)可知，当 P_1-P_2 小于 84.26 kN 时，19 号、20 号和 21 号测点的环缝环向错台量均为负值，且 19 号测点在初始阶段随着 P_1-P_2 的增大而增大，当达到 32.17 kN 时错台量保持 0.38 mm 不变；20 号、21 号测点错台量随着 P_1-P_2 的增大均呈现出不断增大的趋势。当 P_1-P_2 达到 84.26 kN 时，各测点错台量发生突变，且 19 号测点的错台量由负值转变为正值，最大值达到 2 mm。

富水砂层地铁盾构隧道衬砌结构力学性能研究

由图 6-7(b)可知，当 P_1-P_2 值小于 99.58 kN 时，各测点只产生非常小的错台量，表明此时盾构隧道衬砌管片结构处于十分稳定的状态。当 P_1-P_2 达到 99.58 kN 时，各测点错台量发生突变，其中 19 号、22 号测点的错台量为负值，且 19 号测点最大错台量为－6.35 mm；20 号、21 号测点的错台量为正值，且最大环向错台量均为 1 mm。

对比图 6-7(a)和图 6-7(b)可知，管片环加固之前，各测点错台量发生突变时对应的 P_1-P_2 值为 84.26 kN，此时对应最大错台量为－2.384 mm；管片环加固之后，各测点错台量发生突变时对应的 P_1-P_2 值为 99.58 kN，最大错台量可达到－6.35 mm。

加固前后环缝径向错台量与 P_1-P_2 值的关系曲线如图 6-8 所示。

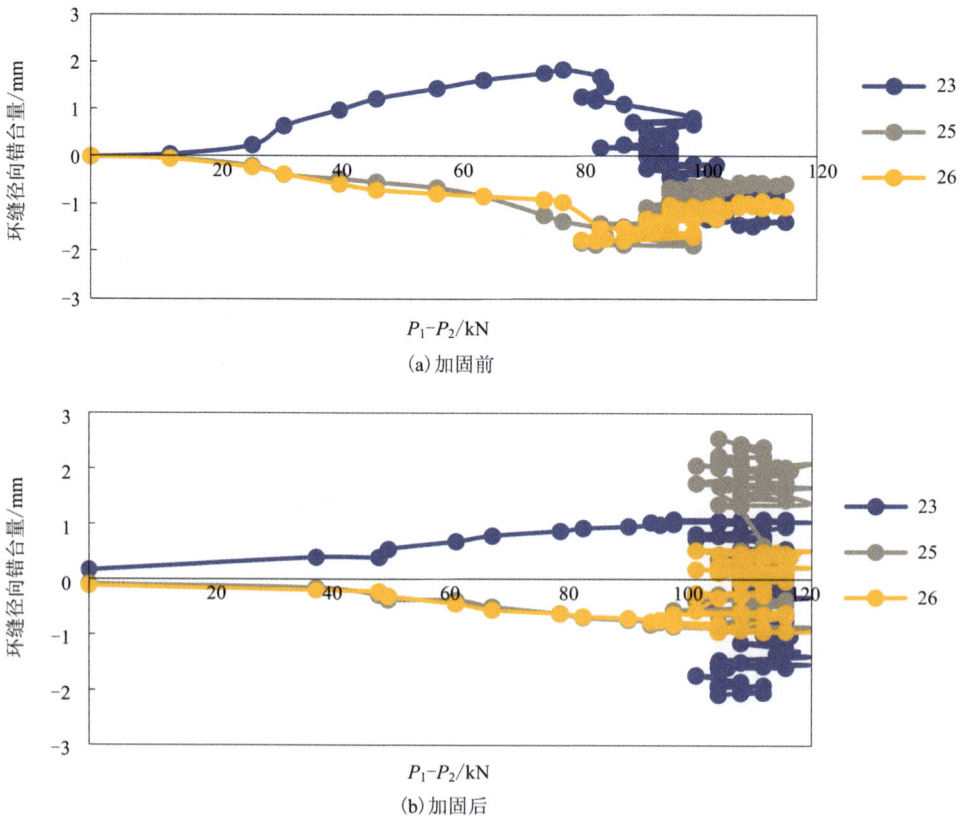

(a)加固前

(b)加固后

图 6-8　加固前后环缝径向错台量与 P_1-P_2 值的关系曲线

图 6-8(a)为加固前环缝径向错台量与 P_1-P_2 值的关系曲线,由图可知,当 P_1-P_2 小于 26.81 kN 时,各测点的环缝径向错台量随着 P_1-P_2 的增大而缓慢增大;当 P_1-P_2 达到 26.81 kN 后,径向错台量增大速率明显加快,其中 23 号测点错台量为正值,25 号、26 号测点错台量为负值;当 P_1-P_2 达到 84.26 kN 时,各测点错台量发生突变,且 23 号测点的错台量由正值转变为负值。在整个过程中,最大错台量达到了-1.867 mm。

图 6-8(b)为加固后环缝径向错台量与 P_1-P_2 值的关系曲线,由图可知,在 P_1-P_2 小于 99.58 kN 时,各测点的环缝径向错台量随着 P_1-P_2 的增大近似呈线性增大趋势,且 23 号测点的错台量为正值,25 号、26 号测点的错台量为负值;当 P_1-P_2 达到 99.58 kN 时,各测点错台量发生突变。在整个过程中,最大错台量达到了 2.542 mm。

对比图 6-8(a)和(b)可知,管片环在加固之前,各测点错台量突变时对应的 P_1-P_2 为 84.26 kN,其最大错台量为-1.867 mm;管片环加固后,各测点错台量发生突变时对应的 P_1-P_2 为 99.58 kN,最大错台量可达到 2.542 mm。

对上述中环纵缝径向、上环和中环环缝环向、上环和中环环缝径向错台量规律分析可知,采用内张钢环对盾构隧道管片进行加固,使衬砌管片结构整体在发生较大错台变形的情况下,相较于未加固工况能够承受更大的外部荷载,极限承载力与抵抗变形能力具有明显的提升。

6.1.3　接缝张开量监测

在试验准备工作及加卸载方案制订完成后,按照实验目的及要求布置测点,然后对管片环进行卸载后加固试验并测量记录每个测点的张开量,从而绘制出此情况下管片环各块接缝之间的张开量变化曲线图。

1.测点布置

按第 3.2 节测点布置原则及要求,分别在管片内、外表面接缝处各布置 1 个测点,中环布置 12 个测点,并对这些测点进行编号分类。测点具体布置如图 6-9 所示。

2.接缝张开量试验结果分析

对管片环进行卸载后加固试验,同时记录管片环测点布置处接缝张开量的变化。基于监测结果绘制不同接缝位置下接缝张开量与 P_1-P_2 的关系曲线图,如图 6-10 所示。

由图 6-10(a)可知,当 P_1-P_2 小于 84.26 kN 时,8 号和 12 号测点的外表面接缝张开量呈现负值,7 号和 10 号测点呈现正值,并且 7 号测点随着 P_1-P_2

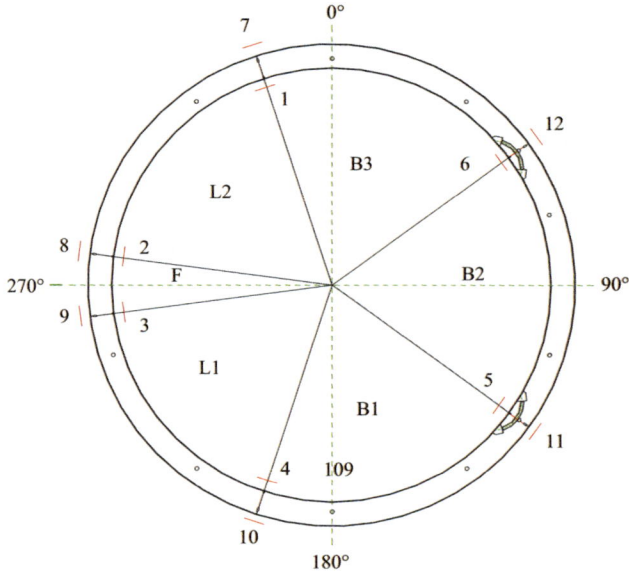

图 6-9   管片环接缝张开量测点布置

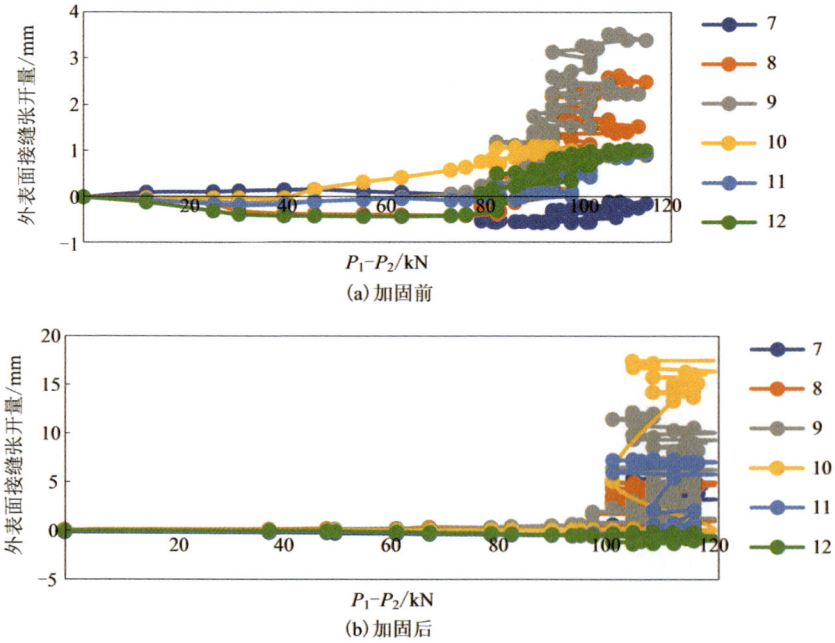

图 6-10   加固前后接缝张开量与 P_1-P_2 的关系曲线

的增大呈现先增大后减小的趋势，8 号、10 号以及 12 号测点均呈现出随着 P_1-

P_2 的增大接缝张开量也在不断增大的趋势。当 P_1-P_2 达到 84.26 kN 时,各测点的接缝张开量均发生突变,并且除 7 号测点以外,其余测点的接缝张开量均呈现正值,最大接缝张开量出现在 9 号测点上,达到了 3.515 mm。

由图 6-10(b)可知,当 P_1-P_2 小于 99.58 kN 时,各测点处的接缝张开量都特别小,可忽略不计;当 P_1-P_2 达到 99.58 kN 时,各测点接缝张开量发生突变,并且除 12 号测点之外,其余测点的接缝张开量均呈现正值,最大接缝张开量出现在 10 号测点上,达到了 17.416 mm。

从中环的接缝张开量情况分析可知,随着 P_1-P_2 的不断增大,拱顶、拱底产生向内的变形,拱腰处产生向外的变形。对比图 6-10(a)和(b)可知,管片环加固之前,各侧点接缝张开量突变发生在 P_1-P_2 等于 84.26 kN 时,其接缝张开量最大值为 2.88 mm;管片环加固之后,各测点接缝张开量发生突变时对应的 P_1-P_2 值为 99.58 kN,最大接缝张开量可达到 17.416 mm。由此可知,管片环加固后承载能力得到了较大的提升。

本小节通过对管片环接缝张开量在有加固条件与无加固条件下进行对比分析,可得出如下结论:加固前,管片环接缝张开量在 P_1-P_2 为 84.26 kN 时发生突变,加固后则在 99.58 kN 时发生突变。无论是管片环变形还是接缝张开量,加固后都要比加固前更加稳定。以上现象表明,管片环在内张钢环加固条件下,其结构稳定性得到很大提升。实际工程中常常出现隧道错台、超限等隧道结构病害,而内张钢环加固法被广泛应用于此类病害的治理。本节得出的内张钢环加固前后的试验数据、变化规律及结论可对实际工程中衬砌管片结构加固问题提供有利的工程指导与理论依据。

6.2　应力应变试验结果分析

在进行卸载后加固试验时,管片环的钢筋混凝土及连接螺栓均会产生较大的应力及应变,在足尺实验过程中通过监测元件可以得到管片环及连接螺栓的应力应变规律。为了避免边界条件的干扰,本试验选取中环进行研究,钢筋、混凝土测点断面编号如图 6-11 所示。

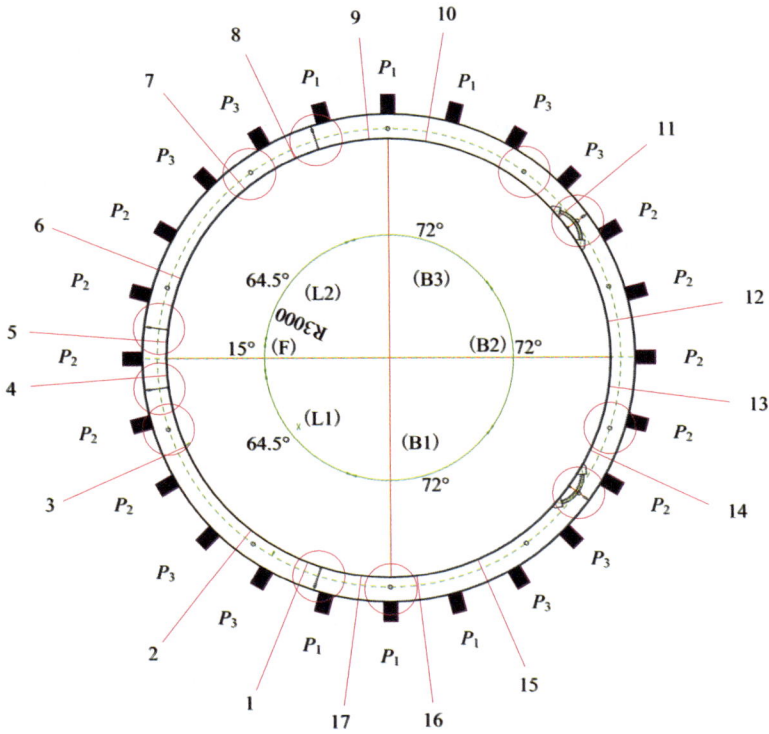

图 6-11　钢筋、混凝土测点断面编号对应图

6.2.1　钢筋应力应变

1. 测点的布置

根据 3.2 节测点布置原则及要求，分别在管片环环向布设 17 个控制断面，在拱顶、拱底和拱腰位置加密布置；管片环纵向布设 4 个控制断面；管片环厚度方向布设 2 个控制断面。然后对其进行编号分类。部分测点编号及分布见超载工况下布置图（图 4-25），具体布置展开图见第 3 章图 3-18 和图 3-19。

2. 钢筋应变试验结果分析

对管片环逐级加压到设计荷载，然后进行逐级卸载试验，同时记录试验终止时内层、外层钢筋应变值；卸载试验结束后对管片环进行内张钢环加固，然后逐级加压并记录实验终止时内、外层钢筋应变值。最后根据实验结果绘制试验终止时外层、内层的钢筋应变片编号对应的钢筋应变值，如图 6-12~图 6-15 所示。

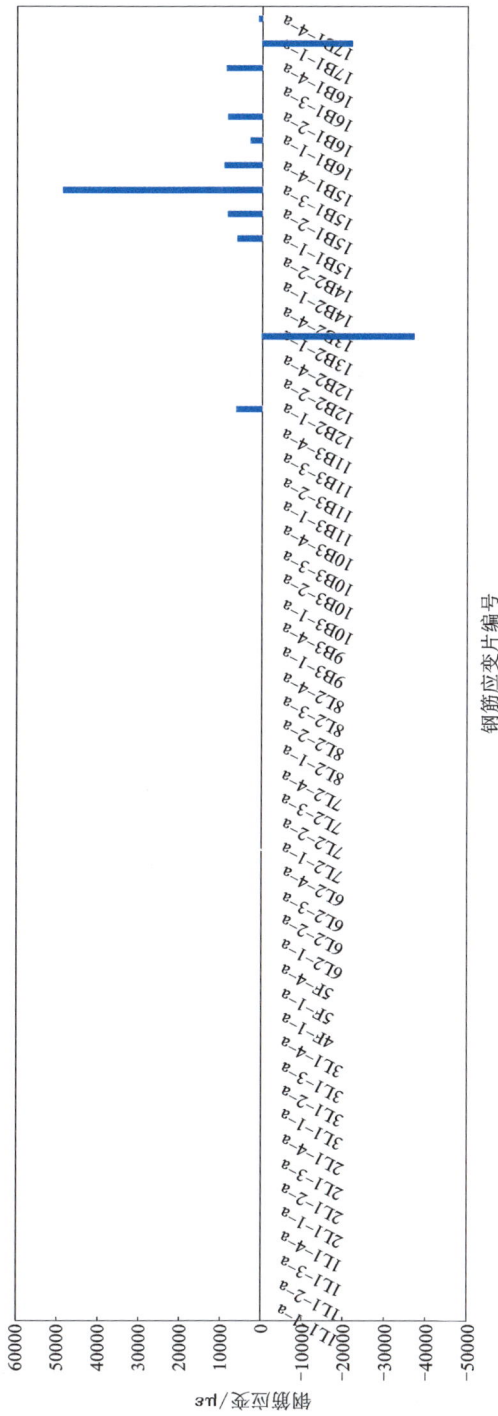

图 6-12　卸载过程外弧面钢筋应变值

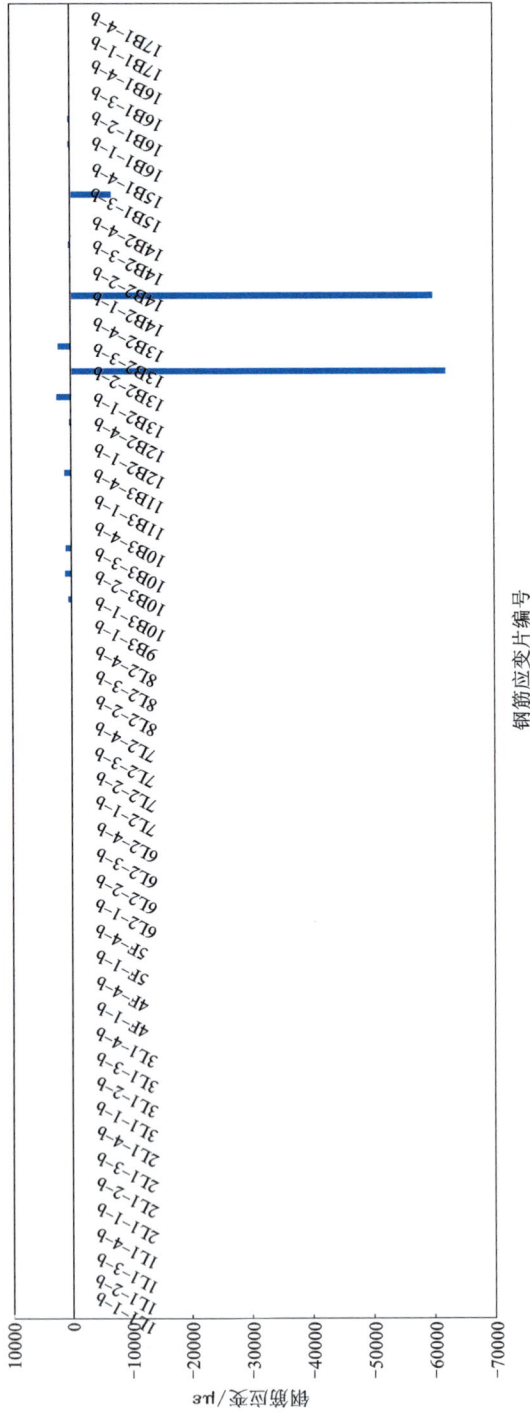

图6-13 卸载过程内弧面钢筋应变值

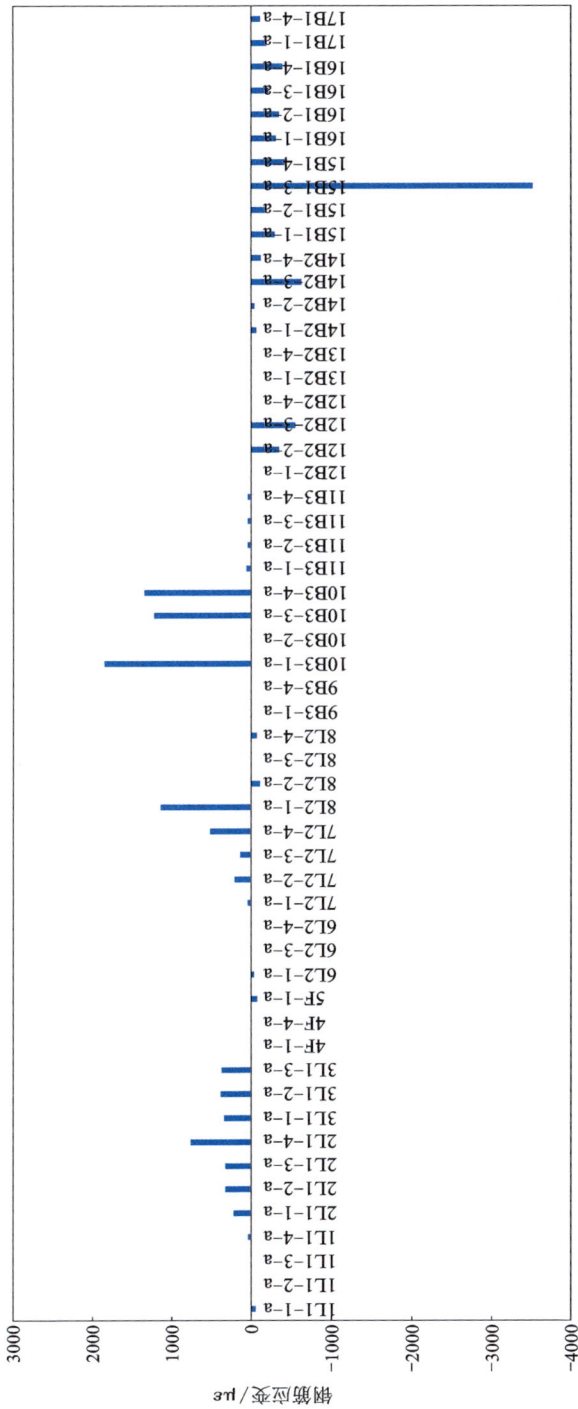

图 6-14　卸载后加固加载外弧面钢筋应变值

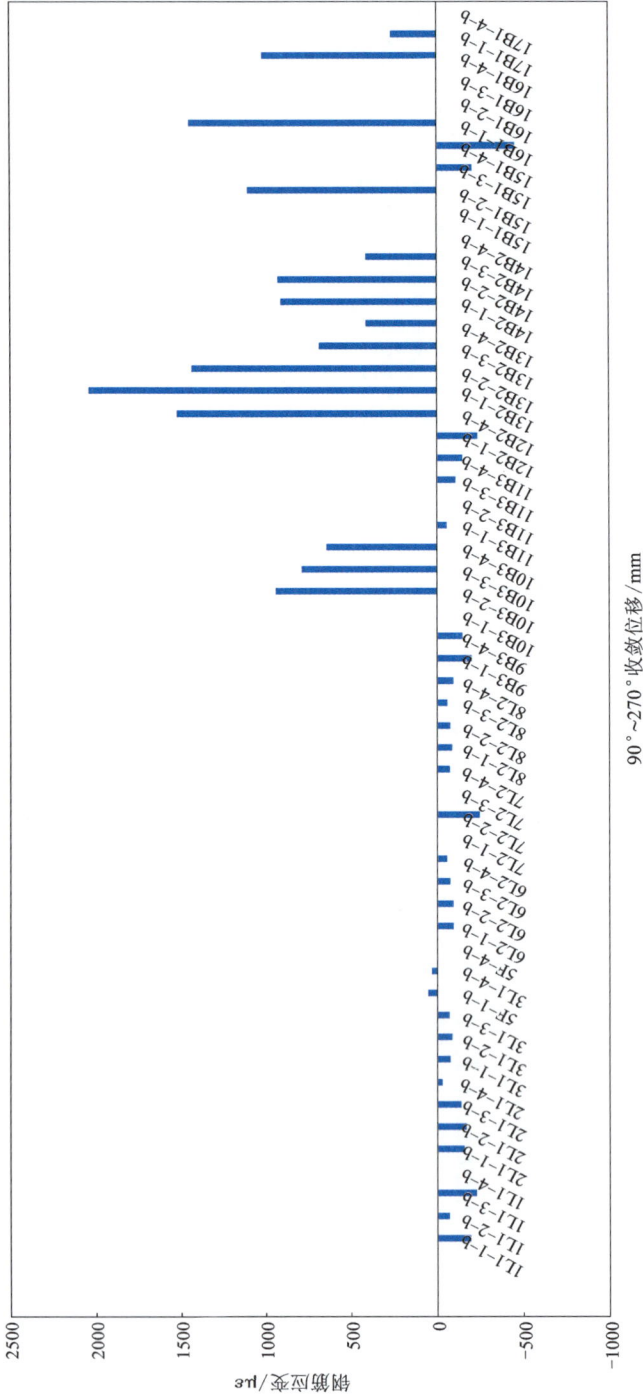

图6-15 卸载后加固加载内载内弧面钢筋应变值

由图 6-12~图 6-15 分析可知，拱顶和拱底处管片外弧面钢筋受压，其受压应变值不超过 500 με，内弧面钢筋受拉，其受拉应变值不超过 1500 με；拱腰附近的应力分布特点为管片外弧面钢筋受拉，内弧面钢筋受压，90°位置管片外弧面钢筋受拉应变值较大，且接近钢筋的极限弹性拉应变，部分钢筋出现屈服。总体上，钢筋的受拉应变值大于受压应变值。

通过对比内、外弧面钢筋应变值可以看出，在加固前，外弧面最大正应变值约为 5000 με，最大负应变值约为 4000 με，而在加固后，最大正应变值约为 2000 με，最大负应变值约为 3500 με，均有较大程度的减小；在加固前内弧面最大应变值为 -6000 με，而加固后最大应变值仅为 2000 με。对比结果表明，在对管片进行内张钢环加固后，其钢筋的受力条件得到了较大的改善，加固效果较好。

3. 钢筋应力试验结果分析

对管片环逐级加压到设计荷载，然后进行逐级卸载试验同时记录试验，终止时内层、外层钢筋应力值；卸载试验结束后对管片环进行内张钢环加固，然后逐级加压并记录实验终止时内层、外层钢筋应力值。最后根据实验结果绘制试验终止时外层、内层的钢筋应力计与管片环水平直径收敛值的关系曲线，如图 6-16~图 6-19 所示。

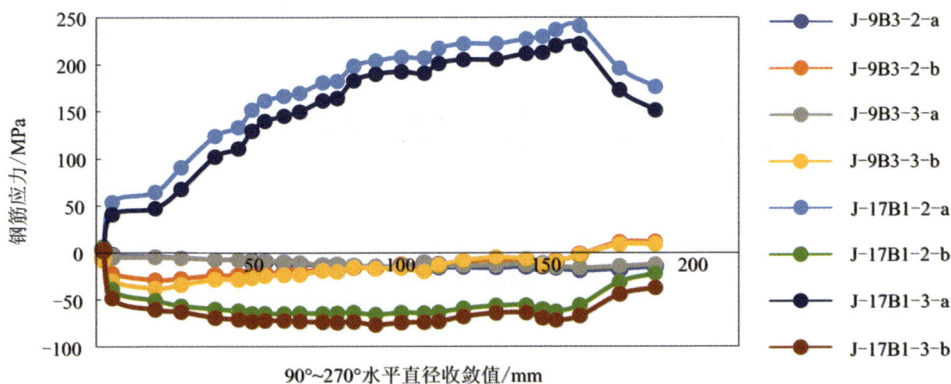

图 6-16　加固前拱顶、拱底钢筋应力值

从图 6-16~图 6-19 可以看出，随着荷载的增加，无论是加固前还是加固后，其钢筋应力均大致呈现逐渐增大的规律，但在各级荷载下主筋拉应力、压应力均小于钢筋的屈服强度，拱顶、拱底管片外层钢筋受压、内层钢筋受拉，拱腰附近管片外层钢筋受拉、内层钢筋受压。

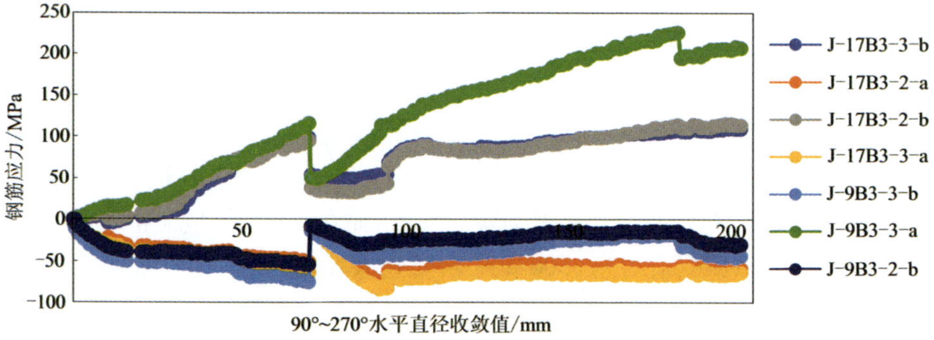

图 6-17　加固后拱顶、拱底钢筋应力值

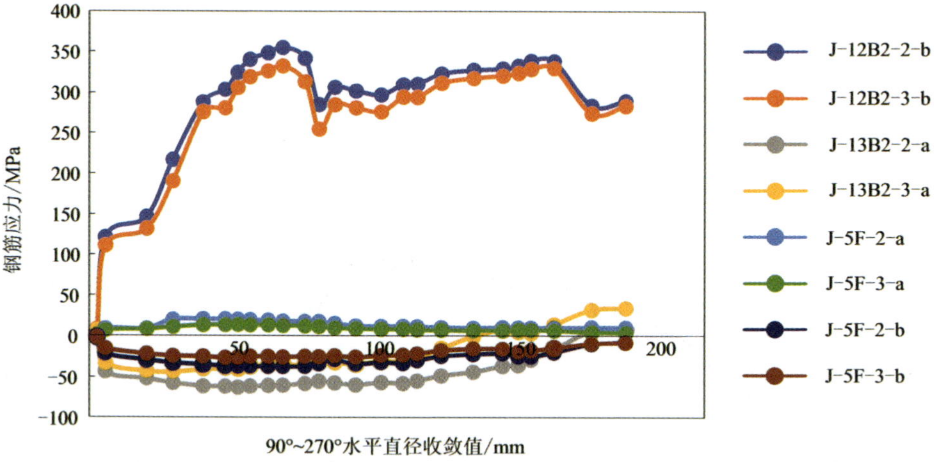

图 6-18　加固前拱腰钢筋应力值

通过对比加固前后拱顶、拱底、拱腰的钢筋应力随水平直径收敛值的变化曲线可以看出，钢筋应力平均增长速率和最大钢筋应力值在加固后都有明显减小。这种现象表明，加固后钢筋受力更小且更稳定，其主要原因可能为内张钢环承受了较大部分荷载，改善了整个衬砌管片结构的受力状态，从而起到了较好的加固效果。

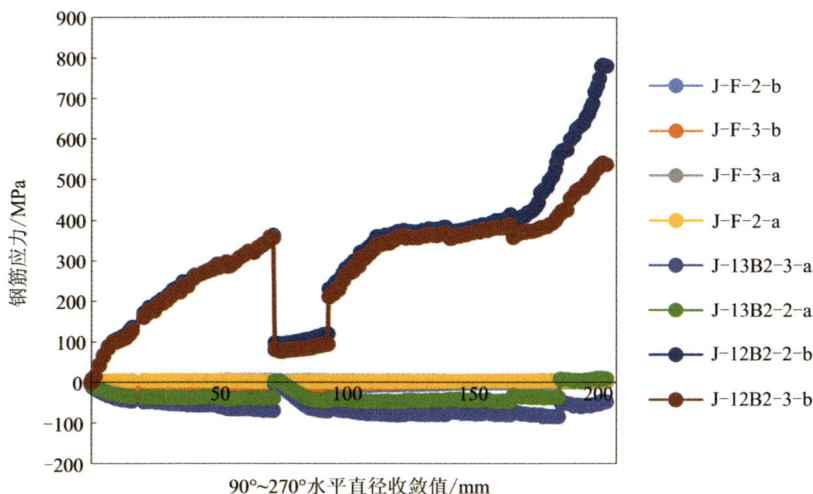

图 6-19　加固后拱腰钢筋应力值

6.2.2　混凝土应变

1.测点的布置

按第 3.2 节测点布置原则及要求,分别在管片环环向布设 16 个控制断面,在拱顶、拱底和拱腰位置加密布置;管片环纵向布设 4 个控制断面;管片环厚度方向布设 2 个控制断面。然后对其进行编号分类,具体编号及布置展开图见 3.2 节。

2.混凝土应变试验结果分析

对管片环逐级加压到设计荷载,然后进行逐级卸载试验,同时记录试验终止时混凝土钢筋应变值;卸载试验结束后对管片环进行内张钢环加固,然后逐级加压并记录实验终止时管片内、外弧面混凝土应变值。最后根据监测结果绘制试验终止时各混凝土应变片所对应的外弧面、内弧面混凝土及钢环应变图,如图 6-20 和图 6-21 所示。

由图 6-20(a)可知,在拱顶和拱底处,管片环外弧面混凝土均受拉,并且拱顶和拱底处所产生的最大应变分别为 6500 με 和 5900 με;对于拱腰部分,90°位置处管片外弧面混凝土受压,但其所产生的应变特别小,均小于-200 με,270°位置处的外弧面混凝土未产生应变,说明 270°拱腰位置基本上不受应力作用。由图 6-20(b)可知,在拱顶和拱底处,盾构隧道管片内弧面混凝土也受

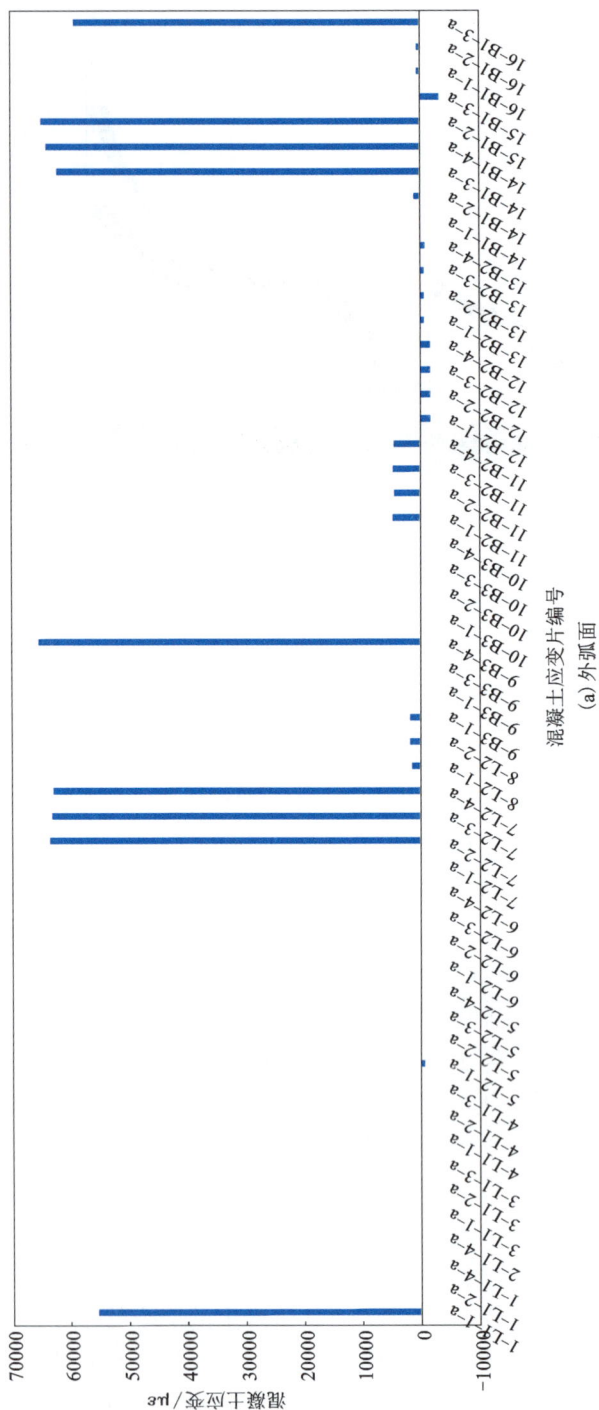

(a) 外弧面

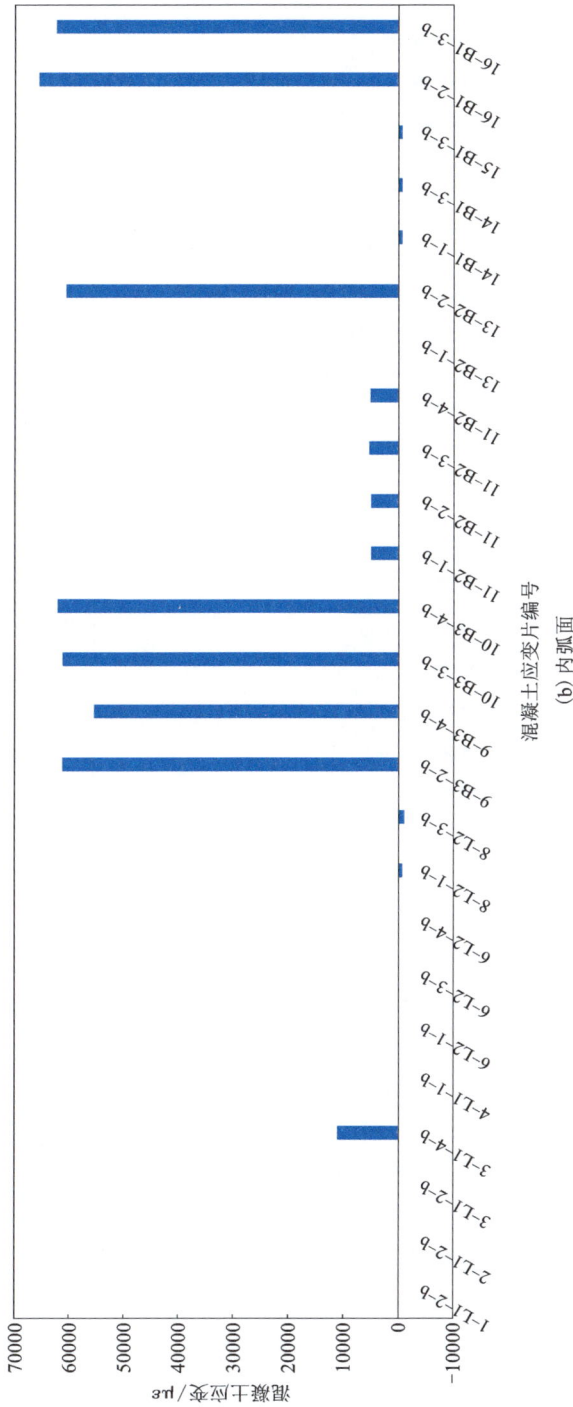

图 6-20　加固前混凝土应变

(b) 内弧面

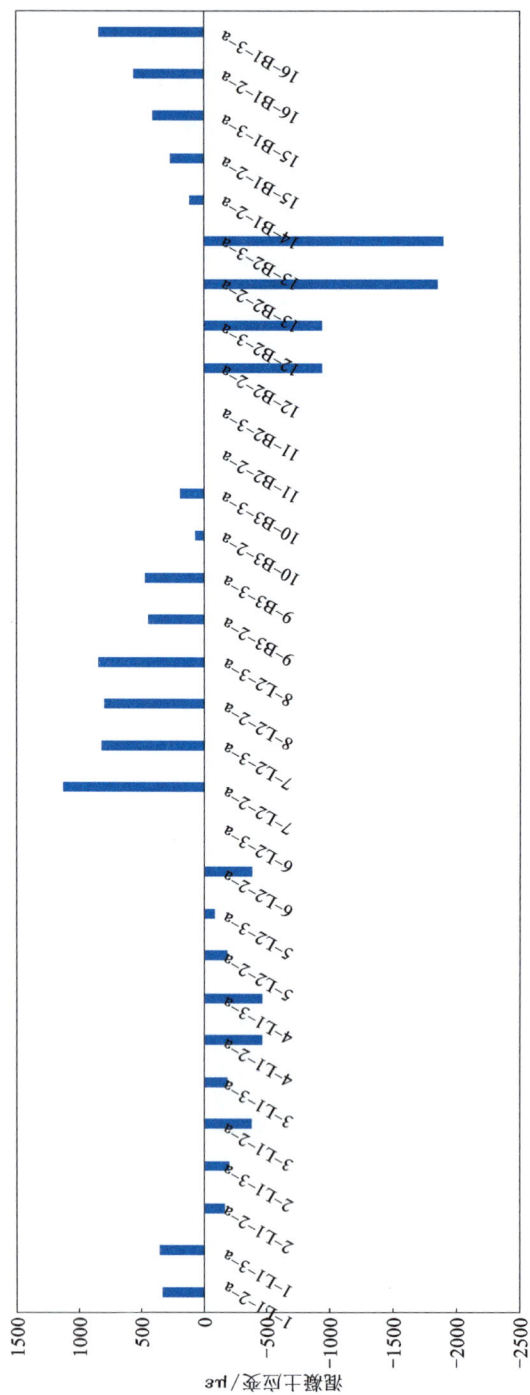

(a) 外弧面

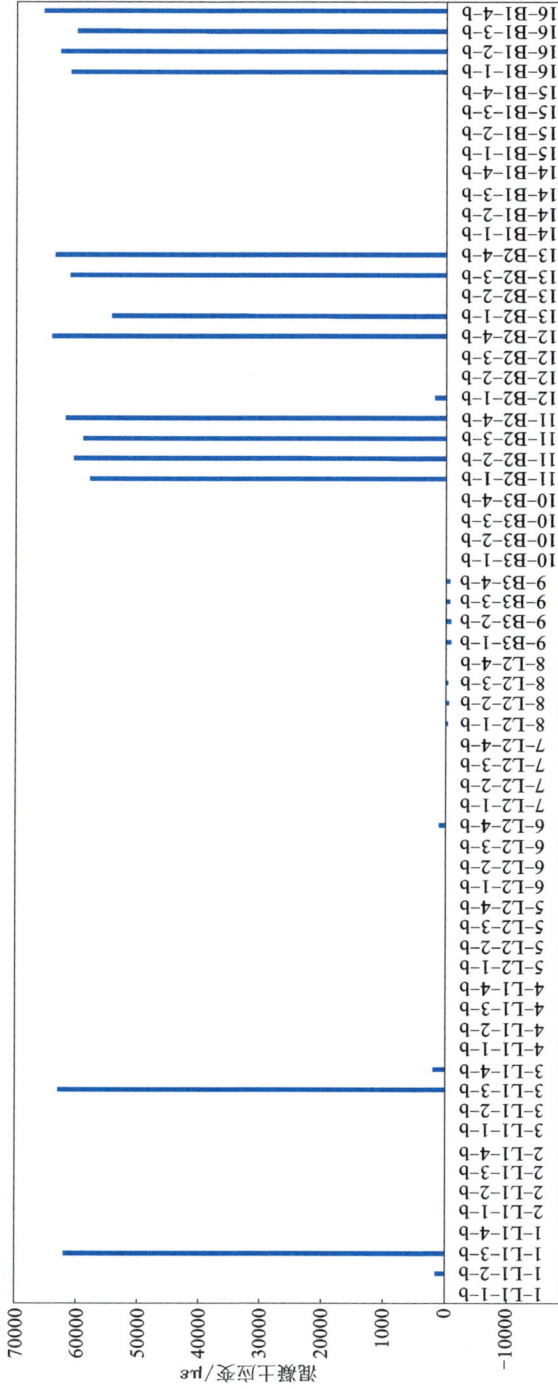

图6-21　加固后混凝土应变
(b) 内弧面

拉，其产生最大应变分别为 6200 με 和 6800 με；对于拱腰部分，90°位置处受到拉应力，且产生的最大应变为 5100 με，270°位置与外弧面一致，几乎不产生应变，这是由于接缝变形较大而封顶块 F 本体变形较小，所以其混凝土结构承受的应力相对较小，故该处混凝土基本上不产生应变。

由图 6-21(a)可知，在采用内张钢环对盾构隧道进行加固后，拱顶和拱底处盾构隧道管片外弧面混凝土仍然承受拉应力，并且拱顶和拱底处所产生的最大应变分别为 850 με 和 800 με；对于拱腰部分，90°位置处管片外弧面受压，并且其产生的最大应变为 -1800 με，270°位置处盾构隧道管片外弧面受到压应力，其所产生最大应变为 -500 με。由图 6-21(b)可知，在拱顶处，盾构隧道管片内弧面混凝土只受到很小的压应力，其所产生的应变很小，几乎可以忽略不计，而对于拱底部分，内弧面混凝土受到拉应力，其产生的最大应变为 6600 με；对于拱腰部分，90°方向内弧面混凝土受到较大的拉应力，最大应变值为 6580 με，270°方向几乎未产生应变，即几乎未受到应力的作用。

对比图 6-20 和图 6-21 可知，采用内张钢环对盾构隧道进行加固之后，其外弧面混凝土所产生的应变值大大减小，而内弧面所产生应变值与加固之前相差不大，但从总体来说，试验结束时钢环承受了一部分应变，可以在一定程度上起到加固作用。

6.2.3 弯螺栓应变

1. 测点的布置

按第 3.2 节测点布置原则及要求，分别在管片中环 6 个纵缝处、上环与中环环缝 10 处布置 44 个测点，并对其进行编号分类。部分测点编号及分布如图 4-25 和图 4-26 所示，具体布置展开图见第 3.2 节。

对管片环逐级加压到设计荷载，然后进行逐级卸载试验，同时记录管片环水平方向的直径收敛值和相应位置处螺栓的应变值；卸载试验结束后对管片环进行内张钢环加固，然后逐级加压并记录相应位置处螺栓的应变值。最后根据监测结果绘制管片环水平直径收敛值和相应位置螺栓应变值的关系曲线，如图 6-22~图 6-33 所示。

2. 环向螺栓应变

通过对比试验得到的加固前和加固后管片环环向螺栓应变曲线 1（图 6-22 和图 6-23）可以看出，在加固前螺栓应变曲线较为紊乱，且存在几处明显的拐点和突变；而在加固后螺栓应变曲线近似呈线性变化，无明显拐点和突变。这一现象表明在对管片进行内张钢环加固后，衬砌管片结构整体受力更加均衡，因而环向螺栓应变变化更为稳定，从侧面反映出采用内张钢环加固效果较好。

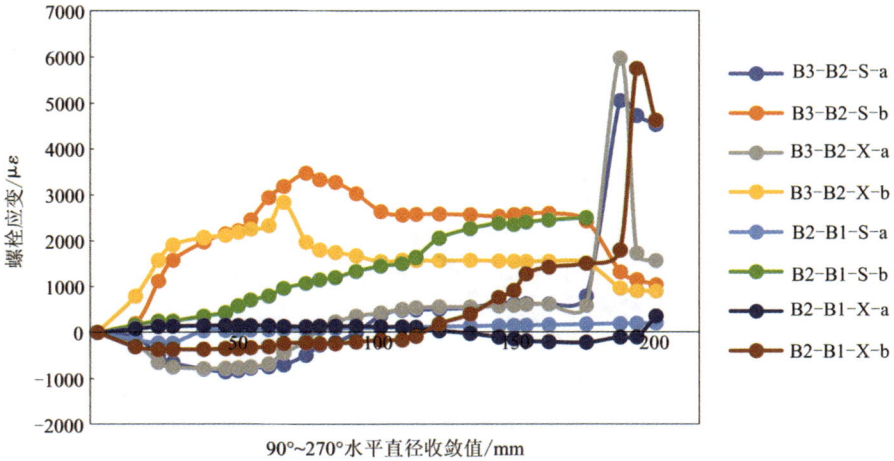

图 6-22　卸载试验环向螺栓应变 1

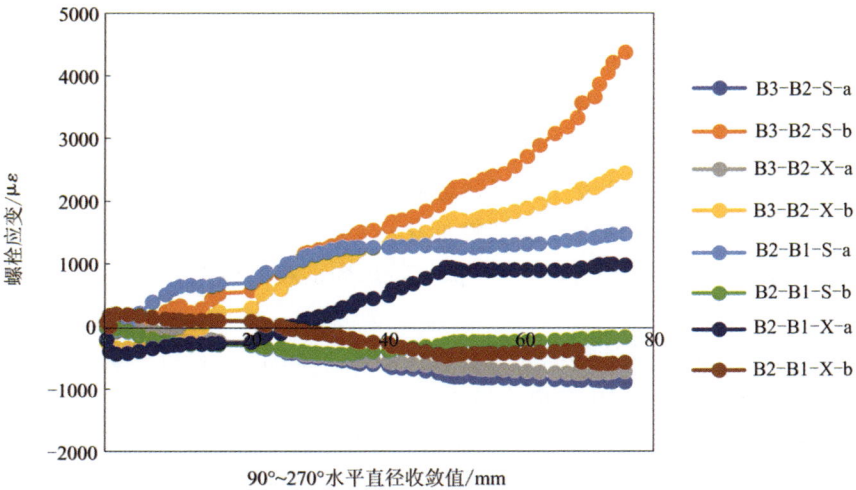

图 6-23　加固试验环向螺栓应变 2

　　加固前和加固后管片环环向螺栓应变曲线 2 如图 6-24 和图 6-25 所示，对比两图可以看出，与第一组试验结果类似地是在加固前螺栓应变曲线较为紊乱，且有 6~7 处明显的突变和拐点；而在加固后螺栓应变曲线也近似呈线性变化，除收敛值为 50 mm 处出现突变外，无其他明显拐点和突变，较前者变形更为稳定。

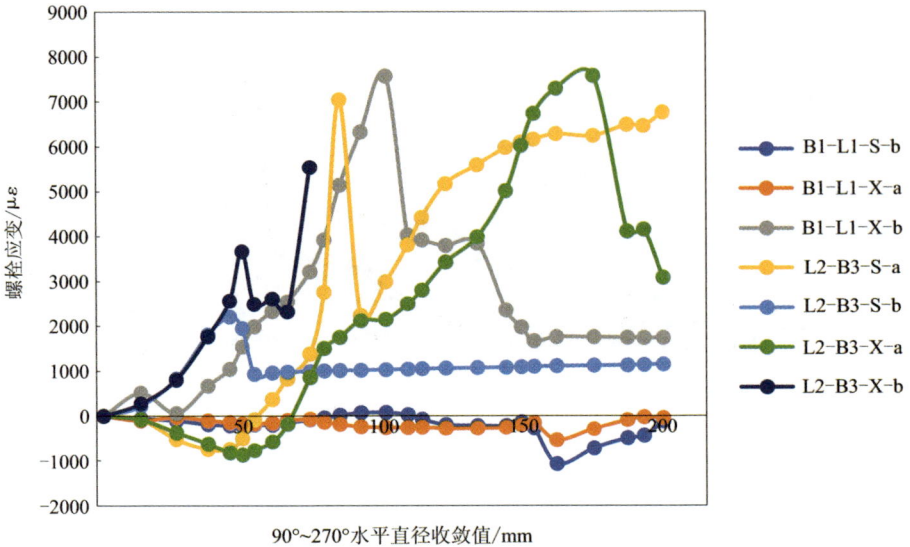

图 6-24　卸载试验环向螺栓应变 2

加固前和加固后管片环环向螺栓应变曲线如图 6-26 和图 6-27 所示，对比两图可以看出，类似于前两组试验，在加固前螺栓应变曲线较为紊乱，有几处明显的拐点和和突变，其最大正应变达到 2300 $\mu\varepsilon$，最大负应变达到 1300 $\mu\varepsilon$；而在加固后螺栓应变曲线几乎呈线性变化，无明显拐点和突变，其最大正应变仅为 1500 $\mu\varepsilon$，最大负应变仅为 800 $\mu\varepsilon$，较加固前均有较大程度的减小。

3. 纵向螺栓应变

加固前和加固后管片环纵向螺栓应变曲线 1 如图 6-28 和图 6-29 所示，对比两图可以看出，在加固前螺栓最大正应变达到 2000 $\mu\varepsilon$，最大负应变达到 1500 $\mu\varepsilon$；而在加固后螺栓最大正应变仅为 1300 $\mu\varepsilon$，最大负应变仅为 930 $\mu\varepsilon$，对比加固前均有较大程度的减小。

加固前和加固后管片环纵向螺栓应变曲线 2 如图 6-30 和图 6-31 所示，对比两图可以看出，在加固前螺栓最大正应变达到 2100 $\mu\varepsilon$，最大负应变达到 1000 $\mu\varepsilon$；而在加固后螺栓最大正应变仅为 1700 $\mu\varepsilon$，最大负应变仅为 500 $\mu\varepsilon$，对比加固前均有较大程度的减小。

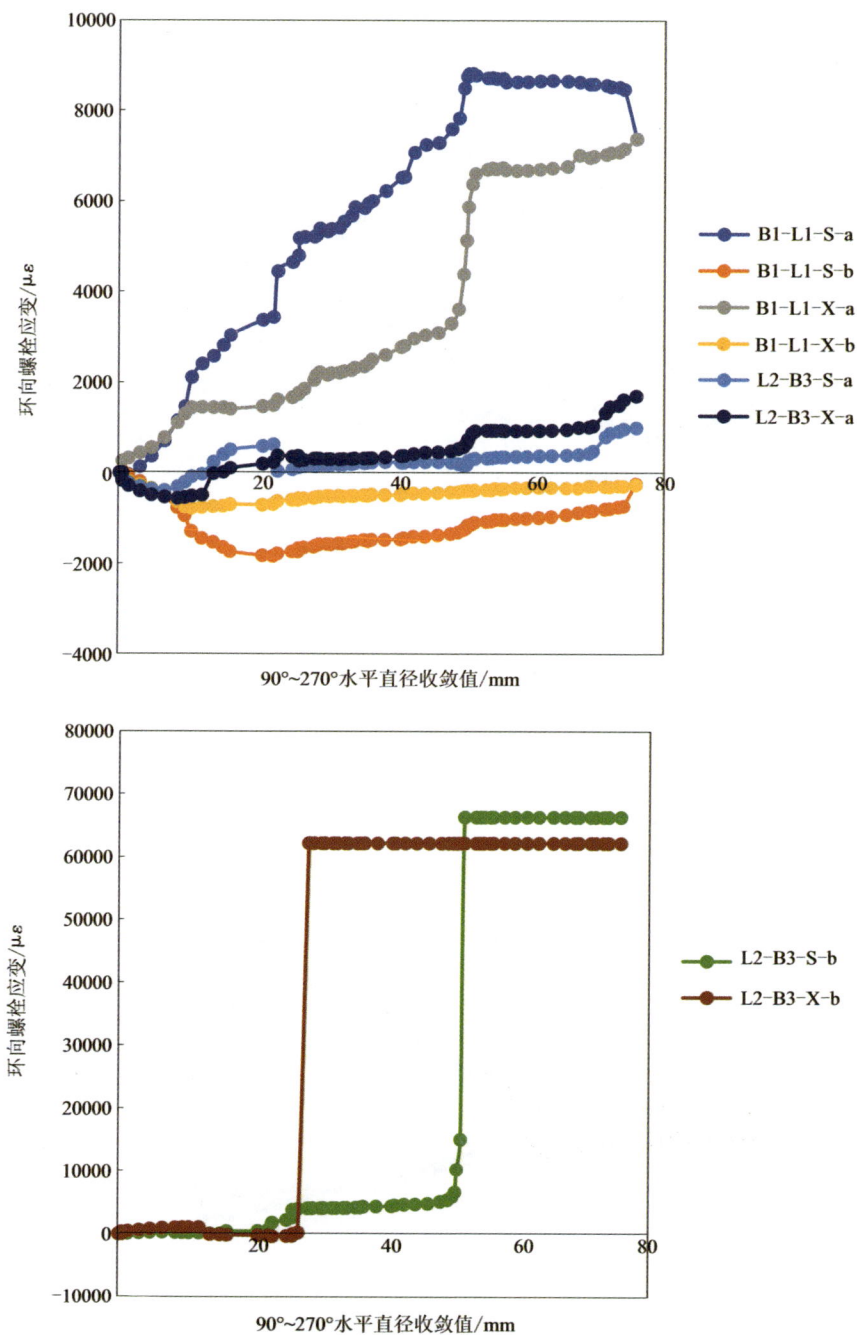

图 6-25　加固试验环向螺栓应变 2

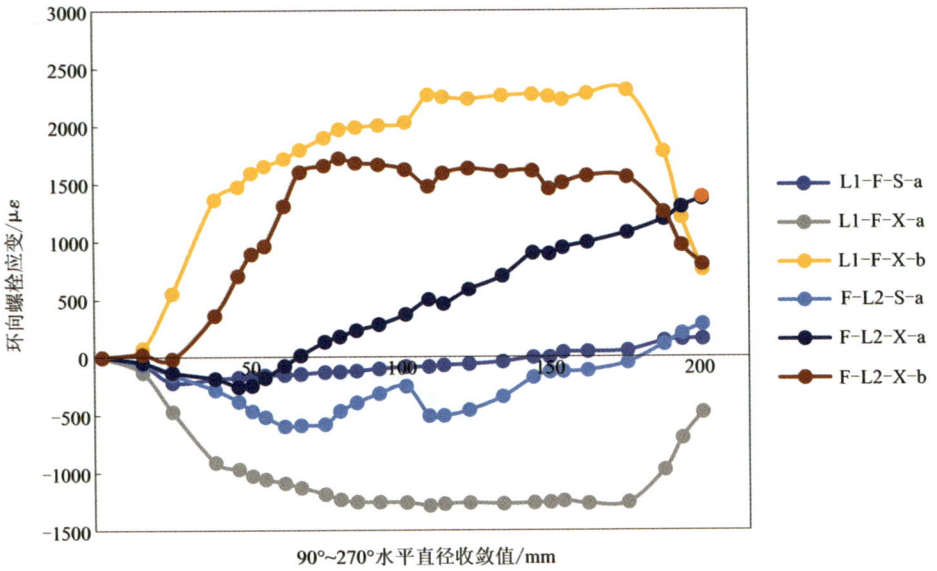

图 6-26　卸载试验环向螺栓应变

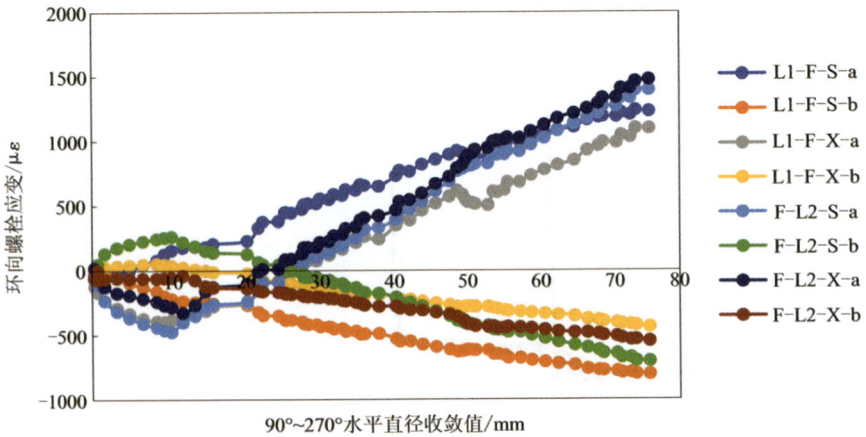

图 6-27　加固试验环向螺栓应变

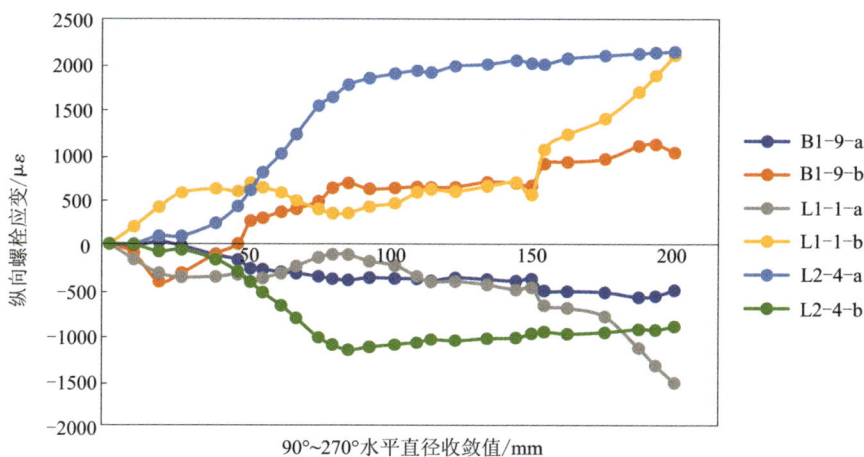

图 6-28　卸载试验纵向螺栓应变 1

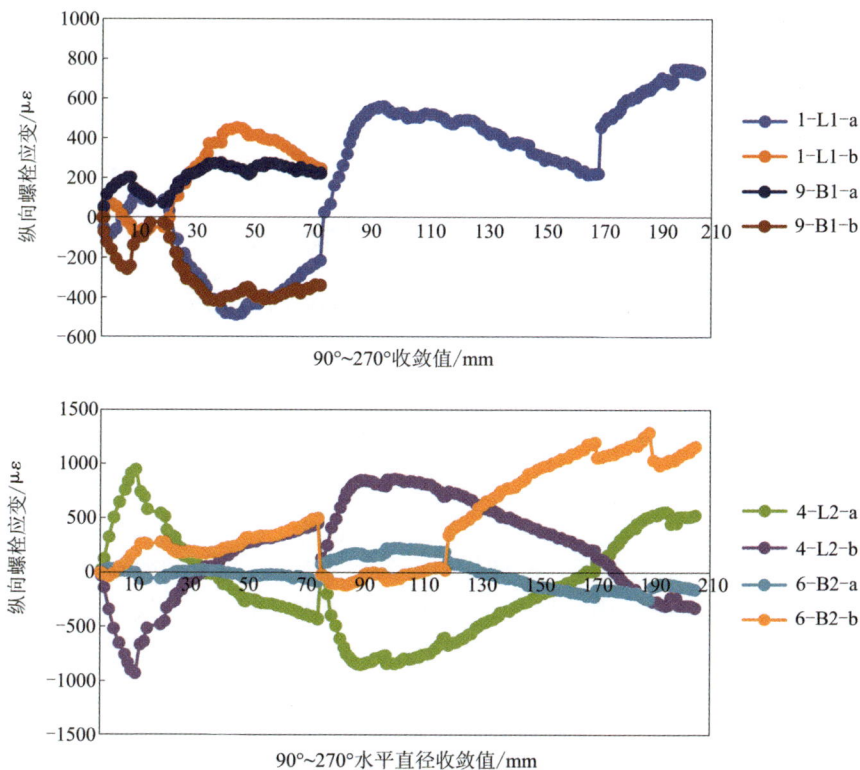

图 6-29　加固试验纵向螺栓应变 1

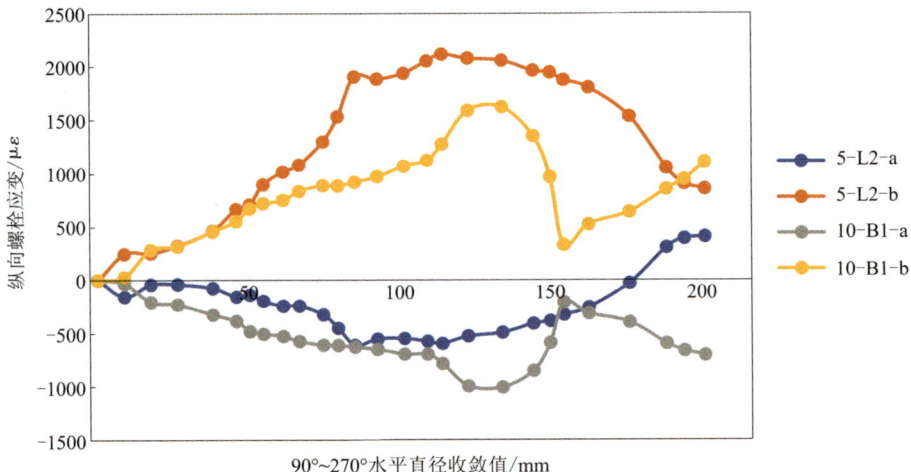

图 6-30　卸载试验纵向螺栓应变 2

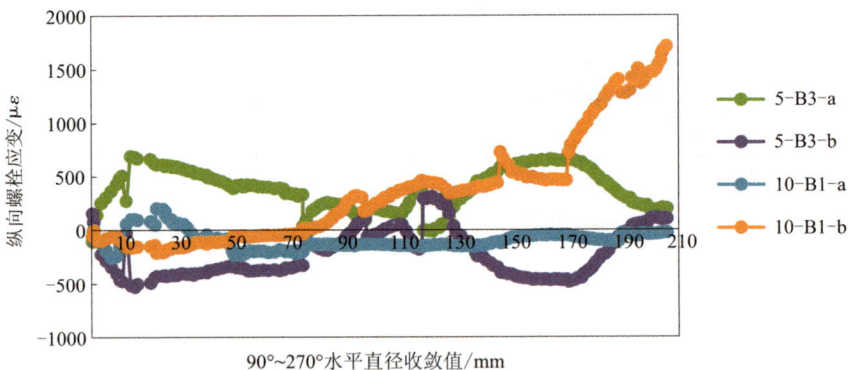

图 6-31　加固试验纵向螺栓应变 2

　　加固前和加固后管片环纵向螺栓应变曲线 3 如图 6-32 和图 6-33 所示，对比两图可以看出，在加固前螺栓最大正应变达到 5200 με，最大负应变达到 1700 με；而在加固后螺栓最大正应变仅为 1500 με，最大负应变仅为 1000 με，对比加固前均有较大程度的减小。

　　本小节通过对环向及纵向螺栓在内张钢环加固前后的应力应变规律进行对比分析，可知在采用内张钢环法进行管片加固后，环向螺栓和纵向螺栓受力更为均匀，且应变速率和最大应变值均有较大幅度的下降；较加固前，不仅其应

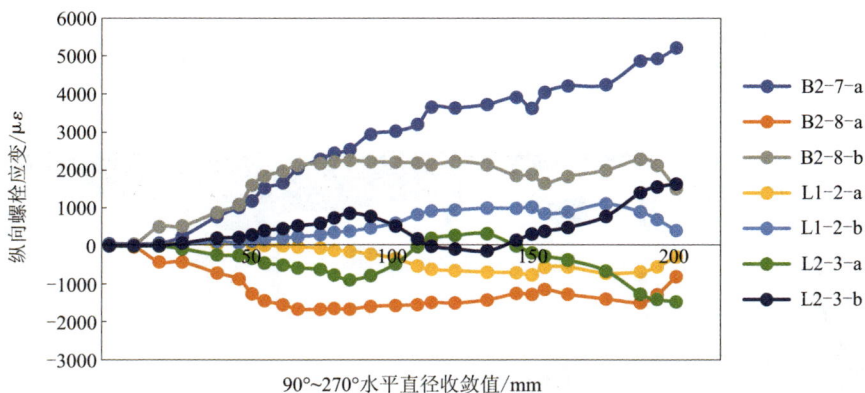

图 6-32　卸载试验纵向螺栓应变 3

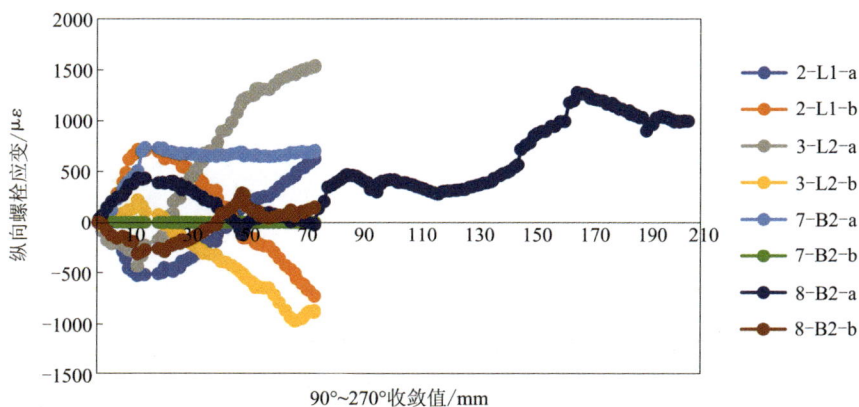

图 6-33　加固试验纵向螺栓应变 3

变速率得到减缓，而且其最大应变值也大幅降低。以上现象表明，在内张钢环加固条件下，衬砌管片结构整体稳定性得到较大幅度的提升，结构受力状态较加固前有较大程度的改善，结构极限承载力明显提高。

6.3　混凝土裂缝规律分析

6.3.1　全过程影像记录

本次试验采用 4 个高分辨率摄像机对整个试验过程进行记录，整个测试过程的影像资料可用于后期部分测试内容的校核及对照。在试验前，对隧道内壁进行粉刷，如图 6-34 所示，以便在试验过程中观测内弧面混凝土开裂，粉刷时应避开混凝土应变片粘贴位置。

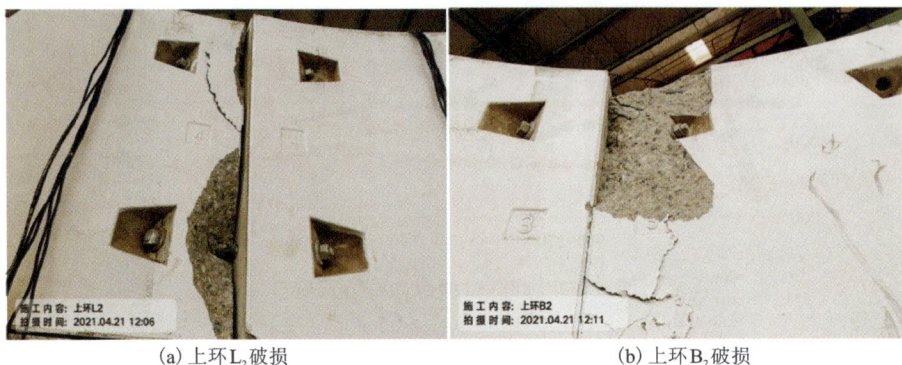

| (a) 上环L₂破损 | (b) 上环B₂破损 |

图 6-34　管片的混凝土破损图

6.3.2　管片裂缝观测

裂缝记录完成后，绘制内弧面及外弧面管片裂缝展开图，如图 6-35 和图 6-36 所示。

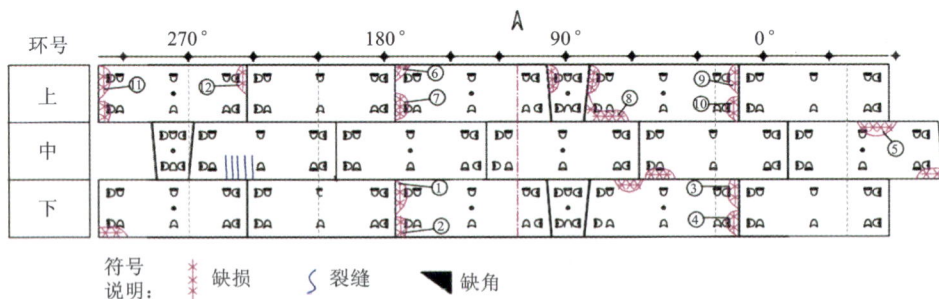

图 6-35　内弧面管片裂缝展开图

试验结束后，对三环管片内外弧面的裂缝和缺损病害进行统计，如图 6-35 和图 6-36 所示。缺损病害在管片环全环上均有分布，且主要发生在纵向或者环向接缝处，即环向螺栓和纵向螺栓附近。管片环内侧检查共发现管片缺损 19处，管片环外侧检查共发现管片缺损 9 处，内弧面所产生破损明显多于外弧面。管片环内侧检查混凝土裂缝共计 5 条，均为纵向裂缝，裂缝宽度最宽达到

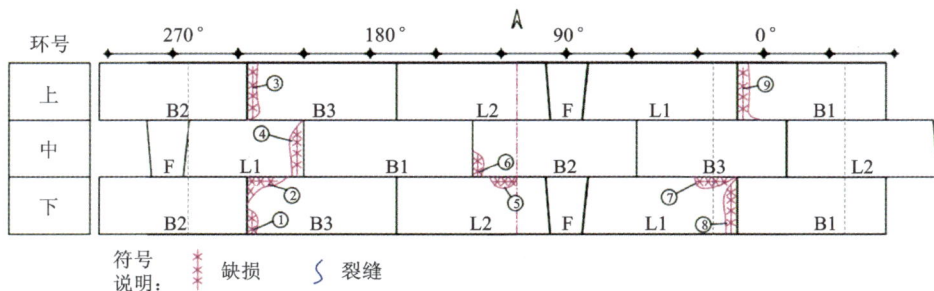

图 6-36　外弧面管片裂缝展开图

1. 12 mm(中环 L2 块管片),而管片环外侧没有检测到裂缝。综上所述,管片接头是盾构隧道衬砌整管片结构中的薄弱环节,接头受力性能很大程度决定隧道结构整体变形和承载能力,因此在实际工程中应该多注重加强接头处的强度。

6.4　本章小结

本章通过三环管片足尺实验对卸载后内张钢环加固盾构隧道结构性能展开研究,并基于管片环水平直径收敛值,错台量,接缝张开量,钢筋应力、应变,混凝土应变,螺栓应变,管片内力及混凝土裂缝等监测结果,分析获取衬砌管片结构加固前后的变形破坏行为规律与承载力特征,主要结论如下所述。

(1)对管片环整体变形试验结果分析可得:加载初期,管片环直径最大变化量与荷载近似呈线性关系,当管片环直径变化量为 25 mm 时,管片环从弹性阶段开始进入弹塑性阶段;当管片环直径变化量达到 75 mm 时,管片环从弹塑性阶段进入完全塑性阶段。

(2)通过管片加固前后 0°~180°位置收敛值与荷载关系的对比,加固后管片环性能的提升主要体现在两个方面:

①管片环的整体延性得到提升。未加钢环前,管片环直径变化量达到 130 mm 时,管片环从塑性阶段进入完全颈缩或下降阶段,管片环开始破坏;加固钢环后,管片环直径变化量达到 190 mm 时,尚未看到颈缩迹象。

②管片环的整体强度得到一定提升。加固前 P_1-P_2 最大值为 110 kN,加固后 P_1-P_2 最大值为 123 kN。同时,考虑加固前管片环加载已经对管片环造成一定损伤,综合认为,加固后管片环的整体刚度提升超过 20%。

(3)对管片环错台量、张开量、裂缝观测结果以及钢筋混凝土应力应变、弯螺栓应变监测结果分析可知，加固后管片环的错台量、张开量、裂缝等外观病害改善较为明显；加固后管片环的螺栓应力、钢筋应力等变化与未施加钢环的管片相差不大。

　　总体而言，内张钢环加固法有效提高了衬砌管片结构的整体刚度和极限承载力特性，使整个结构在变形过程中体现出更好的延性，能够在产生较大变形的情况下承载外部荷载。

第7章

基于混凝土损伤模型的管片环
极限状态研究

本章在盾构隧道衬砌管片结构足尺试验的基础上，采用三维有限元软件ABAQUS，构建了能够充分考虑管片混凝土损伤特性、接头非连续接触及连接螺栓细部构造特征的三维数值模型，实现在顶部超载、侧向卸载等典型工况下盾构隧道衬砌管片结构的变形破坏规律和承载力特征进行精细化模拟，为预测其他不同工况下盾构隧道衬砌管片结构的力学性能提供技术支持。

7.1 盾构管片精细化模型数值实现

7.1.1 几何参数

目前，我国地铁盾构隧道衬砌管片结构均采用预制钢筋混凝土管片拼装而成，管片环普遍采用"3+2+1"的分块模式，即3块标准块+2块邻接块+1块封顶块。管片块与块、环与环之间采用高强螺栓连接，同时为了增加空间刚度，减少管片变形量，管片环与环之间一般采用错缝拼装形式。南昌地铁1号线采用如图7-1所示的隧道衬砌管片结构进行装配，管片宽度为1.2 m，厚度为300 mm，采用"3+2+1"的分块模式，包括3块标准块(72°+72°+72°)、2块邻接块(64.5°+64.5°)、1块封顶块(15°)。

管片环的拼装模拟如图7-2所示，管片环数值模型的内径为5.4 m、外径为6.0 m、厚度为0.3 m、宽度为1.2 m，采用"3+2+1"的分块模式，包括3块标准块(72°+72°+72°)、2块邻接块(64.5°+64.5°)、1块封顶块(15°)，与实际情况基本一致。

管片环的精细化数值模型如图7-3所示，模型中钢筋的主筋直径均为16 mm，箍筋直径均为10 mm；螺栓直径为28 mm，螺帽直径为48 mm。

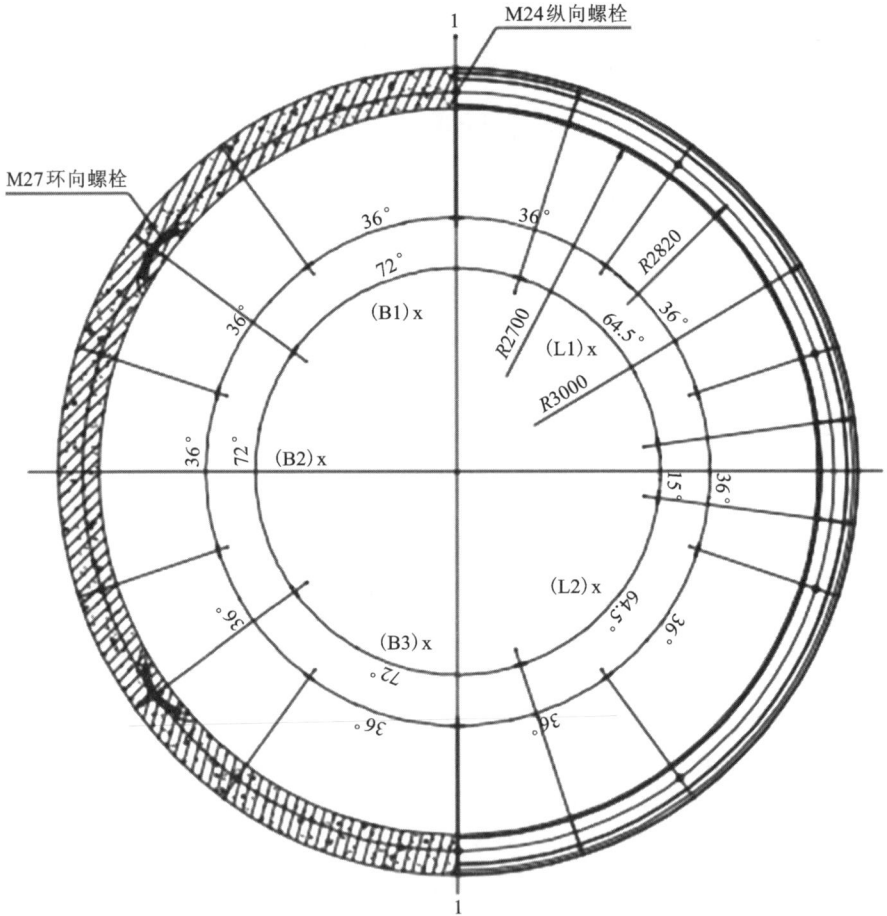

图 7-1　南昌地铁 1 号线盾构隧道衬砌管片结构

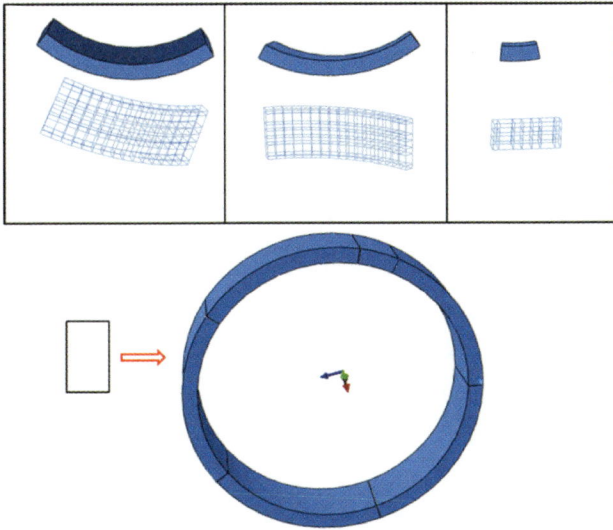

图 7-2　管片环的拼装模拟

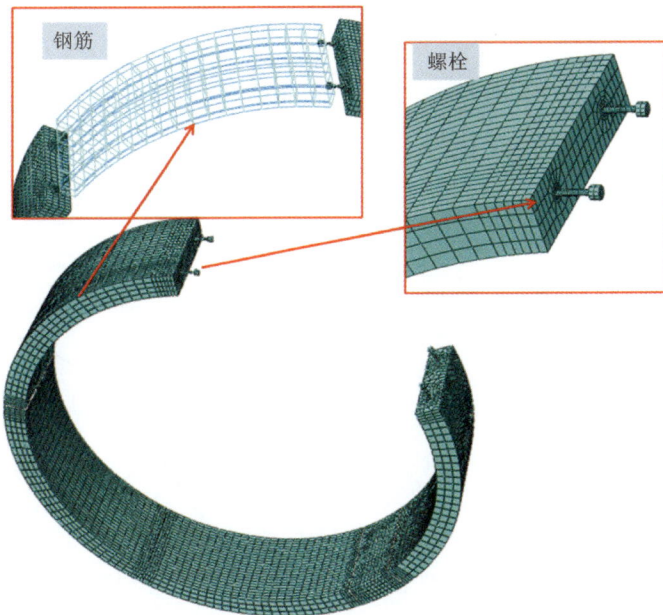

图 7-3　管环的片精细化模型

7.1.2 材料本构及参数

在南昌地铁 1 号线管片环的数值模拟中，混凝土材料采用损伤塑性本构关系，钢材和螺栓均采用弹塑性本构关系。

混凝土损伤模型采用强度为 C50 的混凝土，其弹性模量为 34.5 GPa，抗压强度为 32.4 MPa，抗拉强度为 2.64 MPa，泊松比取 0.2，各参数如表 7-1 所示。结合《混凝土结构设计规范》(GB 50010—2010)中的混凝土本构关系和 ABAQUS 中混凝土损伤本构模型的参数转换关系，得到 C50 混凝土本构关系，如图 7-4 所示。

表 7-1　C50 混凝土参数取值

f_{ck}/MPa	f_{tk}/MPa	$\varepsilon_{c,r}$/($\times 10^{-6}$)	$\varepsilon_{t,r}$/($\times 10^{-6}$)	$\varepsilon_{cu}/\varepsilon_{c,r}$	E_c/MPa	α_c	α_t
32.4	2.64	1679	109.79	2.21	34500	1.503	2.1745

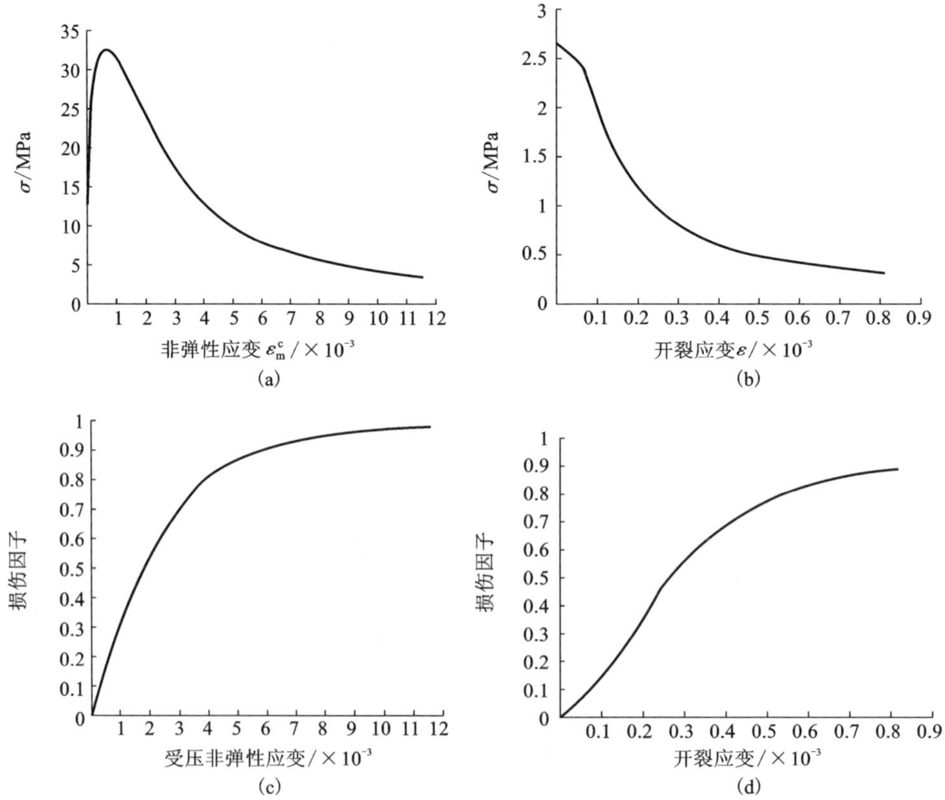

图 7-4　C50 混凝土本构关系

螺栓材料参数采用的是盾构隧道中管片连接螺栓的材料参数,螺栓强度等级为 5.8 级,屈服强度为 400 MPa,极限强度为 500 MPa。盾构隧道所用螺栓为高强螺栓,属于硬钢,无明显流幅,无屈服平台。螺栓采用双折线模型,其受力阶段分为弹性阶段、强化阶段和理想塑性阶段。钢筋分为主筋和箍筋,主筋类型为 HRB335,屈服强度为 335MPa,箍筋类型为 HPB235,屈服强度为 235 MPa,钢筋的本构关系采用线弹性理想塑性模型。钢筋和螺栓的本构关系如图 7-5 所示。

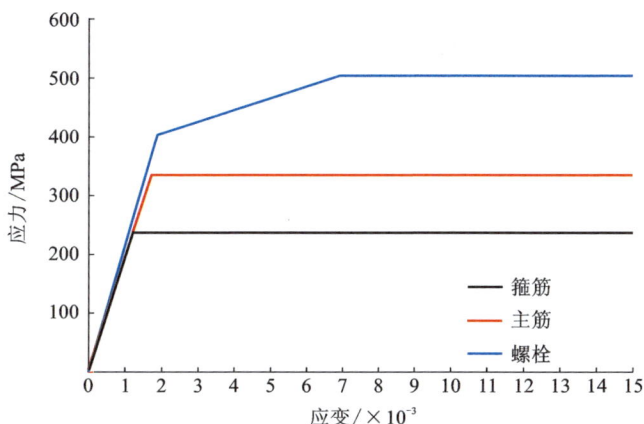

图 7-5　螺栓和钢筋本构关系

7.1.3　网格划分和约束条件

在本次数值模拟中,纵缝接头数值模型的混凝土、螺栓采用 C3D8R 实体单元模拟,钢筋采用 T3D2 单元模拟。模型网格划分情况如图 7-6 所示。

通过设置“面-面”硬接触模拟管片-管片及螺栓-管片的接触问题,其中管片与管片接触的摩擦系数为 0.83,螺栓与管片接触的摩擦系数为 0.3。无论接头是正弯矩变形还是负弯矩变形,螺栓都处于受拉状态,因此设置螺栓与手孔之间的约束关系为绑定。钢筋与管片混凝土的约束关系为嵌入,即认为钢筋在混凝土中不发生滑移现象。

7.1.4　模型计算工况

盾构隧道衬砌管片结构变形与顶部竖向荷载和侧向水平荷载存在极大关系。南昌地铁 1 号线盾构隧道埋深为 9.5~12.8 m,变化幅度不是很大,本次计

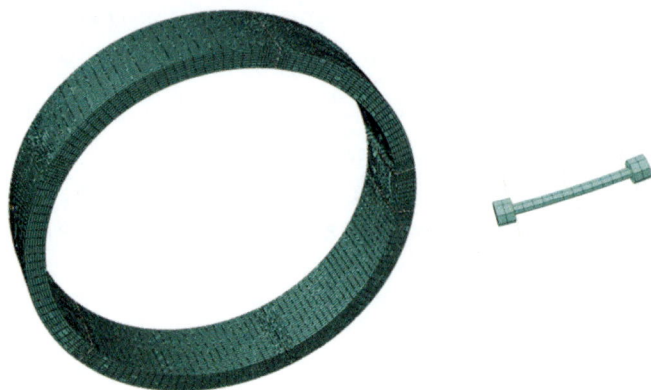

图 7-6　模型网格划分

算中，分别考虑埋深 12 m 的隧道顶部超载和侧向卸载两种工况下的变形破坏规律和承载性能。顶部超载工况主要是考虑隧道上方可能会存放堆土或存在高层建筑的情况；侧向卸载工况主要是考虑周边基坑开挖或者桩基施工降低隧道周边地层压力的情况。

　　数值分析中隧道结构的边界条件如图 7-7 所示，计算中通过控制 P、Q_1、Q_2 值的大小来模拟加载卸载工况。

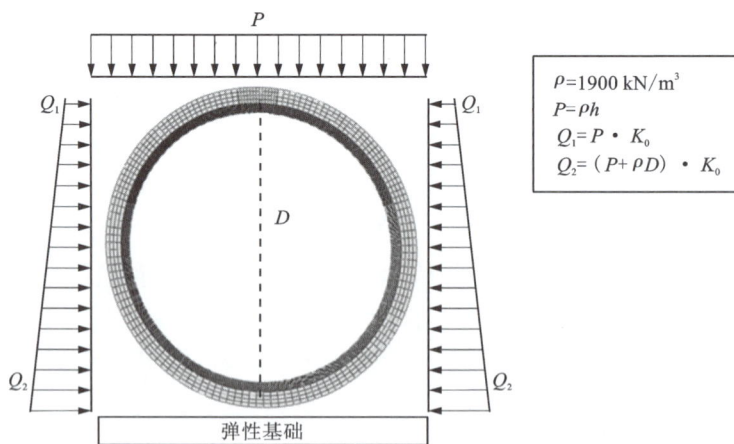

$$\rho=1900 \text{ kN/m}^3$$
$$P=\rho h$$
$$Q_1=P \cdot K_0$$
$$Q_2=(P+\rho D) \cdot K_0$$

Q_1—隧道顶部侧向压力；Q_2—隧道底部侧向压力；P—顶部荷载。

图 7-7　隧道结构的边界条件

7.2　顶部超载工况计算结果及分析

7.2.1　顶部超载工况加载过程

顶部超载工况数值模拟加载过程如图 7-8 所示。加载过程分为两个阶段，其中 P_1、Q_1 和 Q_2 的关系如下所述。

（1）由 0 开始加载直至 Q_1 和 Q_2 达到设计荷载：P_1 由 0 kPa 逐级加载至 228 kPa，$Q_1 = P_1 \cdot K_0 (K_0 = 0.6)$，$Q_2 = (P_1 + \rho D) \cdot K_0 (\rho = 1900 \ \text{kN/m}^3$，$D = 6 \ \text{m})$。当 $P_1 = 228 \ \text{kPa}$ 时，Q_1 和 Q_2 分别为 136.8 kPa 和 205.2 kPa，之后保持 Q_1 和 Q_2 不变。

（2）继续加载至破坏状态：Q_1 和 Q_2 保持不变，P_1 逐级加载，直至管片达到极限状态。此阶段加载方式为位移加载。

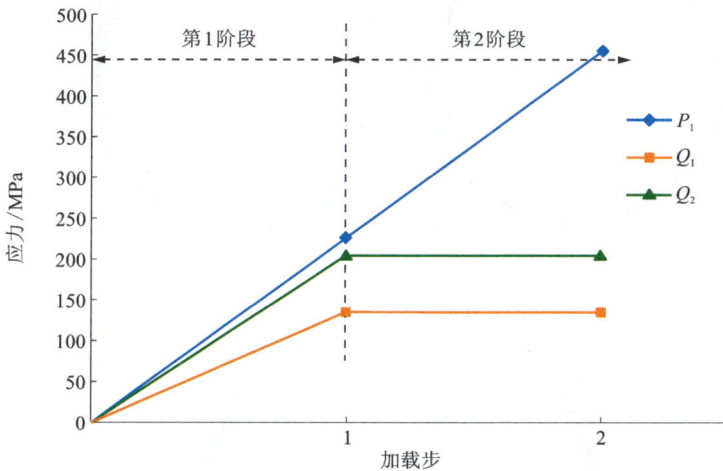

图 7-8　超载工况加载过程

7.2.2　结构变形分析

顶部超载工况在不同荷载下管片环的整体变形如图 7-9 所示（图中①和②对应结构受力性能点，下同）。由图可知，在顶部荷载作用下，结构顶板位置向内凹陷，在两腰部向外凸出，整体变形呈左右对称的"横鸭蛋"形，且荷载越大，该变形越明显。

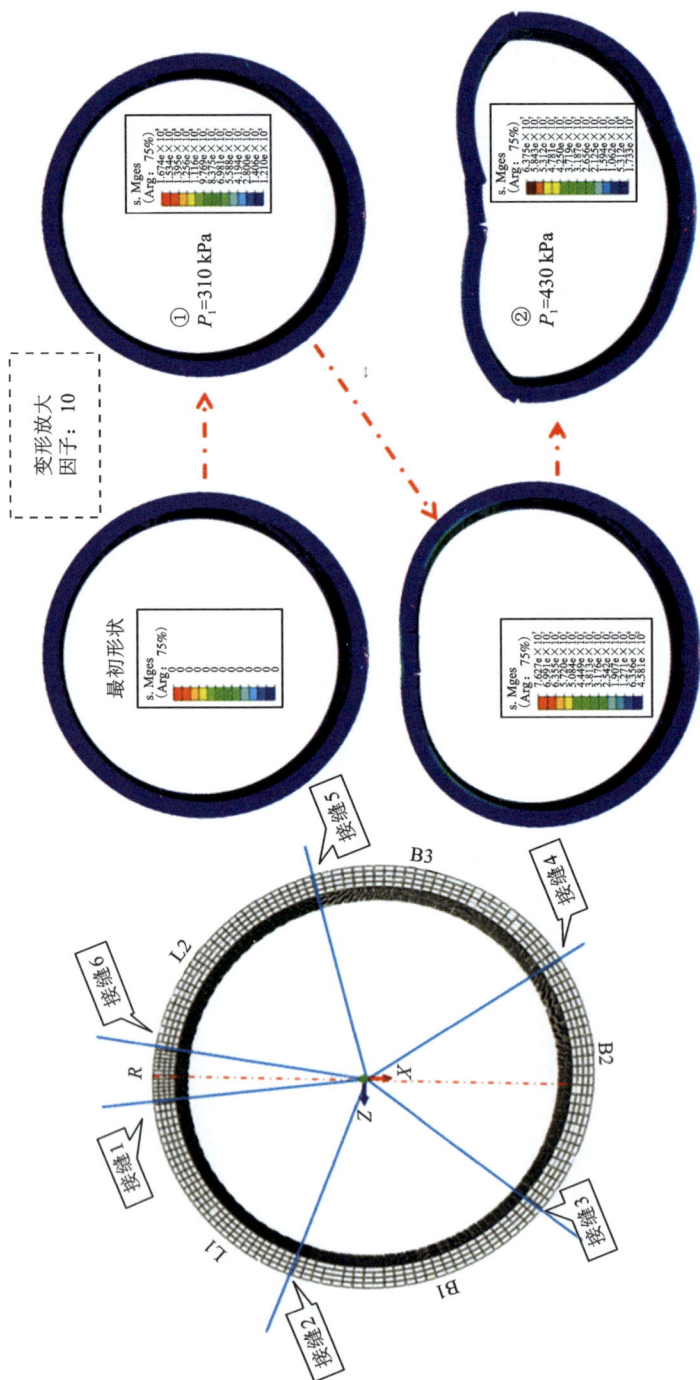

(b) 管片变形过程图

(a) 盾构管片模型

图7-9　管片环整体变形图

7.2.3　管片接缝分析

盾构隧道管片环各接缝的荷载-张开量曲线如图 7-10～图 7-12 所示（接缝的编号对应位置如图 7-9 所示，下同）。由图 7-9 可知，接缝 1、接缝 3、接缝 4、接缝 6 的张开量指的是内弧面的张开量，接缝 2 和接缝 5 的张开量指的是外弧面的张开量。

如图 7-10 所示，接缝 1 和接缝 6 在荷载 P_1 达到 305 kPa 前（即①结构受力性能点前），张开量随着 P_1 的增加呈缓慢增长的趋势，曲线斜率较大；当荷载 P_1 达到 305 kPa 时，接缝 1 和接缝 6 的荷载-张开量曲线斜率下降，接缝张开加速发展；当荷载 P_1 达到 430 kPa 时（即②结构受力性能点），荷载-张开量曲线斜率接近于 0。

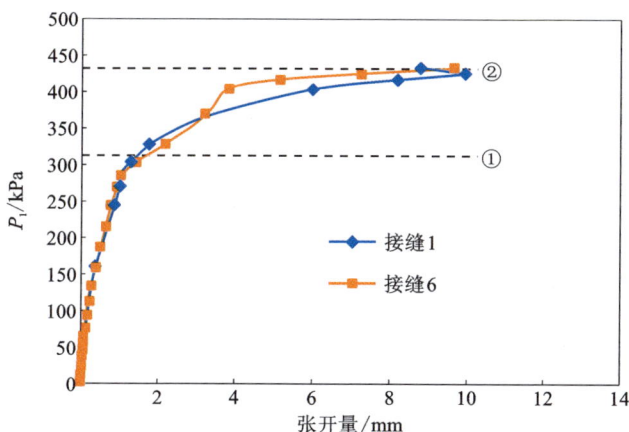

图 7-10　接缝 1 和接缝 6 荷载-张开量曲线

如图 7-11 所示，接缝 2 和接缝 5 在荷载 P_1 达到 280 kPa 前，接缝的张开量随荷载 P_1 的增加呈缓慢增加的趋势，荷载-张开量曲线斜率较大；当 P_1 达到 305 kPa 时，随着荷载的增加接缝张开量呈先变小再增大的趋势；当 P_1 达到 430 kPa 时，荷载-张开量曲线的斜率接近于 0。

如图 7-12 所示，接缝 3 和接缝 4 在 P_1 达到 430 kPa 前，张开量都很小；在荷载 P_1 达到 430 kPa 时，接缝张开量迅速增加，荷载-张开量曲线斜率接近于 0。

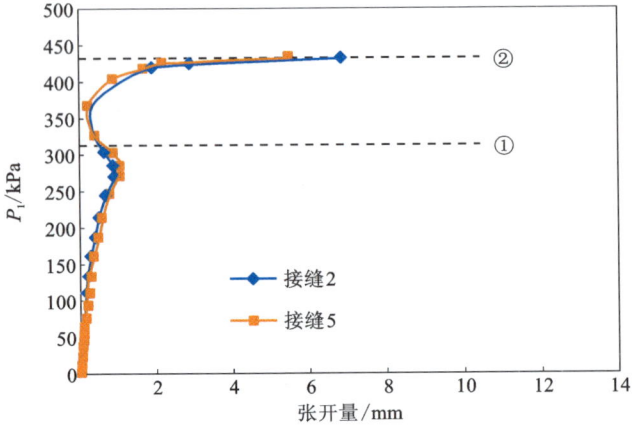

图 7-11　接缝 2 和接缝 5 荷载-张开量曲线

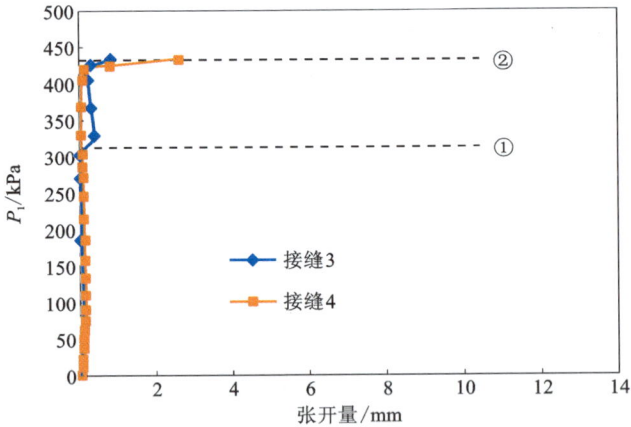

图 7-12　接缝 3 和接缝 4 荷载-张开量曲线

7.2.4　连接螺栓分析

连接螺栓的荷载-应变曲线如图 7-13~图 7-15 所示(螺栓的编号与接缝编号相对应,下同)。定义外弧面受压、内弧面受拉的接缝为正弯矩接缝,外弧面受拉、内弧面受压的接缝为负弯矩接缝,则螺栓 1、螺栓 3、螺栓 4、螺栓 6 处于正弯矩接缝处,螺栓 2 和螺栓 5 处于负弯矩接缝处。

从图 7-13 中可以看出，正弯矩接缝处的螺栓 1 和螺栓 6 随着荷载 P_1 的增大，应变逐渐变大；当荷载 P_1 达到 430 kPa 时，荷载-应变曲线的斜率接近于 0。

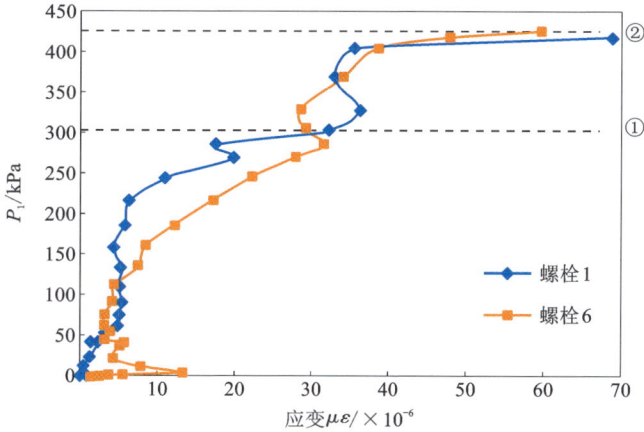

图 7-13　螺栓 1 和螺栓 6 荷载-应变曲线

负弯矩接缝处的螺栓 2 和螺栓 5 荷载-应变曲线如图 7-14 所示。由图可知，在荷载 P_1 达到 350 kPa 前，螺栓的应变随载荷 P_1 的增大呈先增大后减小的规律；当荷载 P_1 达到 350 kPa 时，螺栓的应变逐渐增大；当荷载 P_1 达到 430 kPa 时，荷载-应变曲线的斜率接近于 0。

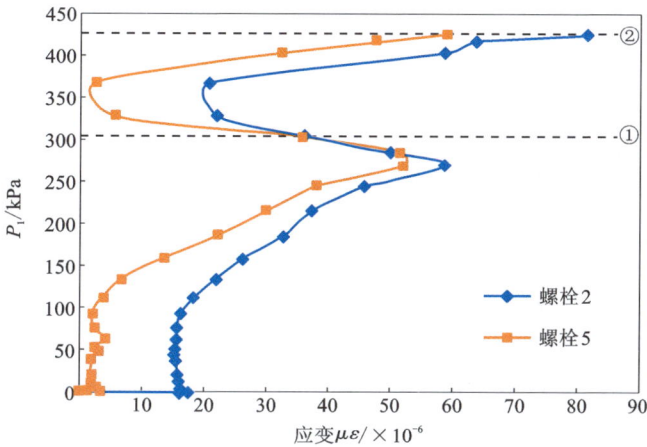

图 7-14　螺栓 2 和螺栓 5 荷载-应变曲线

正弯矩接缝处的螺栓 3 和螺栓 4 荷载−应变曲线如图 7−15 所示。在荷载 P_1 达到 430 kPa 前，随着荷载的增加，螺栓的应变变化较小；当荷载 P_1 达到 430 kPa 时，螺栓 3 和螺栓 4 的应变骤然增加，荷载−应变曲线的斜率接近于 0。

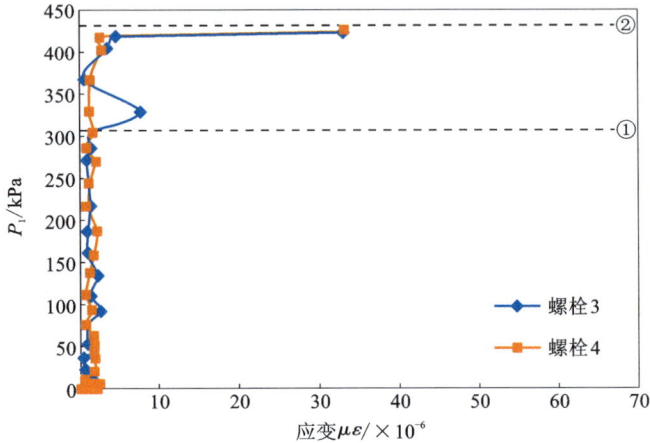

图 7−15 螺栓 3 和螺栓 4 荷载−应变曲线

7.2.5 混凝土损伤分析

管片环在顶部承受不同荷载下的受拉损伤图如图 7−16 ~ 图 7−19 所示。由图 7−16 可知，当荷载 P_1 达到 305 kPa、收敛值达到 22 mm 时，管片环的底部内弧面和两腰外弧面处出现轻微受拉损伤，顶部螺栓孔周边出现轻微受拉损伤。

由图 7−17 可知，当荷载 P_1 进一步加载到 315 kPa、收敛值达到 26 mm 时，管片环顶部出现受拉损伤，而底部内弧面和两腰外弧面处的受拉损伤程度进一步加剧，同时，在两侧肩部外弧面出现较大区域的受拉损伤，在两腰下部都出现较小区域的轻度受拉损伤。

由图 7−18 可知，当荷载 P_1 达到 420 kPa、收敛值达到 68 mm 时，之前出现受拉损伤的区域，损伤程度均进一步加剧。

由图 7−19 可知，当荷载 P_1 达到 430 kPa、收敛值达到 124 mm 时，管片环各处的受拉损伤程度都很严重，部分地方已经贯通，如两侧肩部、顶部等，同时在各接缝处出现"类似铰"的情况。

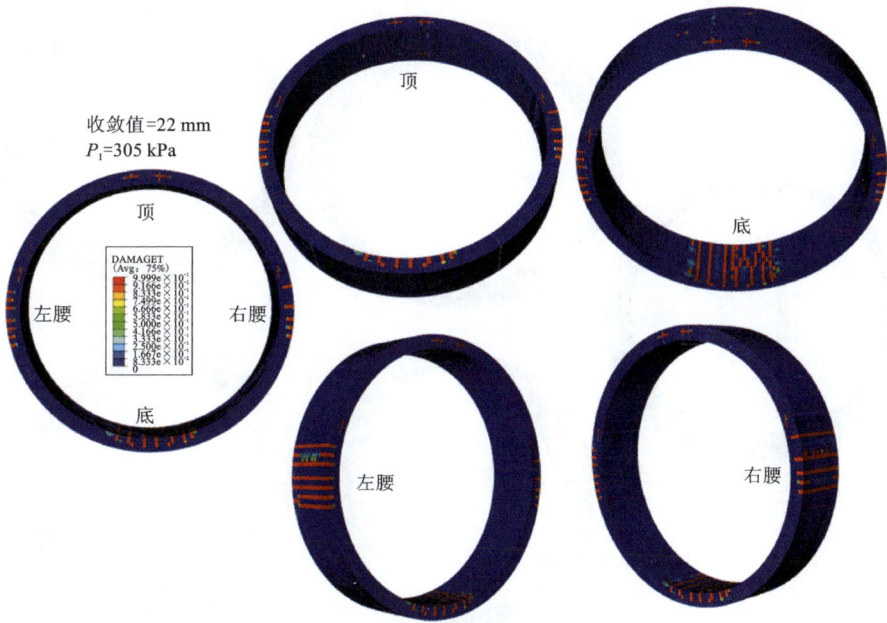

图 7-16　收敛值为 22 mm 时管片环的受拉损伤

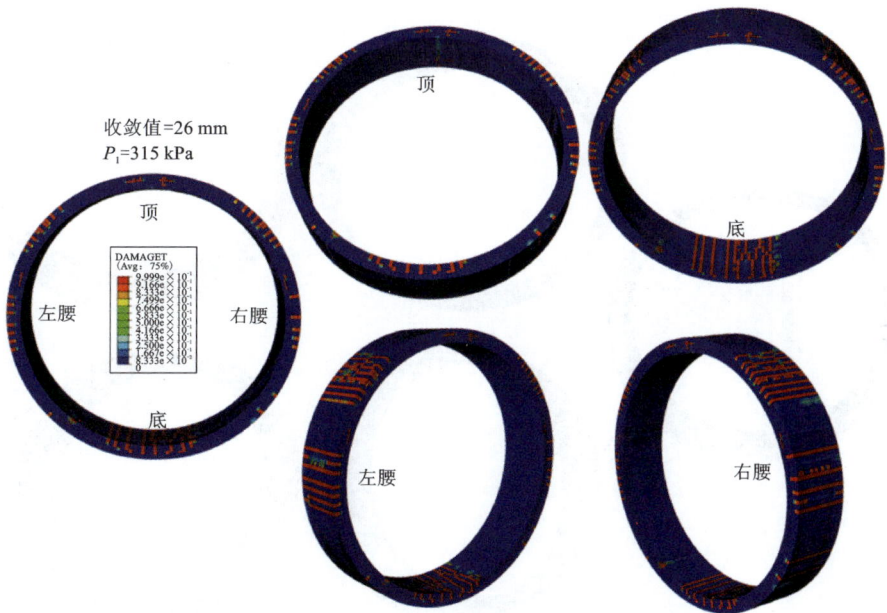

图 7-17　收敛值为 26 mm 时管片环的受拉损伤

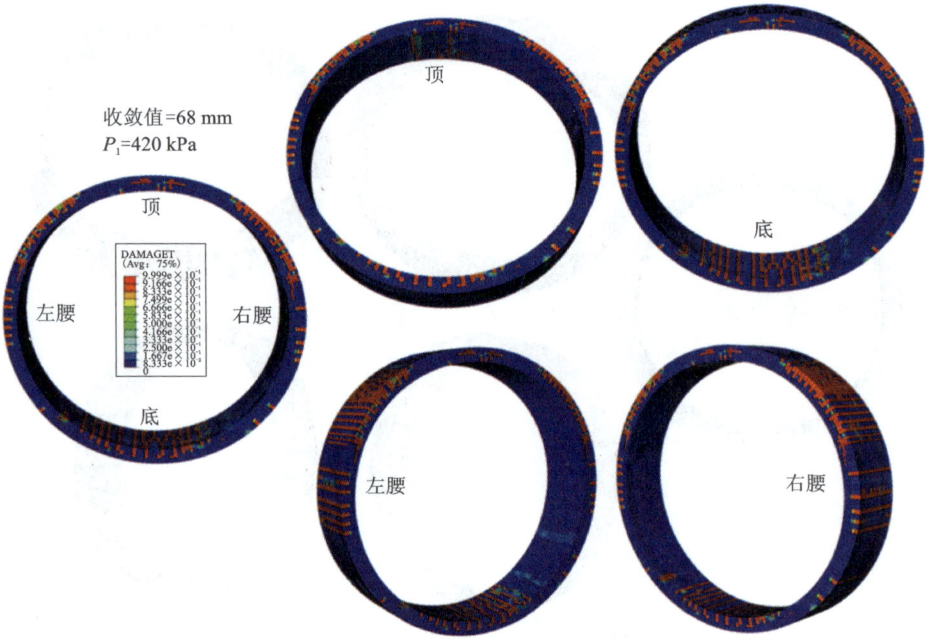

收敛值=68 mm
P_1=420 kPa

图 7-18 收敛值为 68 mm 时管片环的受拉损伤

收敛值=124 mm
P_1=430 kPa

塑性铰

塑性铰

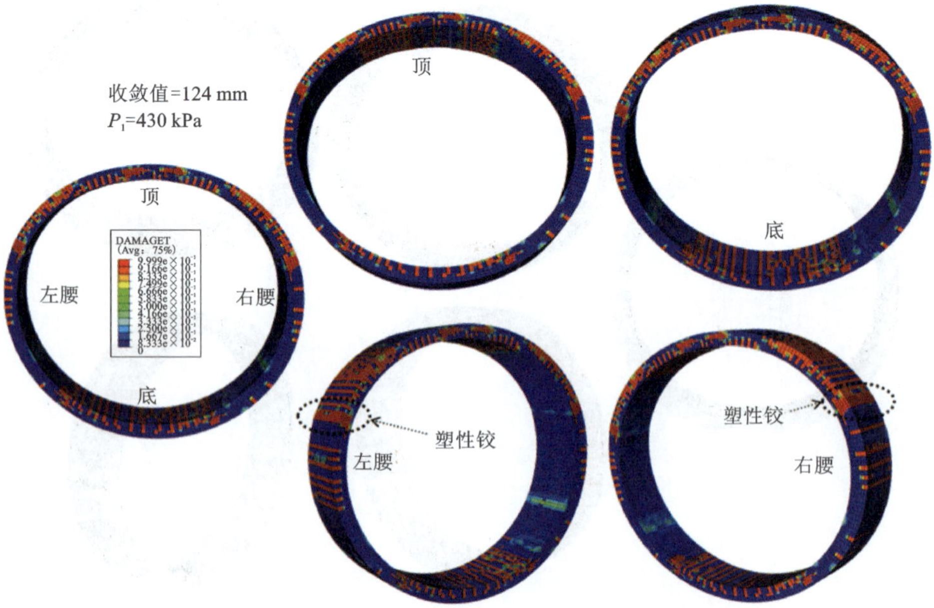

图 7-19 收敛值为 124 mm 时管片环的受拉损伤

当荷载 P_1 达到 430 kPa、收敛值达到 124 mm 时，管片环的受压损伤图如图 7-20 所示，由图可知，此时管片环的各接缝在受压区都出现较严重的受压损伤。管片环的破坏由不同部位的接缝先后受压、拉破坏，以及拱底块受弯裂缝稳定发展形成；破坏截面先后形成塑性铰，结构破坏属梁铰机制。

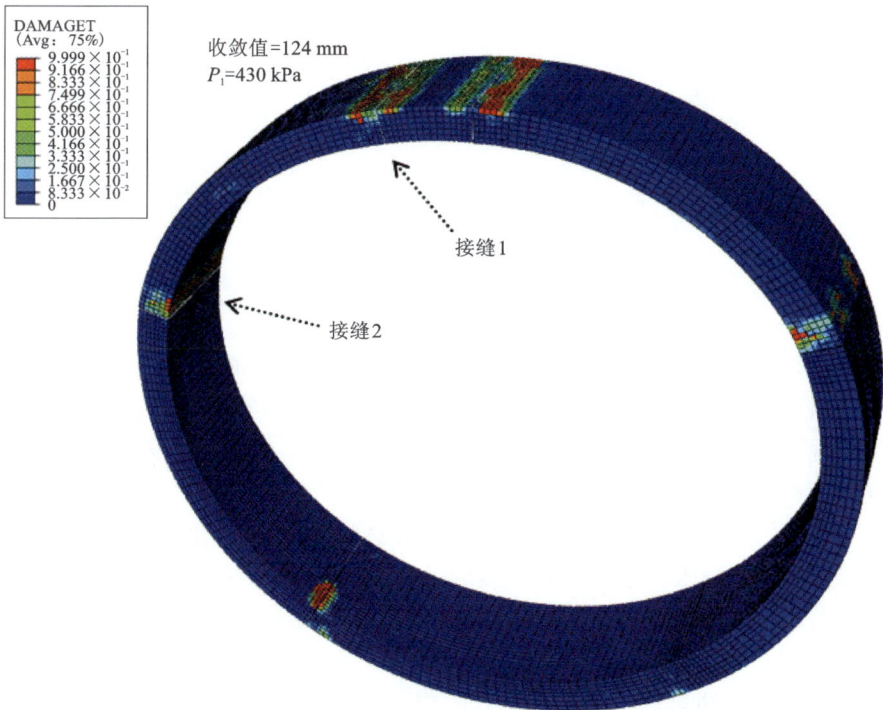

图 7-20　收敛值为 124 mm 时管片环的受压损伤图

7.2.6　破坏机理分析

超载工况下荷载-位移曲线如图 7-21 所示，图中横坐标取盾构隧道衬砌管片结构竖直方向（0°~180°方向）直径收敛值。

由图 7-21 可知，荷载 P_1 增加到 305 kPa 前，荷载变形曲线近似于线性变化；随后结构变形明显加快，直至荷载增加到 430 kPa 时，荷载 P_1 开始降低，竖向直径收敛值依然增大，结构达到极限状态。

结合前文分析可知，当到达荷载位移曲线①点，即荷载 P_1 达到 305 kPa、收敛值达到 22 mm 时，衬砌管片结构整体刚度下降。此时，接缝 1 和接缝 6 的

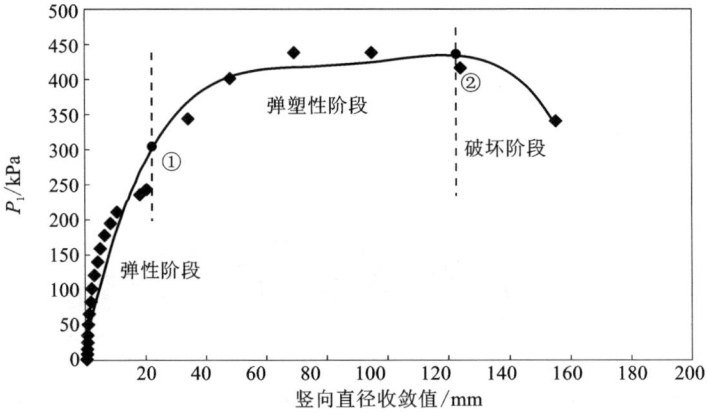

图 7-21　超载工况荷载-位移曲线

荷载-张开量曲线斜率变大，接缝张开量随着荷载的增加而开始迅速增加；螺栓 1、螺栓 2、螺栓 5 和螺栓 6 的应变都达到较大值；同时管片环两侧肩部和顶部都出现新的损伤区域，这些都使衬砌管片结构的整体刚度下降，从而表现为荷载-位移曲线斜率下降。

当荷载-位移曲线到达②点，即荷载 P_1 达到 430 kPa、收敛值达到 124 mm 时，到达结构的极限状态。此时各接缝的荷载-张开量曲线斜率都接近于 0；各螺栓的荷载-应变曲线斜率也接近于 0；各接缝处混凝土受压、受拉损伤严重；管片环顶部和底部混凝土受拉损伤严重。

纵观整个破坏过程，超载工况下荷载-位移曲线可分为弹性、弹塑性及破坏三个阶段。在加载初期，试验结构处于弹性工作状态，各接缝变形发展缓慢，管片环无损伤或极轻微损伤，结构荷载-位移曲线基本呈线性，衬砌管片结构处于弹性工作阶段。随着荷载 P_1 增大到达①点后，荷载-位移曲线的斜率明显呈减小趋势发展，衬砌管片结构进入弹塑性阶段。随着荷载的进一步加大，到达②点时，管片环顶部和底部受拉损伤严重，各接缝受拉、压损伤严重，形成塑性铰，结构进入极限状态。

7.3　侧向卸载工况计算结果及分析

7.3.1　侧向卸载工况加载过程

卸载工况数值试验加载过程如图 7-22 所示。加载过程分两个阶段，P_1、Q_1 和 Q_2 的关系如下所述 [图中 P_3 为 Q_1 和 Q_2 的均值，$P_3=(Q_1+Q_2)/2$]。

（1）由 0 开始加载至 Q_1 和 Q_2 达到被动土压力：P_1 由 0 kPa 逐级加载至 228 kPa，$Q_1=P_1 \cdot K_0（K_0=0.7）$，$Q_2=(P_1+\rho D) \cdot K_0（\rho=1900\ \text{kN/m}^3，D=6\ \text{m}）$。在 $P_1=228$ kPa 时，Q_1 和 Q_2 分别达到被动土压力 159.6 kPa 和 239.4 kPa，之后保持 P_1 不变。

（2）继续加载至破坏状态：P_1 维持不变，Q_1 和 Q_2 逐级减小，直至管片达到极限状态。此阶段加载方式为位移加载。

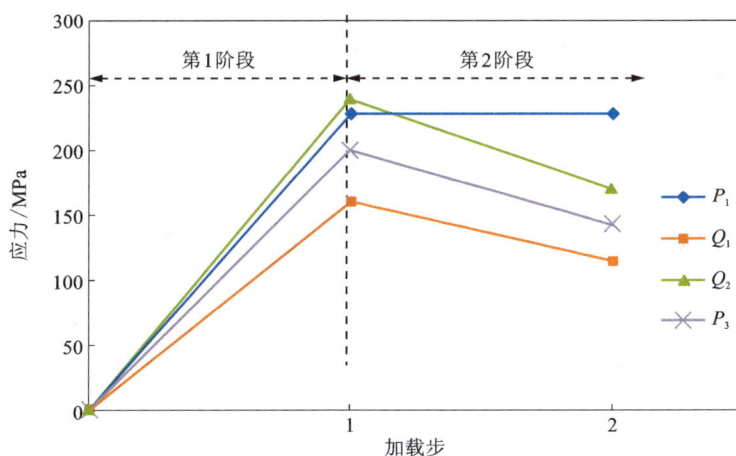

图 7-22　卸载工况加载过程

7.3.2　结构变形分析

侧向卸载工况在不同荷载下管片环的整体变形如图 7-23 所示（图中①和②对应结构受力性能点，下同）。由图可知，当加载到第 1 阶段结束时，结构顶板位置向内凹陷，两腰部向外凸出，整体变形呈左右对称的"横鸭蛋"形；当进入第 2 阶段周边进行卸载时，随着荷载的减小，这种变形越明显。

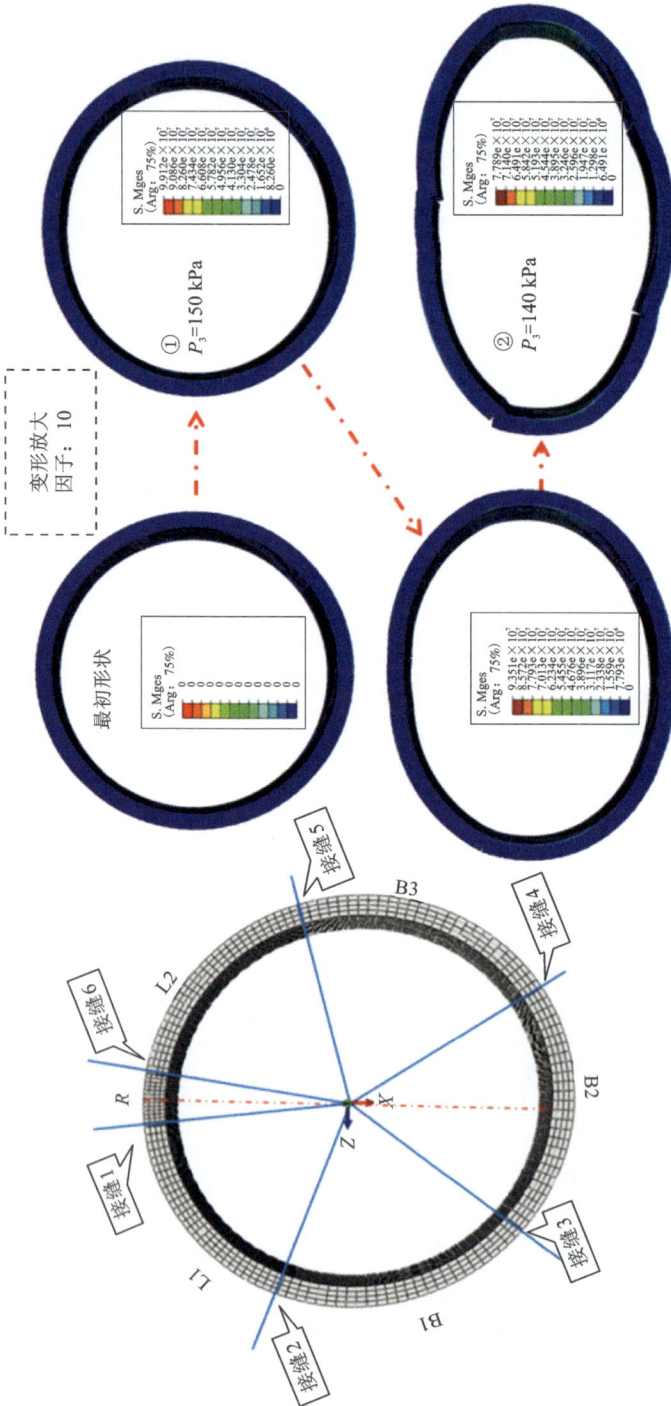

(b) 管片环变形过程图

(a) 管片环模型

图7-23 管片环变形图

7.3.3　管片接缝分析

卸载工况下管片环各接缝的荷载-张开量曲线如图 7-24~图 7-26 所示（接缝的编号对应位置如图 7-23 所示，下同）。由图 7-23 可知，接缝 1、接缝 3、接缝 4、接缝 6 的张开量指的是内弧面的张开量，接缝 2 和接缝 5 的张开量指的是外弧面的张开量。

由图 7-24 可知，当 P_1 达到并维持 228 kPa，P_3 下降到 150 kPa 前（即①结构受力性能点前），接缝 1 和接缝 6 张开量随着 P_3 的增大和减小都呈缓慢增长的趋势，曲线斜率较大；当 P_3 下降到 150 kPa 时，接缝 1 和接缝 6 荷载-张开量曲线斜率接近于 0，接缝张开量迅速增长。

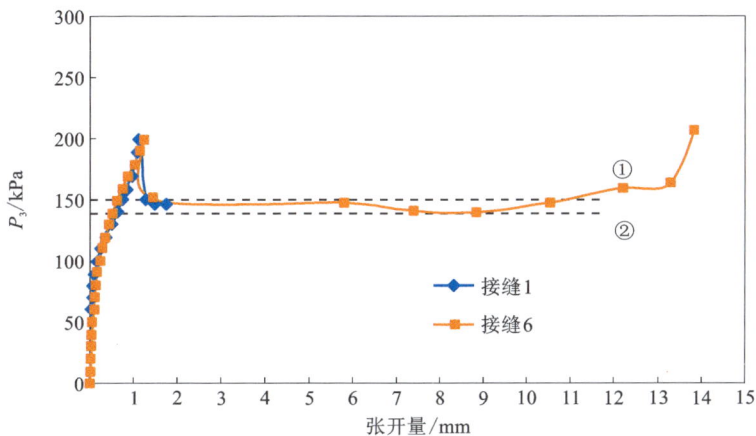

图 7-24　接缝 1 和接缝 6 荷载-张开量曲线

由图 7-25 可知，当 P_1 达到并维持 228 kPa，P_3 下降到 150 kPa 前（即①结构受力性能点前），接缝 2 和接缝 5 张开量随着 P_3 的增大和减小都呈缓慢增长的趋势，曲线斜率较大；当 P_3 下降到 150 kPa 时，接缝 2 和接缝 5 荷载-张开量曲线斜率接近于 0，接缝张开量迅速增长；当 P_3 下降到 140 kPa（即②结构受力性能点）时，接缝 2 和接缝 5 的张开量呈减小趋势。

由图 7-26 可知，当 P_1 达到并维持 228 kPa，P_3 下降到 150 kPa 前（即①结构受力性能点前），接缝 3 和接缝 4 张开量随着 P_3 的增大和减小变化极小，曲线斜率接近于 1；当 P_3 下降到 150 kPa 时，接缝 3 和接缝 4 荷载-张开量曲线斜率接近于 0，接缝张开量迅速增长。

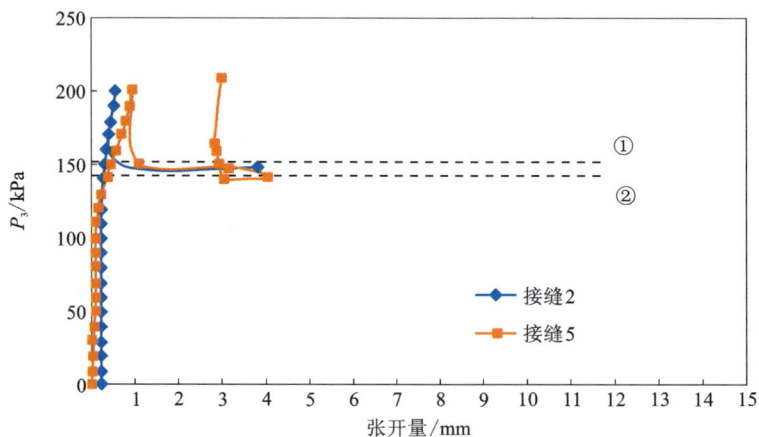

图 7-25　接缝 2 和接缝 5 荷载–张开量曲线

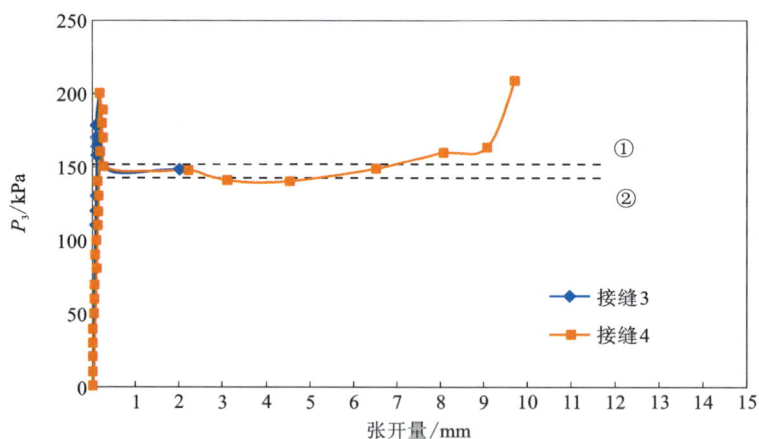

图 7-26　接缝 3 和接缝 4 荷载–张开量曲线

7.3.4　连接螺栓分析

连接螺栓的荷载–应变曲线如图 7-27～图 7-29 所示(螺栓的编号与接缝编号相对应,下同)。定义外弧面受压、内弧面受拉的接缝为正弯矩接缝,外弧面受拉、内弧面受压的接缝为负弯矩接缝,则螺栓 1、螺栓 3、螺栓 4、螺栓 6 处于正弯矩接缝处,螺栓 2 和螺栓 5 处于负弯矩接缝处。

由图 7-27 可知，当 P_1 达到并维持 228 kPa，P_3 下降到 150 kPa 前（即①结构受力性能点前），正弯矩接缝处的螺栓 1 和螺栓 6 随着荷载 P_3 的增大，应变逐渐变大；当 P_3 达到 150 kPa 时，荷载-应变曲线的斜率接近于 0，且应变呈减小趋势。

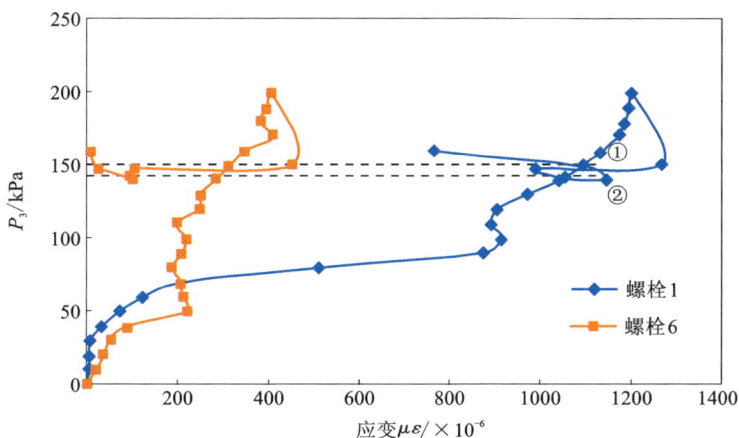

图 7-27　螺栓 1 和螺栓 6 荷载-应变曲线

由图 7-28 可知，在第 1 阶段中，当 P_3 未达到 100 kPa 前，随着 P_1 和 P_3 的增加，负弯矩接缝处的螺栓 2 和螺栓 5 的应变增加量很小。之后，当 P_1 达到并维持 228 kPa，P_3 下降到 150 kPa 前（即①结构受力性能点前），随着 P_1 的增

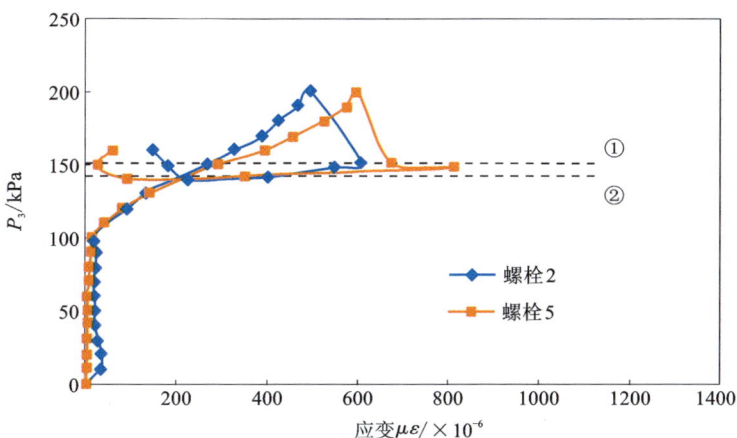

图 7-28　螺栓 2 和螺栓 5 荷载-应变曲线

大，应变逐渐变大；当 P_3 达到 150 kPa 时，荷载–应变曲线的斜率接近于 0，且应变呈减小趋势。

由图 7–29 可知，当 P_1 达到并维持 228 kPa，P_3 下降到 150 kPa 前（即①结构受力性能点前），随着 P_1 的增大，正弯矩接缝处螺栓 3 和螺栓 4 应变量很小，荷载–应变曲线的斜率接近于 1；当 P_3 达到 150 kPa 时，荷载–应变曲线的斜率接近于 0，螺栓 3 和螺栓 4 的应变量迅速增长；当 P_3 下降到 140 kPa（即②结构受力性能点）时，螺栓 3 和螺栓 4 的应变量迅速减小。

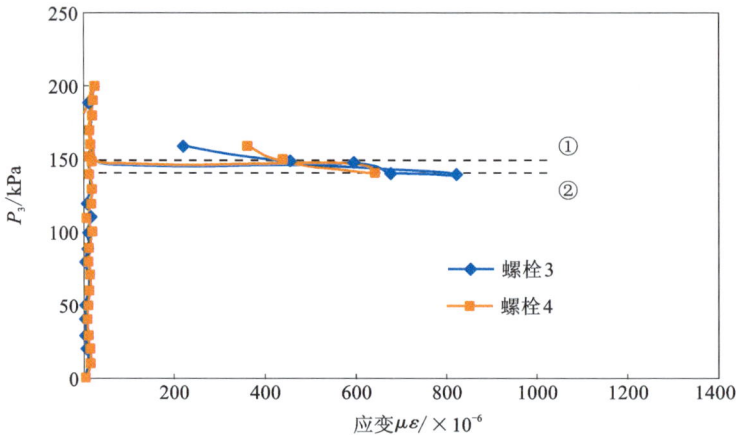

图 7–29　螺栓 3 和螺栓 4 荷载–应变曲线

7.3.5　混凝土损伤分析

管片环在卸荷工况下受拉损伤图如图 7–30～图 7–33 所示。由图 7–31 可知，当 P_3 达到 150 kPa、收敛值达到 23 mm 时，管片环的底部内弧面和两腰外弧面处出现轻微受拉损伤，顶部螺栓孔周边出现轻微受拉损伤。

由图 7–31 可知，当荷载 P_3 值不变、收敛值达到 24 mm 时，管片环底部内弧面受拉损伤程度和范围都加大，同时，在两腰上下都出现较大范围的受拉损伤。

由图 7–32 可知，当荷载 P_3 减小到 146 kPa、收敛值达到 50 mm 时，之前出现受拉损伤的区域，损伤程度进一步加剧，损伤范围进一步加大，并且在管片环顶部内弧面及顶部两侧内弧面都出现较大范围的受拉损伤。

由图 7–33 可知，当荷载 P_3 达到 140 kPa、收敛值达到 137 mm 时，管片各处的受拉损伤程度都很严重，部分地方已经贯通，如两侧肩部、顶部等，同时在各接缝处出现"类似铰"的情况。

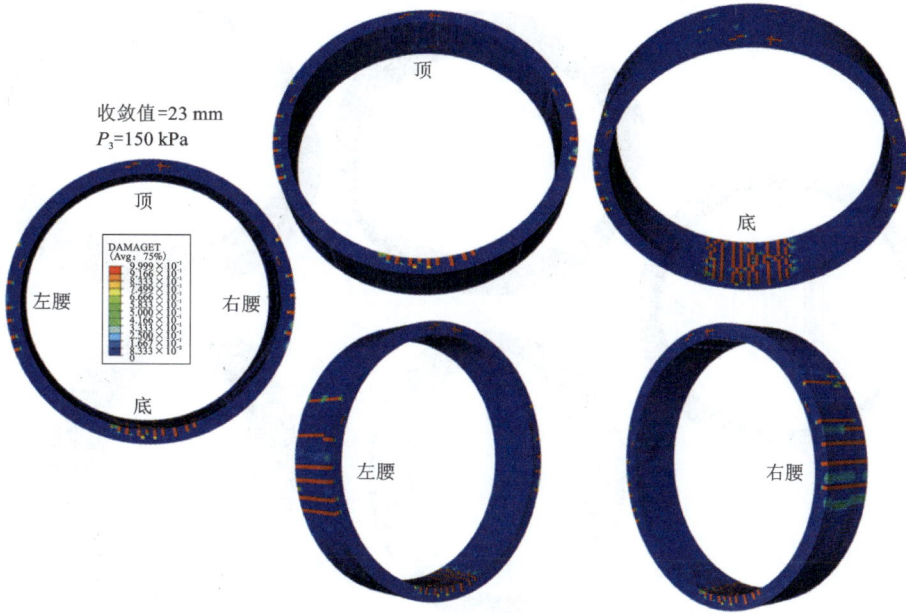

图 7-30　收敛值为 23 mm 时管片环的受拉损伤

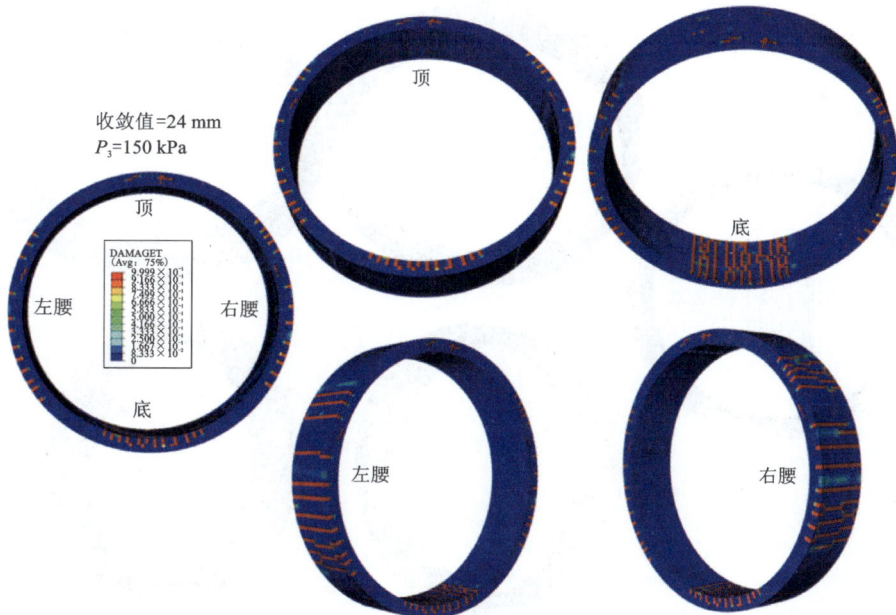

图 7-31　收敛值为 24 mm 时管片环的受拉损伤

收敛值=50 mm
P_3=146 kPa

顶

顶

底

DAMAGET
(Avg: 75%)

左腰

右腰

底

左腰

右腰

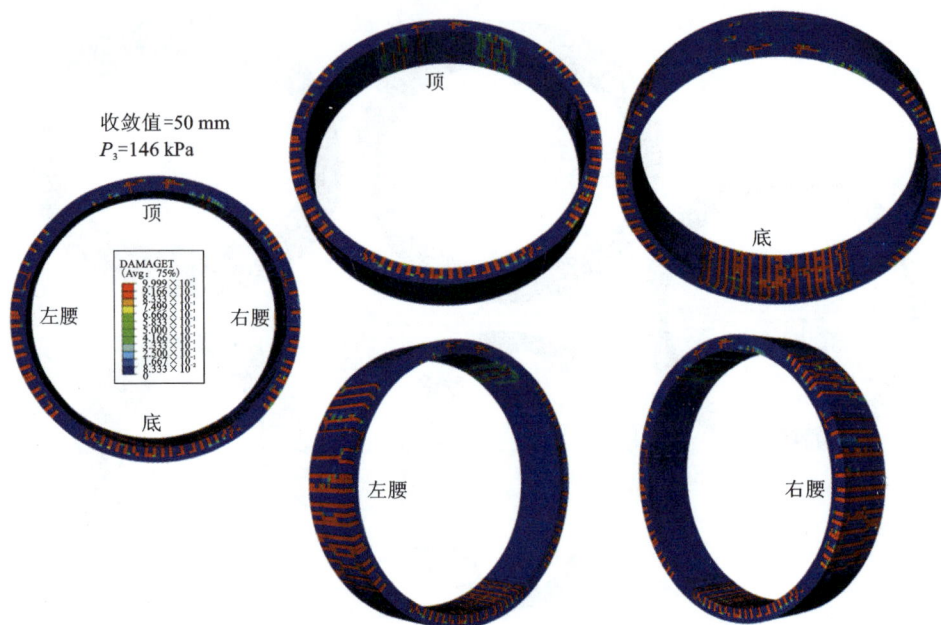

图 7-32 收敛值为 50 mm 时管片环的受拉损伤

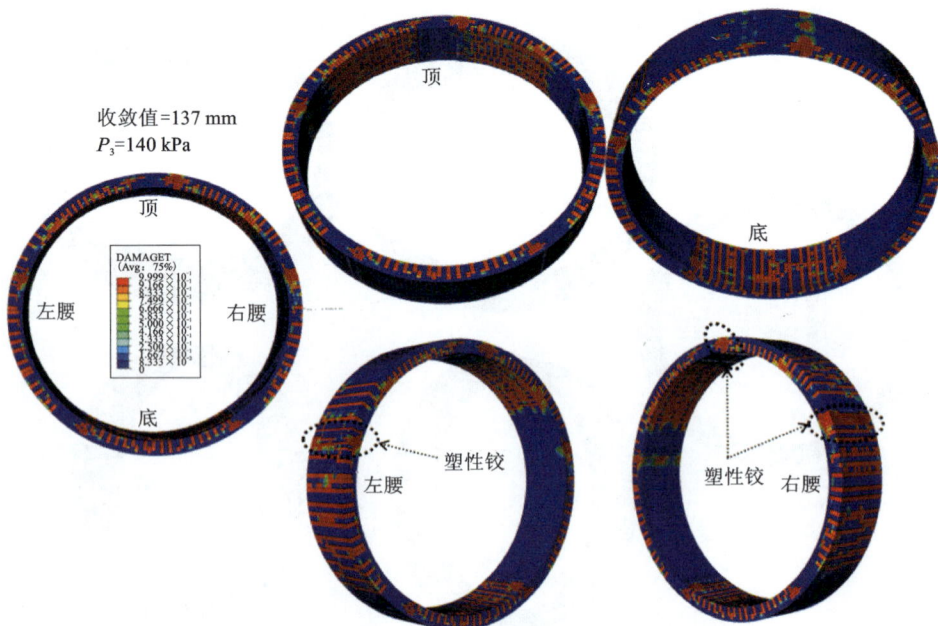

收敛值=137 mm
P_3=140 kPa

顶

顶

底

DAMAGET
(Avg: 75%)

左腰

右腰

底

塑性铰

左腰

塑性铰

右腰

图 7-33 收敛值为 137 mm 时管片环的受拉损伤

当荷载 P_3 减小到 140 kPa、收敛值达到 137 mm 时，管片环的受压损伤如图 7-34 所示。由图可知，此时管片环的各接缝在受压区都出现较严重的受压损伤。管片环的破坏由不同部位的接缝先后受压、拉破坏，以及拱底块受弯裂缝稳定发展形成；破坏截面先后形成塑性铰，结构破坏属梁铰机制。

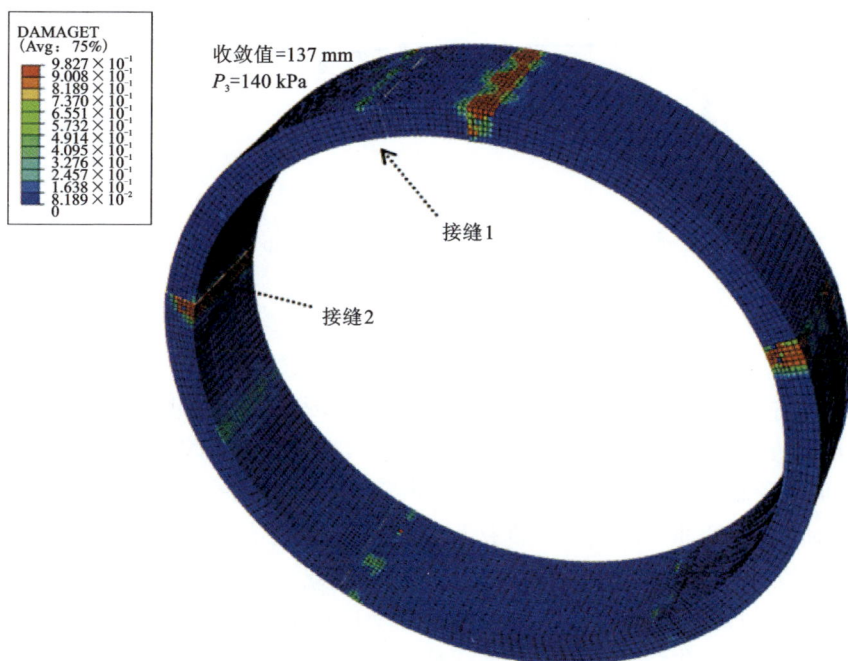

图 7-34　收敛值为 137 mm 时管片环的受压损伤图

7.3.6　破坏机理分析

卸荷工况下荷载-位移曲线如图 7-35 所示，图中横坐标取盾构隧道衬砌管片结构竖直方向（0°～180°方向）直径收敛值。

由图 7-35 可知，在荷载 P_1 从 0 增加到 228 kPa，P_3 从 0 增加到 199.5 kPa 的过程中，结构变形呈线性增加；在 P_1 维持不变，P_3 从 199.5 kPa 减小至 150 kPa 的过程中，结构变形仍呈线性增加；当 P_3 达到 150 kPa 并缓慢减小时，结构竖向直径收敛值一直增加，直至试验结束。因此，卸载工况下结构的极限荷载为 140 kPa，所对应的收敛变形达 137 mm。

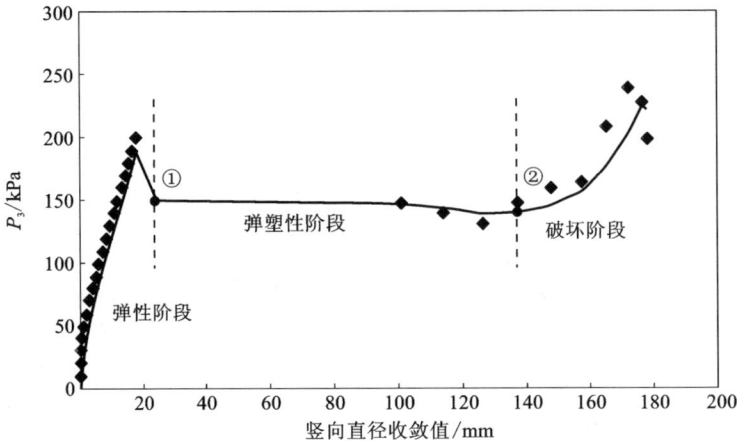

图 7-35　卸载工况荷载-位移曲线

结合前文分析可知，当到达荷载位移曲线①点，即荷载 P_3 减小到 150 kPa、收敛值达到 23 mm 时，衬砌管片结构整体刚度下降。此时，各接缝的荷载-张开量曲线斜率都接近于 0，接缝张开量随着荷载的增加而迅速增加；各螺栓的荷载-应变曲线的斜率也都接近于 0，但呈减小的趋势；同时，管片环的底部内弧面和两腰外弧面处出现轻微受拉损伤，这些都使衬砌管片结构的整体刚度下降，从而表现为荷载-位移曲线中斜率接近于 0。

当荷载-位移曲线到达②点，即荷载 P_3 达到 140 kPa、收敛值达到 137 mm 时，到达衬砌管片结构的极限状态。各接缝处混凝土受压、受拉损伤严重；管片环顶部和底部混凝土受拉损伤严重。

卸载工况下隧道结构的变形也表现出明显的阶段性，可将卸载工况下荷载-位移曲线分为弹性、弹塑性及破坏三个阶段。在加载初期，试验结构处于弹性工作状态，各接缝处变形发展缓慢，结构荷载-变形曲线基本呈线性，整个结构处于弹性工作阶段。当维持荷载 P_1 不变，逐步降低荷载 P_3，荷载-位移曲线出现转折点①。此后荷载 P_3 基本维持不变或减少很小的值，但衬砌管片结构竖向直径收敛值迅速增加，荷载-位移曲线斜率接近于 0，隧道衬砌管片结构进入弹塑性阶段。当荷载 P_3 降低到 140 kPa，到达②点时，管片环顶部和底部受拉损伤严重，各接缝受拉、压损伤严重，形成塑性铰，结构进入极限状态。

7.4　本章小结

本章针对南昌地铁 1 号线盾构隧道衬砌管片结构,采用有限元软件建立了能考虑连接螺栓、钢筋以及混凝土材料损伤破坏演化过程的三维精细化有限元数值模型,在实现管片接头性能模拟的前提下,分别计算分析了在顶部超载和侧向卸载两种典型工况下的承载性能和变形规律特征。计算结果表明,所建立的模型能够较好地实现管片环的力学性能仿真分析。根据计算结果得到的主要结论如下所述。

(1)在顶部超载工况和侧向卸载工况中,盾构隧道衬砌管片结构的变形都表现出明显的阶段性,并可将顶部超载工况和侧向卸载工况的荷载–位移曲线分为弹性、弹塑性及破坏三个阶段。

(2)在超载工况中,当收敛值小于 22 mm(3.7‰D)时,盾构隧道衬砌管片结构处于弹性阶段;当收敛值大于 22 mm(3.7‰D),小于 124 mm(20.7‰D)时,盾构隧道衬砌管片结构处于弹塑性阶段;当收敛值大于 124 mm(20.7‰D)时,盾构隧道衬砌管片结构达到极限状态。

(3)在卸载工况中,当收敛值小于 23 mm(3.8‰D)时,盾构隧道衬砌管片结构处于弹性阶段;当收敛值大于 23 mm(3.8‰D),小于 137 mm(22.8‰D)时,盾构隧道衬砌管片结构处于弹塑性阶段;当收敛值大于 137 mm(22.8‰D)时,盾构隧道衬砌管片结构达到极限状态。

(4)顶部超载或侧向卸载工况中,试验结构的破坏均由不同部位的接缝先后受压、拉破坏,以及拱底块受弯裂缝稳定发展形成,属于梁铰机制。

(5)顶部超载或侧向卸载工况中,接缝的荷载–张开量曲线和连接螺栓的荷载–应变曲线的斜率变化均与隧道结构所处的状态相关。当盾构隧道衬砌管片结构处于极限状态时,接缝的荷载–张开量曲线和连接螺栓的荷载–应变曲线斜率基本都接近于 0。

第8章

吊出井区域衬砌管片结构力学性能研究

吊出井区域衬砌管片结构受力变形特征与盾构隧道区间段衬砌管片结构受力变形特征存在显著差异。本章以南昌地铁 1 号线长江路站—珠江路站区间吊出井为工程背景，对该区域衬砌管片结构力学性能展开研究，通过三维有限差分软件 FLAC³ᴰ 数值模拟，对吊出井区域衬砌管片结构应力应变、接触面应力、管片直径收敛值，以及地下连续墙水平位移等进行数值仿真计算，研究吊出井区域衬砌管片结构变形破坏行为规律，从而对吊出井区域盾构隧道产生较大椭变、错台、渗漏水等病害进行机理分析，为实际工程施工提供理论指导与技术支持。

8.1 吊出井区域施工工况

南昌地铁 1 号线长江路站—珠江路站区间盾构吊出井开挖深度约 19.624 m，长 14.1 m，宽 10.1 m，吊出井采用地下连续墙和钢支撑作为围护结构，在盾构进、出处留有直径 6.6 m 的洞。设计要求吊出井底部铺设 0.2 m 厚的混凝土垫层，而在实际施工中混凝土垫层的厚度有所增加，混凝土垫层表面高程与管片底部高程相同，对管片起到一定支撑作用。另外，吊出井的剖面图和平面图如图 8-1 和图 8-2 所示。吊出井进、出洞处对管片周围土体进行了加固，如图 8-3 所示。

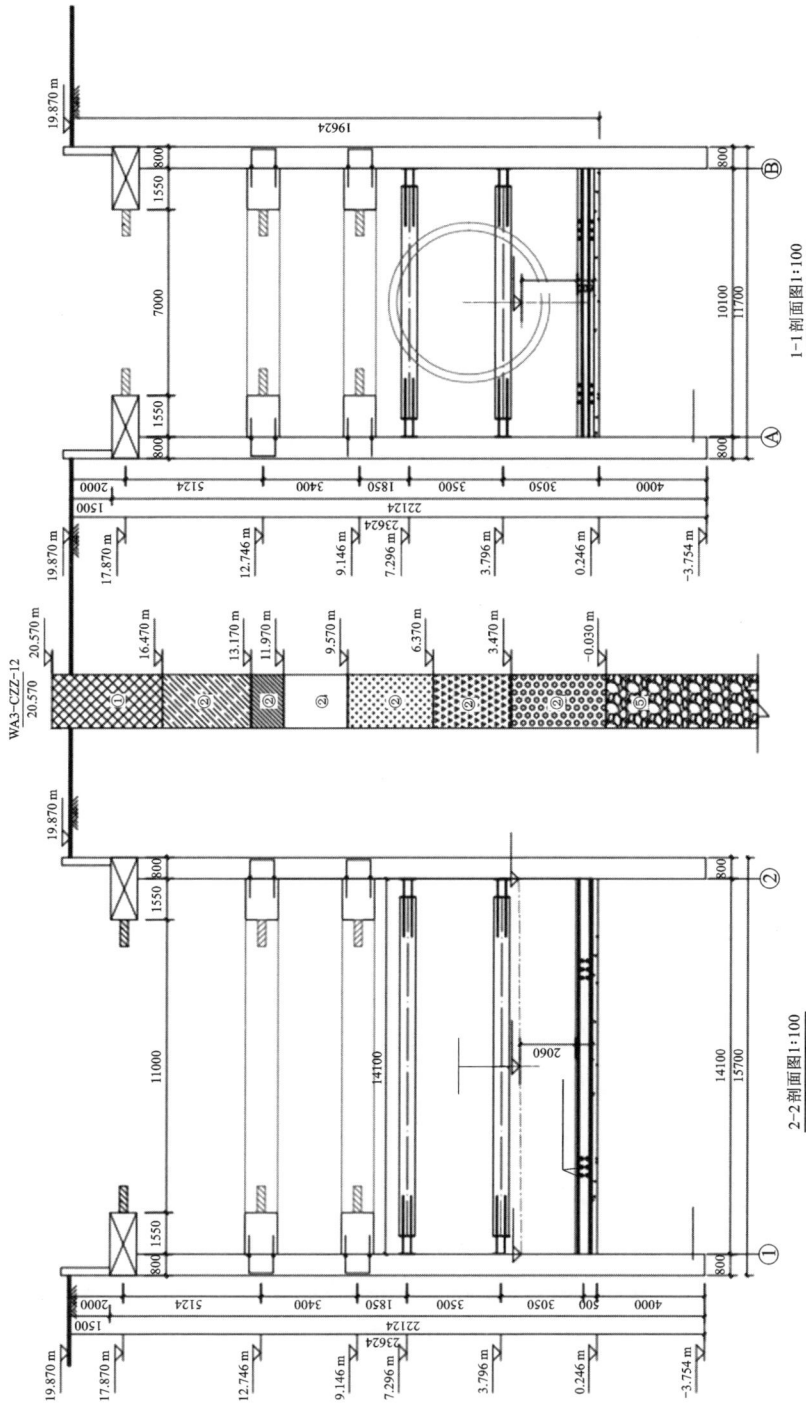

图 8-1　吊出井剖面图

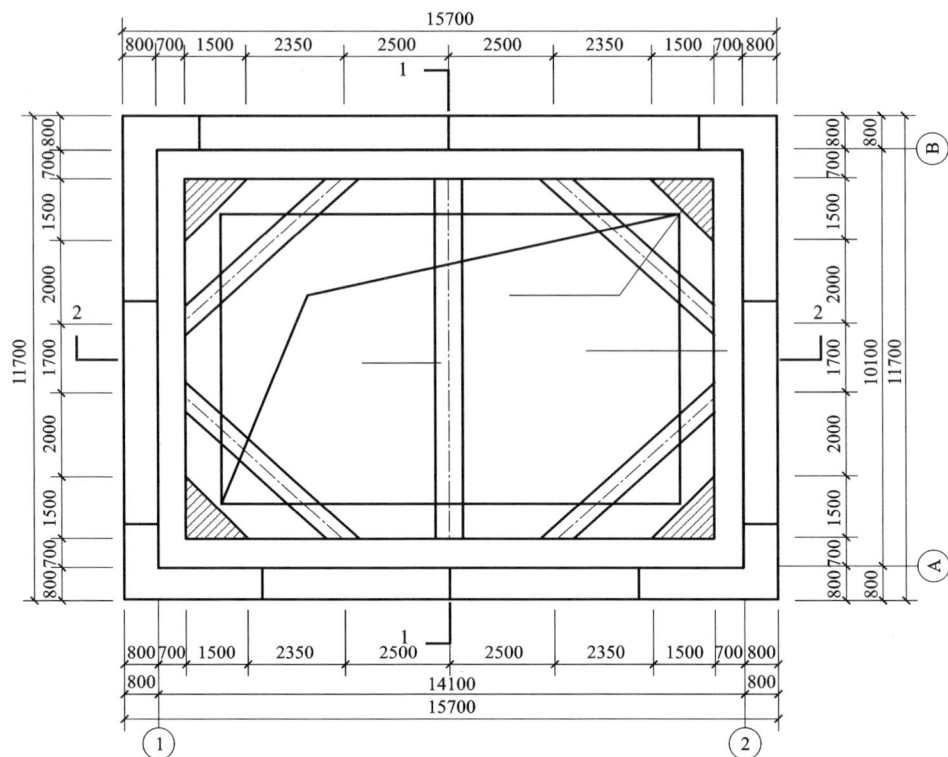

图 8-2　吊出井平面图

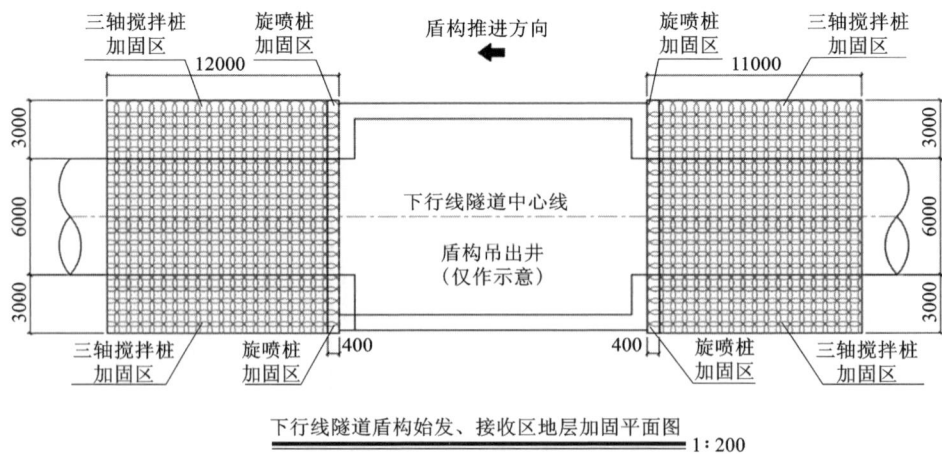

下行线隧道盾构始发、接收区地层加固平面图　　1:200

图 8-3　吊出井土体加固区平面图

8.2 数值模型

8.2.1 几何参数

吊出井具有对称性，因此数值模型拟取吊出井的一半进行研究，以减少建模和计算的工作量。模型范围取 40 m×15 m(宽度上左右各延伸 15 m，长度上延伸 6.8 m)，其中盾构井取 7.2 m×10 m。根据图 8-1 中的地层信息，模型考虑深度为 0~30 m，包含图 8-1 所示全部地层。整个模型尺寸为 40 m×15 m×30 m(x×y×z)，如图 8-4 所示。

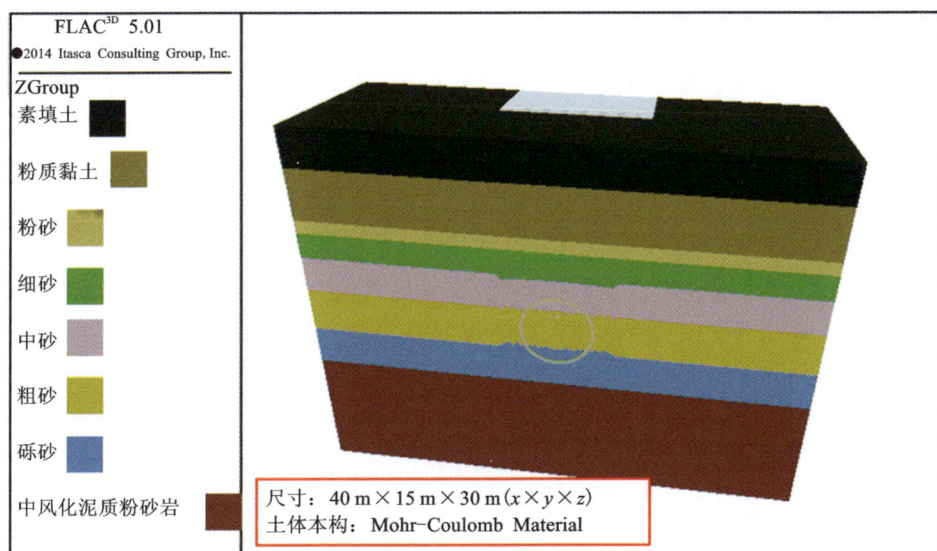

图 8-4 数值模型

数值计算中建立的管片环模型如图 8-5 所示，实际中的管片环普遍采用"3+2+1"的分块模式，即 3 块标准块+2 块邻接块+1 块封顶块。管片块与块、环与环之间采用高强螺栓连接。由于数值软件和建模的局限性，采用均质圆环来代替分析。管片环外径为 6 m，内径为 5.4 m，厚度为 0.3 m，宽度为 1.2 m。

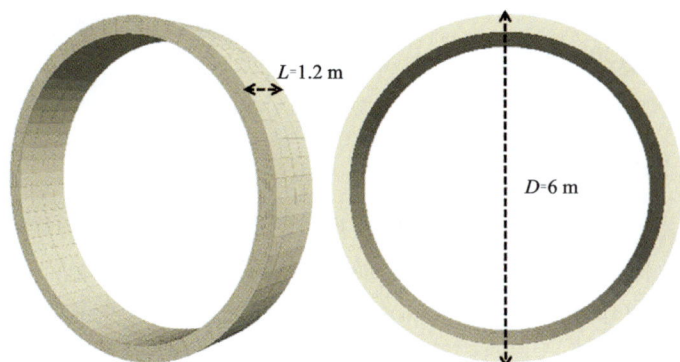

图 8-5　管片环模型

8.2.2　边界条件

模型边界条件：对称面（$y=0$ m）约束 y 方向位移；吊出井两侧边界（$x=0$ m 和 $x=40$ m）约束 x 方向位移；对称面对立面（$y=15$ m）约束 y 方向位移；底面（$z=30$ m）约束 x、y、z 三个方向的位移；地表（$z=0$ m）为自由面。

8.2.3　本构模型

在计算中，假定土体、岩体和管片环均满足摩尔-库仑弹塑本构模型，地下连续墙采用线弹性本构模型。数值模型中每个单元三个主应力分别为 σ_1、σ_2、σ_3，其中 $\sigma_1>\sigma_2>\sigma_3$。应力空间中摩尔-库仑本构关系的屈服函数 $f(\sigma_1,\sigma_2,\sigma_3)=0$ 表达式如下：

$$f^s=\sigma_1-\sigma_3 N_\varphi+2c\sqrt{N_\varphi} \tag{8-1}$$

式中：φ 为材料摩擦角；c 为黏聚力；$N_\varphi=\dfrac{1+\sin\varphi}{1-\sin\varphi}$。

不相关联的塑性流动的势函数 g 如下：

$$g^s=\sigma_1-\sigma_3 N_\psi \tag{8-2}$$

式中：$N_\psi=\dfrac{1+\sin\psi}{1-\sin\psi}$，$\psi$ 为剪胀角，该工程中的弹塑性分析采用相关联的塑性流动法则，$\psi=0$。

8.2.4　计算参数

数值模型中的各地层参数均按照勘察报告所给参数进行选取，长江路—珠江路区间地基土物理力学参数如表 8-1 所示。

表 8-1　长江路-珠江路区间地基物理力学参数

层号	岩土名称	静探锥尖阻力 q_c/MPa	标贯实测锤击数 N/击	重型圆锥动探锤击数修正值 $N63.5$/击	地基土承载力特征值 f_{ck}/kPa	压缩模量 E_{s1-2}/MPa	基床系数 水平 K_x/(MPa·m^{-1})	基床系数 垂直 K_T/MPa·m^{-1}	土体侧向基床比例系数 m/(kN·m^{-4})	天然重度 γ/(kN·m^{-3})	渗透系数 K/(cm·s^{-1})	快剪(峰值) 凝聚力 c/MPa	快剪(峰值) 内摩擦角 ϕ/(°)	固快快剪(峰值) 凝聚力	固快快剪(峰值) 内摩擦角 ϕ/(°)	天然 f_d/MPa	饱和 f_c/MPa	烘干 f_r/MPa	静弹性模量 E/MPa	静止侧压力系数 k_α	泊松比 μ	围岩分级(铁路)	土石可挖性分级(轻轨)
①2	素填土	3.57*			75*	2.8*	4*	4*	1000*	17*	5.0E-03			3*	10*					0.43*		VI	I
②1-1	粉质黏土	1.27	8.4		110	4.5	13	10.5	4500	18.5	4.0E-06			28	15					0.40	0.34	VI	I
②2	淤泥质粉质黏土	0.84*	2.2*		75	2.8	6	5.5	1600	17.4	5.0E-06			14	11					0.54	0.40	VI	II
②3-1	含黏性土粉砂	4.54	12		125	6.5	13	10.5	3000	18.4	2.0E-03	0.0	20.0	1	24					0.39	0.34	VI	I
②3-2	细砂	6.66	15.1		150	7.5	16	13	4200	18.9	6.0E-03	0.0	23.5	0	26.5					0.36	0.32	VI	I
②4	中砂	9.21	18.1		170	9.5	17	13.5	5000	19.6	5.0E-02	0.0	25.0	0	28					0.35	0.31	VI	I
②5	粗砂	9.87	19.2		190	10.5	19	15	5500	19.7	8.0E-02	0.0	25.5	0	28.5					0.35	0.31	VI	I
②6-1	砾砂	14.9		8.6	260	12	22	17.5	5700	19.8	1.2E-01	0*	26*	0*	29					0.33	0.30	V	II
②7	圆砾夹砾砂	18.19		9.6	280	13	23	18.5	5900	19.9	3.5E-01	0*	27*	0*	30					0.33	0.30	V	II
⑤1-1	强风化砂砾岩				380	20	80	64	16000	20.6	1.2E-04			50*	24*					0.31	0.29	V	III
⑤1-2	中风化砂砾岩				1500	>50	300	270	50000	23.7	3.5E-06			300	36*	10.8	5.8	21.0	2800	0.27	0.28	VI	IV

注：①表中各项参数系根据室内土工试验、原位测试及类同工程经验综合确定；
②根据工程经验，土的抗剪强度设计取值应根据地基土的实际应力状态相适应；
③表中 f_{ak} 是结合土工试验、原位测试综合取得的数值，仅供评价土性之用，设计时应根据实际基础形状、尺寸和埋深进行计算和变形验算；
④带 * 项为经验值。

本次试验地连墙采用 C35 混凝土，本次计算取弹性模量为 30 GPa，泊松比为 0.15。其摩尔-库仑本构模型如图 8-6 所示。

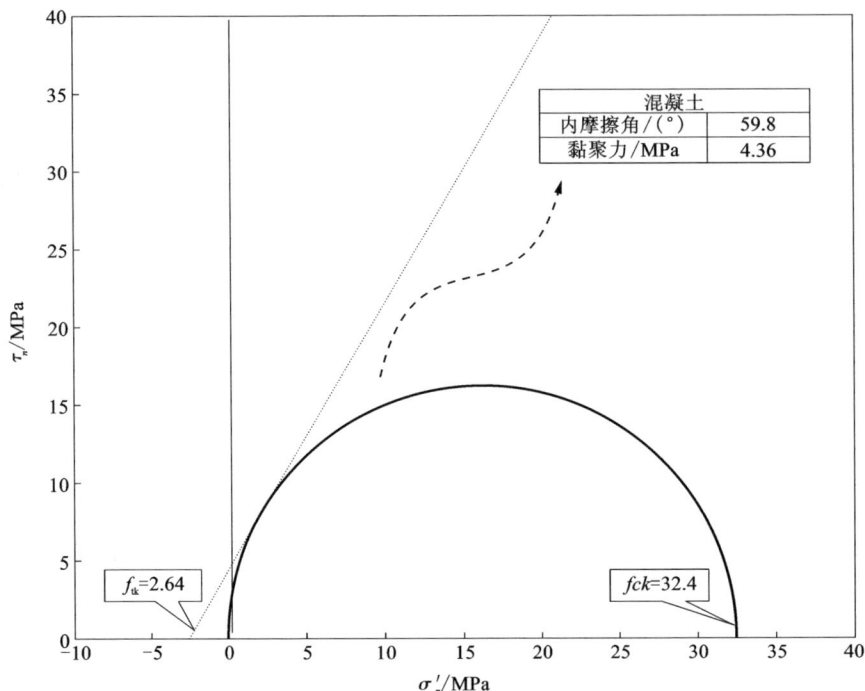

图 8-6　C35 混凝土摩尔-库仑本构模型

管片环由混凝土、钢筋、螺栓、密封垫等材料构成，所包含的本构模型比较复杂，为简化计算，本次计算所用的均质管片环采用摩尔-库仑模型，由图 8-6 可知其黏聚力和内摩擦角的取值分别为 4.36 MPa 和 59.8°。

8.3　数值分析计算工况

根据吊出井实际施工工况，本次数值分析中考虑以下工况：

（1）考虑地下连续墙的围护作用，但由于本次不重点分析吊出井基坑的变形，因此在计算分析中将忽略钢支撑的支护作用，该简化对管片环受力分析的影响可以忽略不计。

（2）在吊出井进出洞处，对管片环四周土体进行加固。

（3）在吊出井底部，设计要求有 0.2 m 厚的素混凝土底板，实际施工中素混凝土底板上表面高程与管片底部高程相同，数值建模中考虑混凝土底板的影响。

(4)在管片拼装完后，进行土体回填，数值分析中亦考虑该情况。

8.3.1　管片拼装

管片环采用"3+2+1"的分块模式，管片与管片、管片环与管片环之间均采用高强螺栓进行连接。在管片环开裂的机理分析中，由于计算规模大，对管片之间的连接进行了简化处理，管片环简化为均质圆环，环与环之间建立接触面，用接触单元来模拟纵向螺栓的连接。如图 8-7 所示。

FLAC^{3D} 中的接触面单元可以用来模拟岩体中的节理和断层、桩基与土体间的接触、地基与土体的接触、相互碰撞物体间的接触面等问题。接触面单元由一系列无厚度的三节点三角形单元组成，每个三角形的面积分配到各个节点中。接触面单元可以通过接触面节点与目标实体单元表面建立联系，接触面法向所受到的力由目标方位决定。

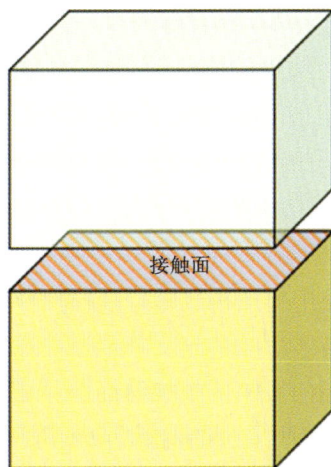

图 8-7　FLAC^{3D} 中接触面的形式

接触面单元原理如图 8-8 所示，包括的参数比较多。其中：k_n 为接触面单元的法向刚度；k_s 为接触面单元的切向刚度；T_s 为抗拉强度；S_s 为抗剪切强度。接触面有三种工作模式：黏结界面、黏接滑动、库仑滑动。对于库仑滑动的接触面单元，存在两种状态：相互接触和相互滑动。根据抗剪切准则可得到接触面发生相对滑动所需要的最大切向力 F_{smax} 如下：

$$F_{smax} = c_{if}A + \tan \varphi_{if}(F_n - \mu A) \tag{8-3}$$

式中：c_{if} 为接触面的凝聚力；φ_{if} 为接触面的摩擦角；μ 为孔压；F_n 为法向力。

接触面的接触性体现在接触面节点上，并且接触的力仅在节点之间传递。接触面参数与接触面的每个节点都有联系，不同的节点可以拥有不同的参数。在力学计算中，接触面所处的状态与接触面上的切向力 F_s 大小有关，当切向力 F_s 小于最大切向力 F_{smax} 时，接触面处于弹性阶段；当切向力 F_s 等于最大切向力 F_{smax} 时，接触面进入塑性阶段。如果接触面上存在拉应力，且该拉应力超过接触面的抗拉强度(默认值为 0)，则接触面将会被破坏，切向力和法向力都将为 0。

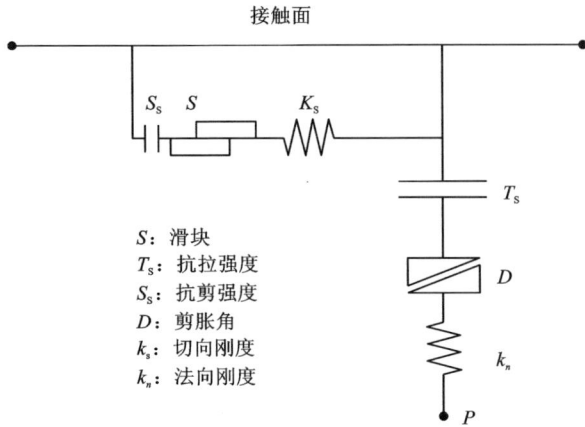

图 8-8　接触面单元原理示意图

由 FLAC^{3D} 中接触面的原理可知，将环与环之间的螺栓连接简化为等效的接触面连接，能够较好地分析环与环之间的受力、变形特性。

8.3.2　吊出井回填模拟

根据收集到的现场施工信息，在拼装好管片后，回填土体至隧道顶板以上时，对管片环两侧土体进行注浆加固，顶板上部不进行注浆加固。数值分析中对回填工况进行了相应简化，首先将土体回填至隧道顶板高程处，并赋予回填土体弹塑性本构和相应参数，通过提高黏聚力、内摩擦角、弹性模量三个参数的值来模拟注浆效果；然后回填土体至地表，赋予回填土体弹塑性本构和相应参数。

吊出井回填设计要求为：

（1）回填过程中隧道底部、隧道侧面、隧道顶部 2.5 m 范围内采用级配砂分层碾压回填，填土密实度不小于 0.92，并预埋注浆管对孔隙进行充填，以保证隧道侧面的土体刚度及管片受力合理。施工单位应在施工方案中采取相应有效措施，防止土体回填过程中对吊出井内已施工完成的管片产生影响。

（2）隧道顶部的土体回填需分层填筑碾压，隧顶 2.5 m 范围内分层厚度一般不大于 150 mm，并采用小型设备或人工进行碾压，不得采用大型设备。

（3）在进行隧道顶部 2.5 m 以上土体回填时，施工荷载不得大于 20 kPa，回填土宜用灰土、黏性土回填，土中不得含有石块、碎石、灰渣、有机物。回填施工应均匀对称进行，并分层夯实。人工夯实每层厚度不大于 250 mm，机械夯实每层厚度不大于 300 mm。当回填厚度大于 500 mm 时，方可采用机械回填碾压。夯实土的密实度系数不得小于 0.95，且应满足市政道路设计规范要求。

8.3.3　数值分析过程

数值分析建模思路可总结如下：

（1）建立 40 m×15 m×30 m(x×y×z)模型，赋予地层参数进行初始平衡。

（2）开挖吊出井外隧洞，再安装吊出井外管片，同时，提高管片周边土体黏聚力、弹性模量等参数的值，模拟加固区，并计算至平衡，得到管片拼装前及土体加固后的数值模型如图 8-9 和图 8-10 所示。

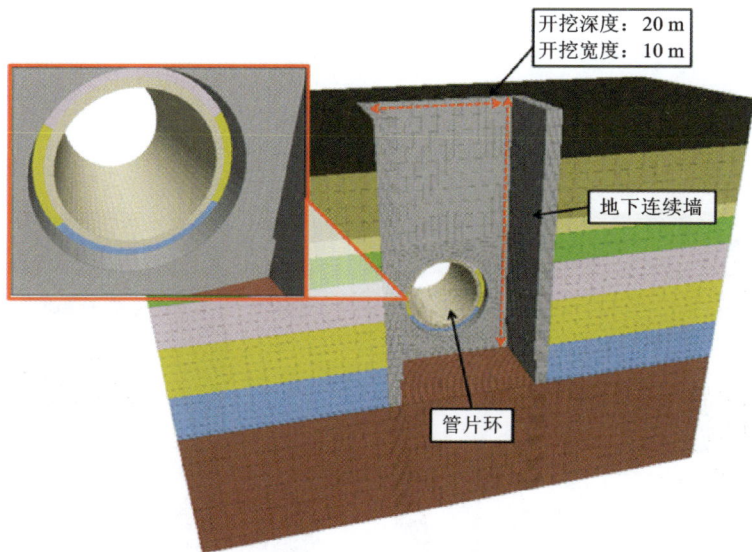

图 8-9　管片拼装前数值模型

（3）添加地下连续墙和素混凝土底板，开挖吊出井，并计算至平衡，得到混凝土底板添加后的数值模型如图 8-11 所示。

（4）拼装吊出井内管片，得到管片环拼装后的数值模型如图 8-12 所示。

（5）回填土体，计算直至平衡状态，并提取相关数据进行分析。

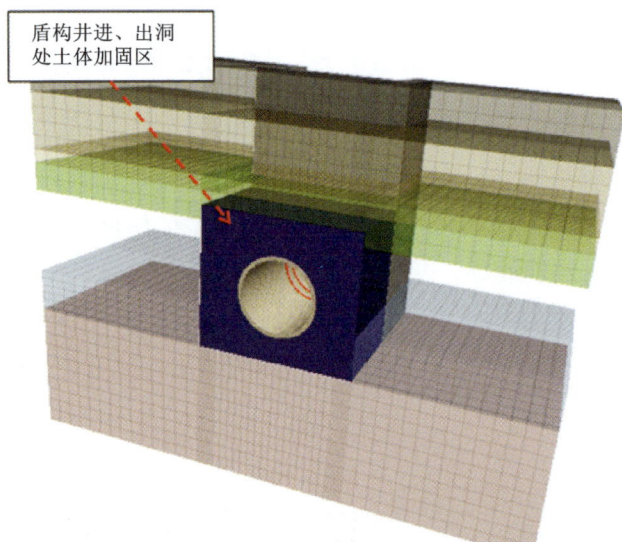

图 8-10　土体加固后数值模型

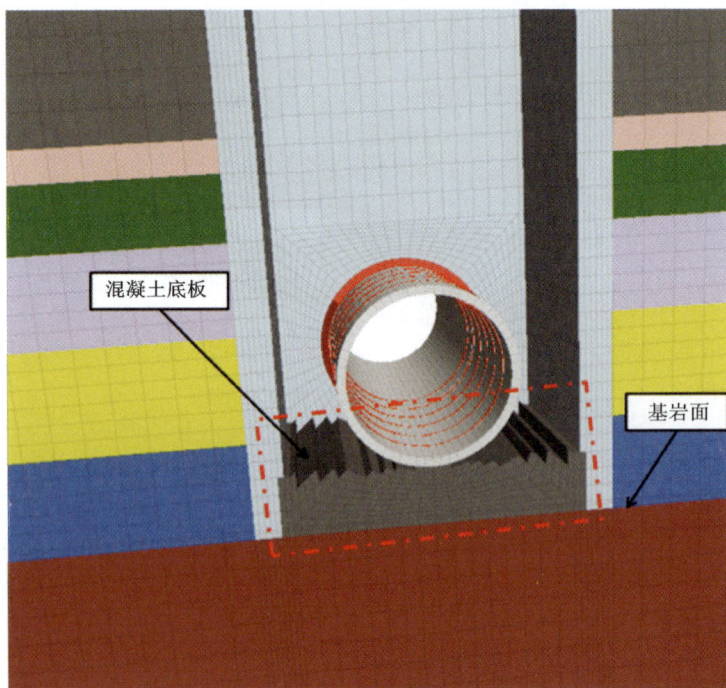

图 8-11　混凝土底板添加后的数值模型

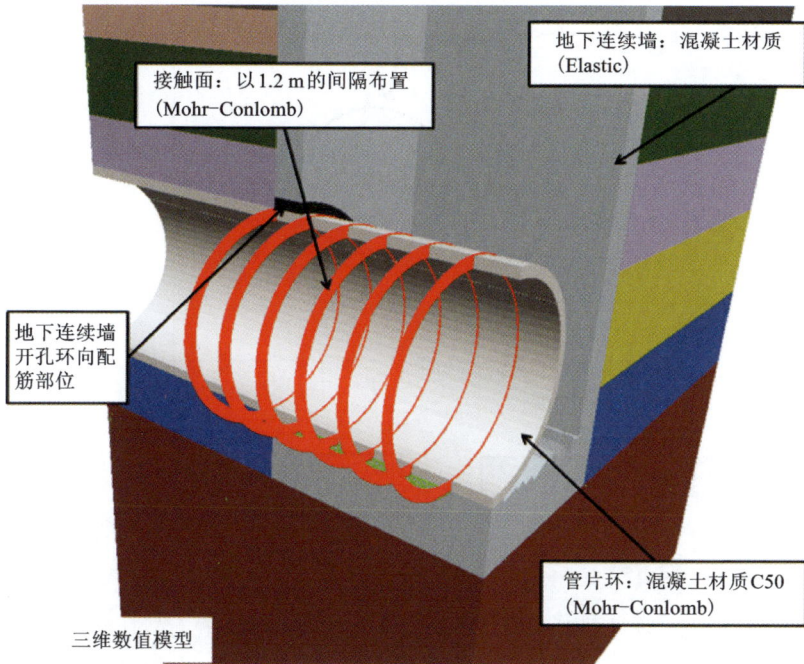

接触面：以1.2 m的间隔布置
（Mohr-Conlomb）

地下连续墙：混凝土材质
（Elastic）

地下连续墙
开孔环向配
筋部位

管片环：混凝土材质C50
（Mohr-Conlomb）

三维数值模型

图 8-12　管片环拼装后的数值模型

8.4　衬砌管片结构性能模拟结果分析

8.4.1　吊出井内土体应力分析

　　吊出井内土体的竖向应力和水平应力的分布情况如图 8-13 所示。由图可知，在管片环顶部出现应力集中区域的主要原因为该区域下部即为管片，而管片对上部土体存在支撑作用，类似于顶拱效应；在管片环腰部两侧土体的水平应力较低，其中腰部以下的水平应力相对于腰部的水平应力更低。图 8-13（c）右侧为吊出井内土体的侧压力系数随深度分布的情况。由图可知，在隧道腰部侧压力系数急剧减小，腰部侧压力系数为 0.5，在隧道底板处仅为 0.3。

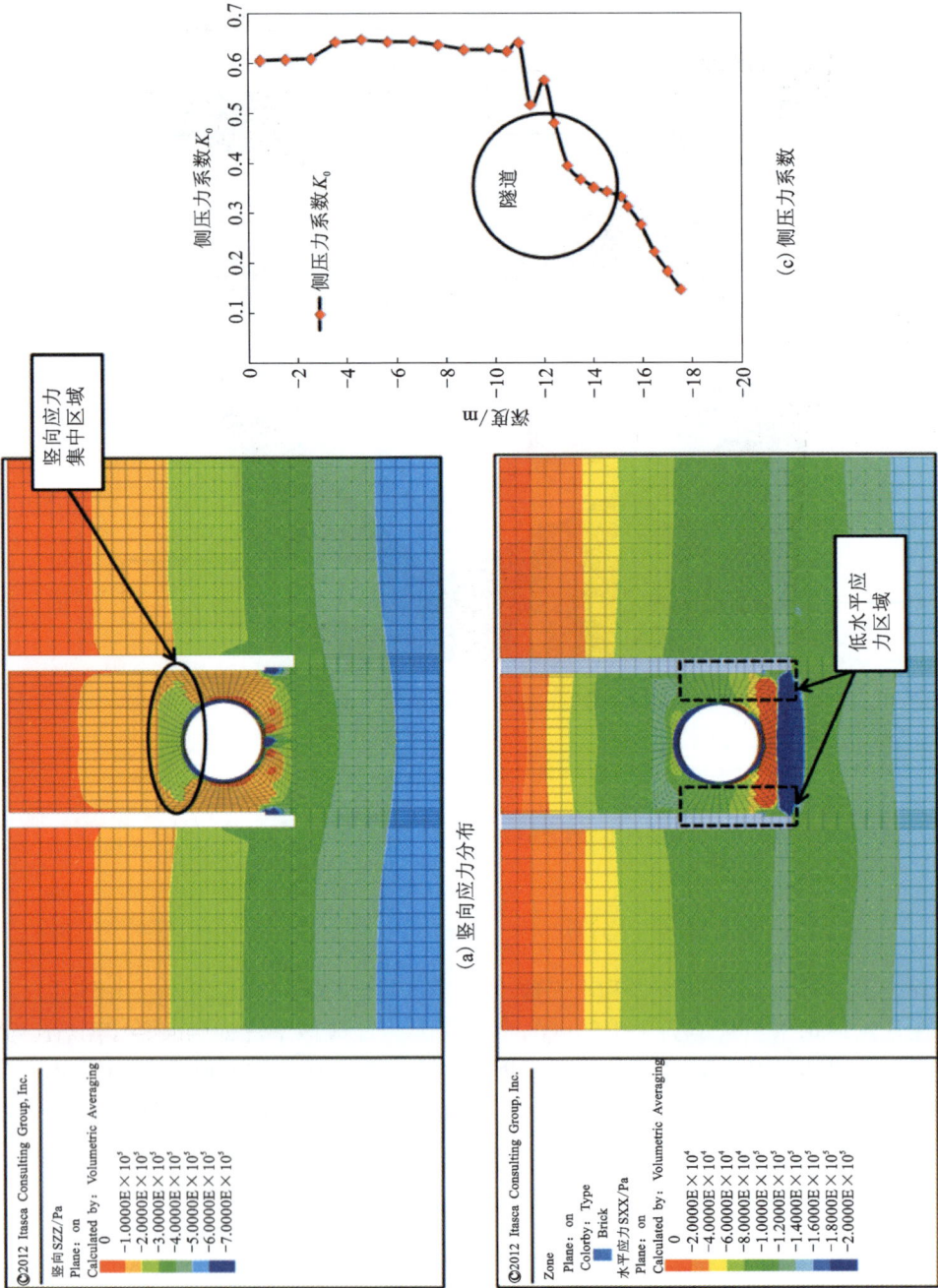

图8-13 吊出井内竖向应力和水平应力分布

8.4.2　收敛值分析

吊出井开挖完未回填和回填后地下连续墙水平位移如图 8-14 所示。由图可知，在地下连续墙开挖结束后未回填土体前，地下连续墙中部水平位移值最大，且均向坑内运动。当回填土体后，回填土对地连墙产生压力作用，导致地下连续墙向坑外运动。由于基坑较小且支护措施完善，吊出井开挖和回填时地下连续墙的位移值均较小。

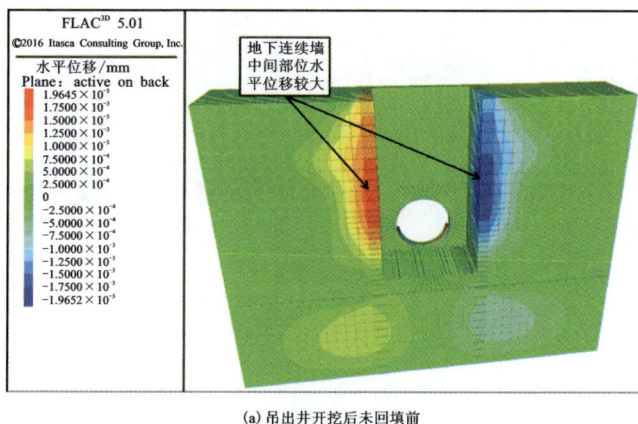

(a) 吊出井开挖后未回填前

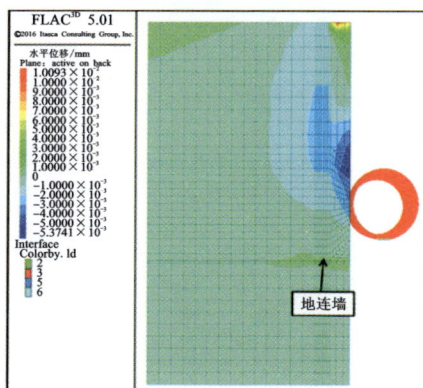

(b) 回填后

图 8-14　地连墙水平位移

吊出井内管片环直径收敛情况如图 8-15 所示。由图可知，处于吊出井内的管片环均有较大的直径收敛值，其中在吊出井中部的管片环(208 环)直径收敛值最大。计算得到的管片收敛值与实际环直径收敛值有一定差别，主要原因如下：①模拟所用管片环为整体的均质圆环，其结构与现实的结构相比刚度更大；②模拟时未考虑初始拼装的误差。但管片环直径收敛值的分布规律与实际情况高度吻合。

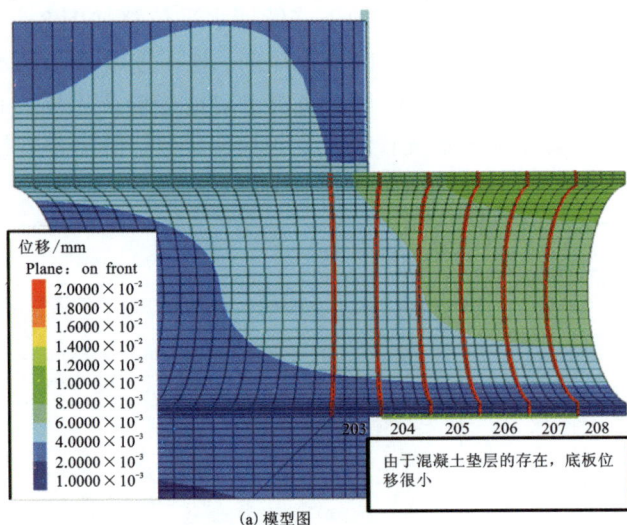

(a) 模型图

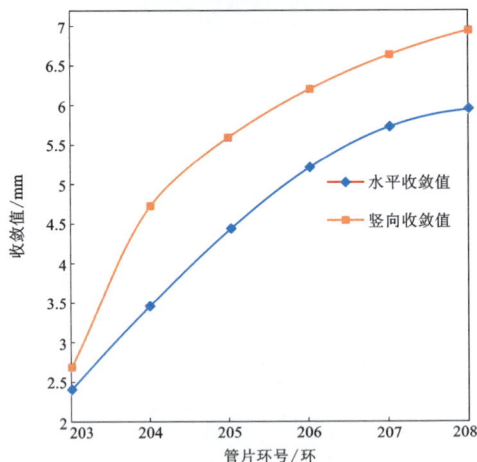

(b) 管片环直径收敛值曲线

图 8-15 吊出井内管片环直径收敛值

8.4.3 塑性区分析

吊出井内管片环塑性区分布情况如图 8-16 所示。由图可知，在 208 环和 207 环的顶部出现了明显的塑性区，这表明在 207 环和 208 环有破坏的迹象，可能会出现损伤、破裂等问题。

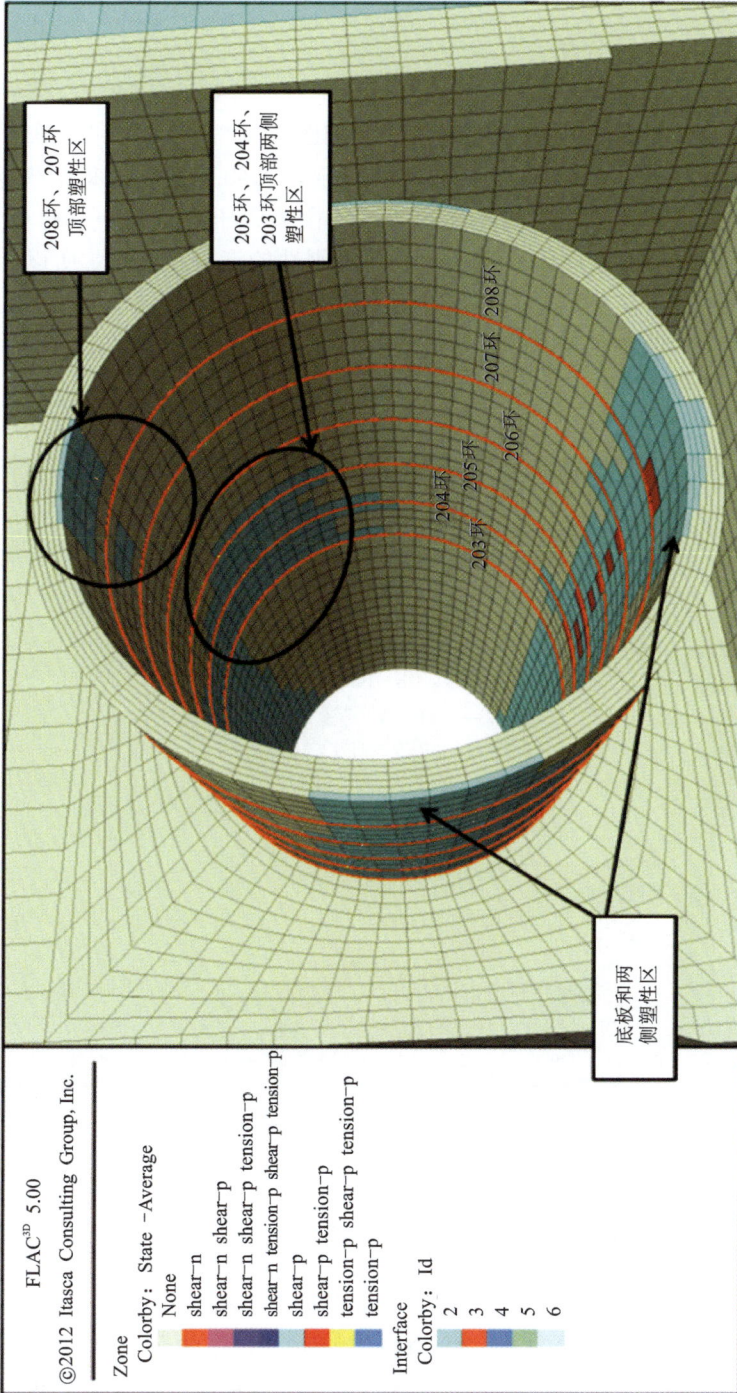

图 8-16　吊出井内管片环塑性区分布

8.4.4　最大主应力分析

吊出井内管片环最大主应力的分布情况如图 8-17 所示。由图可知，在吊出井内管片环底板处和 203 环、204 环腰部出现较为明显的应力集中现象，其中在底板处为拉应力集中，在 203 环和 204 环腰部为压应力集中。初步分析，这主要是由于：①吊出井内管片环底板下即为刚性的混凝土垫层，所以在底板处的管片出现了应力集中现象；②在吊出井内管片环直径收敛值较大，而在吊出井外管片环直径收敛值却很小，两侧管片存在变形差异，所以在相交处附近产生应力集中现象。

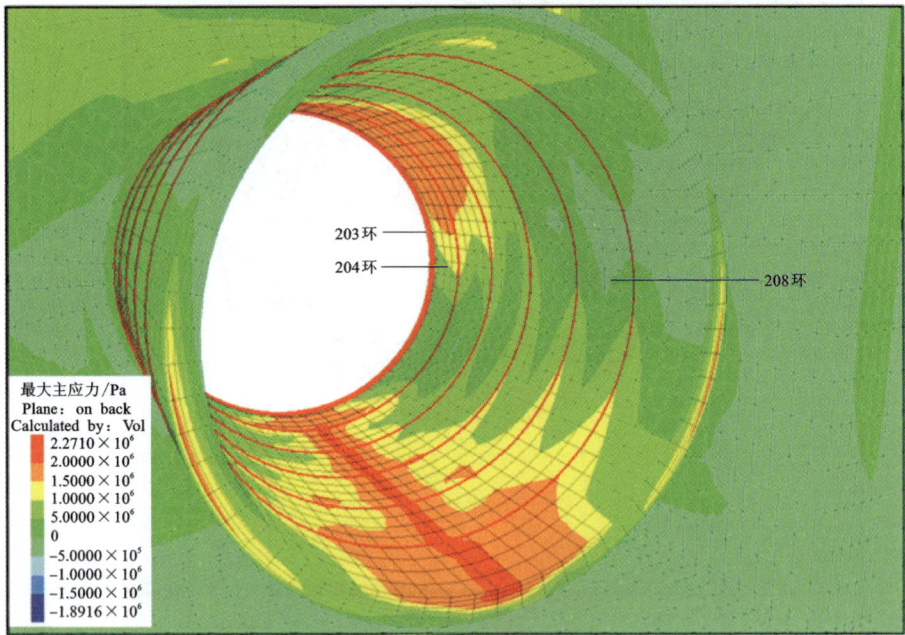

图 8-17　吊出井内管片环最大主应力分布

8.4.5　接触面应力分析

吊出井内环与环之间接触面的剪应力和法向应力的分布情况如图 8-18 所示。由图可知，203 环和 204 环之间的接触面在腰部的剪应力值较大；在 202 环和 203 环之间接触面的法向应力值很大；在 206 环、207 环、208 环的顶部接触面法向应力值较大。接触面的法向应力和剪应力可以间接反映该处螺栓的受力情况。对于法向应力较大的部位，则螺栓承受较大的拉应力；而在剪切应力较大的部位，则螺栓承受较大的剪应力。

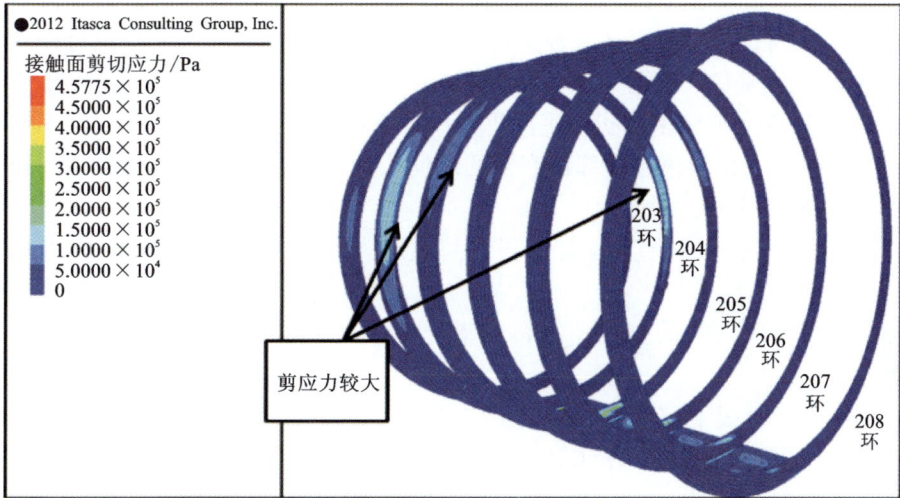

(a) 剪应力

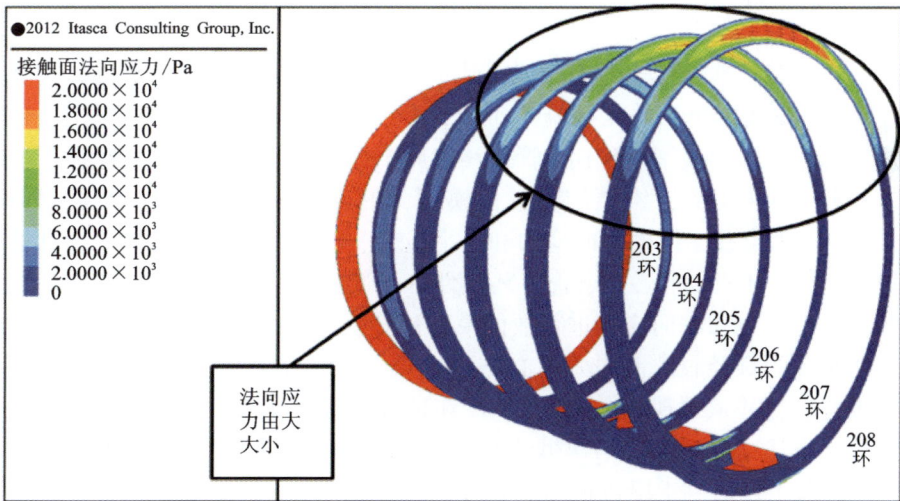

(b) 法向应力

图 8-18　接触面应力分布

8.4.6　原因分析

上述机理分析主要研究导致吊出井位置管片环椭变大、错台、渗漏等病害产生的原因。在吊出井位置，明确了如下几点问题：第一，管片环下部为 C35 素混凝土，素混凝土下部为中风化泥质粉砂岩，因此吊出井位置的管片环下部具有很好的持力层，不存在底板下部地质条件差等问题；第二，隧道近距离内无其他隧道或基坑工程等施工行为的影响；第三，隧道上方无加卸载情况。

结合数值模拟结果和实际工况可得出以下结论：

（1）回填土在隧道穿过部位产生的侧向应力值过低是导致盾构隧道衬砌管片结构病害问题的主要原因。

（2）前期隧道的施工因素也很有可能是导致上述隧道病害问题的原因之一。

（3）管片环之间的螺栓所处的状态是需要重点关注的，尤其是变形大的部位。

（4）由于底板下部刚性混凝土垫层的存在，底板处的管片内侧出现拉应力集中现象，需要特别关注吊出井区域的渗漏情况。

8.5　本章小结

本章针对南昌地铁 1 号线长江路站—珠江路站区间吊出井区域的盾构隧道管片环，根据盾构吊出井实际施工工况，采用三维有限差分软件 FLAC^{3D} 建立了能考虑地下连续墙围护作用、管片环四周土体加固作用、混凝土底板影响作用、土体回填作用的三维精细化数值模型，在实现管片接头性能模拟的前提下，分别对吊出井土体的竖向应力和水平应力、未回填和回填后地下连续墙水平位移、管片环直径收敛值、管片环塑性区、管片环最大主应力、环与环之间接触面的剪应力和法向应力进行数值模拟计算。计算结果表明，吊出井区域内 203～208 环的直径收敛值均大于 100 mm，局部收敛值达到 150 mm；该区间盾构结构各接缝并未出现压、拉损伤，仅在顶部及顶部附近产生裂缝，即未形成塑性铰。上述结果表明，吊出井区域部分管片环变形过大，已进入弹塑性状态，建议采用合适的手段进行加固处理。

第9章

结论与展望

9.1　研究结论

盾构隧道衬砌管片结构在施工、运维阶段的力学性能，直接决定了隧道的健康状态及服役期限。本书主要为南昌轨道交通集团有限公司科研项目"南昌轨道交通盾构隧道服役性能研究（HG-2018-QT-CP-A-ZX-001）"、国家自然科学基金面上项目"循环动载下地铁盾构隧道基底全强风化软岩累积变形及其影响研究（42177162）"、江西省引进培养创新创业高层次人才"千人计划"项目"城轨盾构隧道不同风化程度软岩动力特性研究"的研究成果。以南昌富水砂层地铁盾构隧道衬砌管片结构性能为关键问题，采用整环管片足尺模型试验、数值模拟、理论分析的综合研究手段，对南昌地铁盾构隧道衬砌管片结构在顶部超载、侧向卸载、卸载后加固等典型工况下的力学行为规律与极限承载力特征，以及吊出井区域衬砌管片结构性能等展开系统研究，得出主要结论如下所述。

1. 顶部超载工况足尺模型试验研究

对管片环整体变形试验结果分析可得：在顶部超载作用下，衬砌管片结构整体变形呈"横鸭蛋"形；在加载初期，管片环水平直径收敛值与荷载近似呈线性关系，当管片环水平直径收敛值在 15 mm 以下时，可认为衬砌管片结构尚处于弹性阶段；随着荷载级数的增大，管片环水平直径收敛值不断增大，当达到 85 mm 时，其变形速率突增，此时衬砌管片结构进入弹塑性变形阶段。对管片环错台量和接缝张开量监测结果分析可得：管片错台量和接缝张开量均随着加载级数的增大而增大；当管片环直径收敛值为 50 mm 时，部分接缝处错台量及张开量出现突变；管片环直径收敛值达到 85 mm 时，环缝纵缝错台量小于 20 mm，环缝纵缝接缝张开量小于 10 mm。对管片钢筋混凝土应力、应变及弯螺栓应变监测结果分析可得：拱顶、拱底管片混凝土外侧受压、内侧受拉，拱腰处外侧受拉、内侧受压；各级荷载下钢筋均未超过屈服应力，钢筋在拱顶、拱底处外侧受压、内侧受拉，在拱腰处外侧受拉、内侧受压；当管片环水平直径收敛值达到 50~55 mm 时，螺栓达到屈服；当管片环水平直径收敛值达到 85 mm 时，管片钢筋尚未屈服。对管片混凝土裂缝观测结果分析可得：当管片水平环直径收敛值达到 85 mm 时，管片多处出现裂缝和掉块，内外弧面均集中在 0°和 180°位置，且均分布在纵向或者环向接缝处；加载结束并拆卸管片环后，观测到管片的纵向接缝截面存在大量贯通裂缝，且环向接缝的纵向螺栓孔附近存在部分混凝土掉块。

2. 侧向卸载工况足尺模型试验研究

对管片环整体变形试验结果分析可得：在侧向卸载作用下，衬砌管片结构的变形也表现出明显的阶段性，即弹性、弹塑性、完全塑性及破坏四个阶段。当管片环直径收敛值为 0~30 mm 时，衬砌管片结构处于弹性工作状态；当管片环直径收敛值为 30~90 mm 时，衬砌管片结构处于弹塑性工作状态；当管片环直径收敛值为 90~130 mm 时，衬砌管片结构处于完全塑性状态；当管片环直径收敛值达到 130 mm 后，衬砌管片结构进入完全颈缩下降阶段，此时衬砌管片结构发生破坏。对管片错台量和接缝张开量监测结果分析可得：与加载工况类似，管片错台量与管片环水平直径收敛值近似呈线性关系，当管片环水平直径收敛值达到 75 mm 时，部分测点错台量发生突变，当管片环水平直径收敛值从 0 mm 增加到 200 mm 的过程中，环缝、纵缝错台量最大值达到 15 mm；当管片环水平直径收敛值从 0 mm 增加到 130 mm 的过程中，环纵缝接缝张开量均小于 10 mm，当管片环直径收敛值达到 130 mm 及以上，管片最大内部张开量发生在靠近 180°的 L1~B1 接缝位置，达到 25 mm。对管片钢筋混凝土应力、应变及弯螺栓应变监测结果分析可得：随着侧向荷载的卸除，管片钢筋，混凝土及弯螺栓应力、应变均逐渐增大。钢筋应力应变随着侧向卸载的增大逐渐增大，其中拱顶处钢筋受力可忽略不计，而拱底处钢筋外侧受拉、内侧受压，拱腰 90°处管片内层钢筋受压应力较大，拱腰 270°处管片钢筋几乎不受力；管片环向、纵向螺栓应变也随侧向卸载的增大逐渐增大，表现为拱顶处环向螺栓内外侧均受拉，拱底处环向螺栓内侧受拉，拱腰处环向螺栓外侧受拉、内侧受压，拱顶、拱底纵向螺栓均为外侧受压、内侧受拉；当管片环直径收敛值达到 88.271 mm 时，拱顶螺栓率先达到屈服，当管片环直径收敛值达到 200 mm 时，拱顶拱底螺栓全部达到屈服。对管片混凝土裂缝观测结果分析可得：缺损病害在管环全环上均有分布，且主要发生在纵向或者环向接缝处，即环向螺栓和纵向螺栓附近；三环管片内侧检查混凝土管片裂缝共计 8 条，均为纵向裂缝，裂缝宽度最宽达到 0.23 mm（中环 B3 块管片），混凝土管片外侧未检测到裂缝，只有大量缺损和掉块。

3. 卸载后加固工况足尺模型试验研究

对管片环整体变形试验结果分析可得：加载初期，管片直径最大变化量与荷载近似成线性关系，当管片环直径变化量为 25 mm 时，衬砌管片结构从弹性阶段开始进入弹塑性阶段；当管片环直径变化量达到 75 mm 时，衬砌管片结构从弹塑性阶段进入完全塑性阶段。通过管片加固前后 0～180° 位置收敛值与荷载关系的对比，加固后衬砌管片结构弹性阶段的刚度指标、整体延性和强度得到明显提升。对管片环错台量、张开量、裂缝观测结果以及钢筋混凝土应力应变、弯螺栓应变监测结果分析可知，加固后管片环的错台量、张开量、裂缝等外观病害改善较为明显；加固后管片的螺栓应力、钢筋应力等变化与未施加钢环的管片相差不大。总体而言，内张钢环加固法有效提高了衬砌管片结构的整体刚度和极限承载力特性，使整个结构在变形过程中体现出更好的延性，能够在产生较大变形的情况下承载外部荷载。

4. 基于混凝土损伤模型的管环极限状态研究

基于三维有限元精细化数值模拟可得：在顶部超载工况和侧向卸载工况中，盾构隧道衬砌管片结构的变形都表现出明显的阶段性，并可将顶部超载工况和侧向卸载工况的荷载-位移曲线分为弹性、弹塑性及破坏三个阶段。在超载工况中，当收敛值小于 22 mm(3.7‰D) 时，衬砌管片结构处于弹性阶段；当管片环直径收敛值大于 22 mm(3.7‰D)，小于 124 mm(20.7‰D) 时，衬砌管片结构处于弹塑性阶段；当管片环直径收敛值大于 124 mm(20.7‰D) 时，衬砌管片结构达到极限状态。在卸载工况中，当管片环直径收敛值小于 23 mm(3.8‰D) 时，衬砌管片结构处于弹性阶段；当管片环直径收敛值大于 23 mm(3.8‰D)，小于 137 mm(22.8‰D) 时，衬砌管片结构处于弹塑性阶段；当管片环直径收敛值大于 137 mm(22.8‰D) 时，衬砌管片结构达到极限状态。在顶部超载和侧向卸载工况中，试验结构的破坏均由不同部位的接缝先后受压、拉破坏，以及拱底块受弯裂缝稳定发展形成，属于梁铰机制。在顶部超载和侧向卸载工况中，接缝的荷载-张开量曲线和弯螺栓的荷载-应变曲线的斜率变化均与盾构管片结构所处的状态相关。当管片结构处于极限状态时，接缝的荷载-张开量曲线和弯螺栓的荷载-应变曲线斜率基本都接近于 0。

5. 吊出井区域管片结构力学性能研究

基于有限差分三维精细化数值模拟可得：吊出井区域内 206～211 环的管片环直径收敛值(收敛径长与标准圆差值)均大于 100 mm，局部收敛值达到 150 mm(208～210 环)；该区间盾构管片结构各接缝并未出现压、拉损伤，仅在顶部及顶部附近产生裂缝，未形成塑性铰。上述结果表明，吊出井区域部分管片环变形过大，已进入弹塑性状态，建议采用合适的手段进行加固处理。

9.2 展望

在研究内容方面，本书着重分析了顶部超载、侧向卸载、卸载后加固工况以及吊出井区域衬砌管片结构的力学性能，具有较强的典型性和代表性。然而，在实际工程中仍存在更为复杂的典型工况或工程区段，因此，仍然需要在现有研究成果的基础上进一步探索。

在研究手段方面，目前所采用的足尺模型试验加载方式为千斤顶加载方式与实际工况中水土压力分布规律有一定差异，从而不可避免地导致试验结果存在一定偏差，且没有考虑管片自重和拼装效果对试验结果的影响。在管片环数方面，目前仅研究了三环拼装加载后的力学性能，后期应开展多环管片拼装加载试验，从而完成对管片纵向结构性能的研究。

在加固方法方面，本书目前仅对内张钢环加固情况下的管片结构变形规律和承载力特性进行研究，在实际工程中，应依据检测到的衬砌管片结构损伤程度确定合适的修复加固方式，后期应针对不同的加固方法展开更为系统的研究。

参考文献

［1］曾东洋，何川.盾构隧道衬砌结构内力计算方法的对比分析研究［J］.地下空间与工程学报，2005(5)：707-712.

［2］黄钟晖.盾构法隧道管片衬砌纵缝接头受力模型的研究［J］.地下空间，2003(3)：296-301+305-345.

［3］朱伟，黄正荣，梁精华.盾构衬砌管片的壳-弹簧设计模型研究［J］.岩土工程学报，2006(8)：940-947.

［4］刘钊.复杂工况条件下错缝拼装盾构管片变形性能试验与仿真分析研究［D］.北京：中国铁道科学研究院，2017.

［5］唐孟雄，陈如桂，陈伟.广州地铁盾构隧道施工中管片受力监测与分析［J］.土木工程学报，2009，42(3)：118-124.

［6］周文波，郑宜枫，滕丽，等.双圆盾构隧道施工过程中管片力学性状的原位测试研究［J］.力学季刊，2005(03)：459-463.

［7］廖少明，闫治国，宋博，等.钢纤维管片接头局部应力的数值模拟试验［J］.岩土工程学报，2006(5)：653-659.

［8］Atsushi Koizumi. Shield tunnel design—From allowable stress design method to limit state design method［M］. Translated by Guan Linxing. Beijing：China Building Industry Press，2012：66-70.（in Chinese）

［9］周济民，何川，方勇，等.黄土地层盾构隧道受力监测与荷载作用模式的反演分析［J］.岩土力学，2011，32(1)：165-171.

［10］阳军生，肖小文，张聪，等.盾构隧道双层衬砌结构受力现场监测试验研究［J］.铁道工程学报，2016，33(7)：46-53.

［11］SHINAMI Yukio, KAWASHIMA, Kazuhiko, et al. Evaluation of lining stiffness of shield tunnel in longitudinal direction in seismic analysis［C］//Proceedings of Japanese Civil Engineering Society. 1988：319-327.（in Japanese）

［12］SCHREYER J, WINSELMANN D. Suitability tests for the lining for the 4th elbe tunnel tube-Results of large-scale Tests［J］. Tunnel, 2000, 1：34-44.

［13］Nakamura H, Kubota T, Furukawa M, et al. Unified construction of running track tunnel and crossover tunnel for subway by rectangular shape double track cross-section shield machine

[J]. Tunnelling and underground space technology, 2003, 18(2-3): 253-262.

[14] Luttikholt A. Ultimate limit state analysis of a segmented tunnel lining[J]. Master's Thesis, 2007.

[15] 李明宇, 刘国彬, 胡蒙达, 等. 运营地铁盾构隧道结构振动响应实测分析[J]. 铁道学报, 2011, 33(6): 88-93.

[16] 李长俊, 陈卫忠, 杨建平, 等. 运营期水下盾构隧道管片接缝张开度变化规律[J]. 岩土力学, 2018, 39(10): 3783-3793. DOI: 10.16285/j.rsm.2017.0160.

[17] 唐志成, 何川, 林刚. 地铁盾构隧道管片结构力学行为模型试验研究[J]. 岩土工程学报, 2005(1): 85-89.

[18] 何川, 张建刚, 杨征. 武汉长江隧道管片衬砌结构力学特征模型试验研究[J]. 土木工程学报, 2008(12): 85-90.

[19] 汪洋, 何川, 曾东洋, 等. 盾构隧道正交下穿施工对既有隧道影响的模型试验与数值模拟[J]. 铁道学报, 2010, 32(2): 79-85.

[20] 王士民, 申兴柱, 何祥凡, 等. 不同拼装方式下盾构隧道管片衬砌受力与破坏模式模型试验研究[J]. 土木工程学报, 2017, 50(6): 114-124.

[21] 陈晓坚. 软硬不均地层盾构隧道纵向差异沉降相似模型试验研究[J]. 隧道建设(中英文), 2019, 39(S1): 57-64.

[22] 周海鹰, 李立新, 陈廷国. 地铁隧道衬砌管片承载力试验及计算方法[J]. 山东大学学报(工学版), 2010, 40(4): 84-87.

[23] 任天宇, 刘树亚, 柳献. 波纹钢板加固盾构隧道衬砌管片抗弯性能试验研究[J]. 隧道建设(中英文), 2019, 39(2): 317-323.

[24] 张厚美, 叶均良, 过迟. 盾构隧道管片接头抗弯刚度的经验公式[J]. 现代隧道技术, 2002(2): 12-16+52.

[25] 滕丽, 吕建中. 通用管片接头荷载试验研究[J]. 上海大学学报(自然科学版), 2010, 16(2): 216-220.

[26] 龚琛杰, 丁文其. 盾构隧道钢纤维混凝土管片接头极限承载力试验[J]. 中国公路学报, 2017, 30(8): 134-142.

[27] 郑勇波, 白廷辉, 李晓军. 钢筋锈蚀对上海地铁盾构隧道纵缝接头抗弯力学性能影响研究[J]. 隧道建设(中英文), 2019, 39(11): 1823-1831.

[28] 封坤, 何川, 苏宗贤. 南京长江隧道原型管片结构破坏试验研究[J]. 西南交通大学学报, 2011, 46(4): 564-571.

[29] 何川, 封坤, 晏启祥, 等. 水下盾构法铁路隧道管片衬砌结构的原型加载试验研究[J]. 中国工程科学, 2012, 14(10): 65-72+89.

[30] 柳献, 张浩立, 鲁亮, 等. 超载工况下盾构隧道结构承载能力的试验研究[J]. 地下工程与隧道, 2013(4): 10-15+59.

[31] 柳献, 张浩立, 鲁亮, 等. 卸载工况下盾构隧道结构承载能力的试验研究[J]. 城市轨道交通研究, 2015, 18(5): 38-43.

[32] 柳献，蒋子捷，刘树亚.钢板-混凝土组合结构加固盾构隧道衬砌结构极限承载力足尺试验[J].中国公路学报，2020，33(1)：128-137.

[33] 鞠杨，徐广泉，谢和平.钢筋混凝土盾构衬砌结构的三维数值分析[J].计算力学学报，2005(4)：437-442.

[34] 李宇杰，何平，秦东平.基于混凝土弹塑性损伤本构模型的盾构管片受力分析[J].中国铁道科学，2012，33(1)：47-53.

[35] 梁敏飞，张哲，李策，等.盾构隧道双层衬砌结构三维力学分析模型及验证[J].岩土工程学报，2019，41(5)：892-899.

[36] 翟五洲，翟一欣，张东明，等.盾构隧道钢板加固衬砌管片环缝抗剪性能数值模拟研究[J].岩土工程学报，2019，41(S2)：235-239.

[37] 张力，封坤，何川，等.盾构隧道管片接头三维精细化数值模拟研究[J].隧道建设(中英文)，2020，40(8)：1169-1175.

[38] 曹鹏飞，袁宗义，陈昭阳，等.富水砂层地下水位变化对盾构隧道衬砌结构的影响分析[J].城市轨道交通研究，2022，25(1)：134-140.

[39] 石钰锋，雷金山，阳军生，等.富水软弱地层隧道复合加固机理及参数研究[J].铁道科学与工程学报，2015，12(3)：596-599.

[40] 张力，何川，封坤，等.螺栓对盾构隧道管片接头抗弯承载力影响研究[J/OL].中国公路学报：1-12[2022-02-26].http：//kns.cnki.net/kcms/detail/61.1313.U.20220218.1357.002.html.

[41] 高墅.大直径盾构管片斜螺栓渗漏水通病成因探讨[J].中国建筑防水，2022(1)：37-39+43.

[42] 刘迅，封坤，肖明清，等.盾构隧道新型分布榫式管片结构的局部原型试验研究[J].工程力学，2022，39(1)：197-208.

[43] 王凯，赵辉，周凯歌，等.南昌地铁3号线盾构隧道穿湖段管片受力特征研究[J].现代隧道技术，2019，56(S2)：400-408.

[44] 饶志强.南昌地铁联络通道冻结法施工数值模拟[D].南昌：南昌大学，2018.

[45] 李先文.南昌城区主要岩土层参数特性及其关联性分析研究[D].南昌：南昌大学，2018.

[46] 王凌，张声宇，张跃明，等.赣江南昌段河流阶地内地铁车站基坑变形研究[J/OL].华东交通大学学报：1-10[2022-02-26].

[47] 陈昌剑.赣抚平原南昌区浅层地下水水化学特征及成因研究[D].南昌：东华理工大学，2021.

[48] 刘东光.南昌地层与地下水位的关系及地下复合体结构抗浮研究[D].南昌：南昌大学，2018.

[49] 陈昌剑，马青山，徐卫东，等.南昌平原区孔隙地下水水化学特征及成因分析[J].地下水，2021，43(3)：13-15+96.

[50] 向青青，魏纲，周鑫鑫，等.盾构管片整环足尺寸模型试验研究综述[J].低温建筑技

术，2021，43（7）：109-114.

[51] 吴朱茂.大直径盾构管片水平拼装试验方法探究[J].铁道建筑技术，2020（4）：35-39.

[52] 王瑞娜，赵磊.盾构管片力学性能试验机加载框架制作及安装[J].工程质量，2015，33（6）：59-62.

[53] 任东亮.盾构管片拼装试验平台控制系统研究[D].杭州：浙江大学，2007.

[54] 肖红军，杨红军.盾构管片模拟拼装技术[J].隧道建设，2013，33（7）：602-606.

[55] 庄欠伟.深埋隧道盾构管片足尺试验加载平台研究[J].建筑科技，2018，2（3）：32-35.

[56] 周海鹰.盾构隧道衬砌管片结构的力学性能试验及理论研究[D].大连：大连理工大学，2011.

[57] 鲁亮，何燕清，毕湘利，等.盾构隧道衬砌足尺整环结构试验方法研究[J].结构工程师，2016，32（1）：154-162.

[58] 刘钊.复杂工况条件下错缝拼装盾构管片变形性能试验与仿真分析研究[D].北京：中国铁道科学研究院，2017.

[59] 黄大维，周顺华，赖国泉，等.地表超载作用下盾构隧道劣化机理与特性[J].岩土工程学报，2017，39（7）：1173-1181.

[60] 张明告，周顺华，黄大维，等.地表超载对地铁盾构隧道的影响分析[J].岩土力学，2016，37（8）：2271-2278.

[61] 李磊.地铁盾构隧道施工中管片错台控制技术研究[J].工程技术研究，2021，6（13）：76-77.

[62] 刘亚宇，刘加湾，魏纲，等.旁侧基坑开挖偏心卸载下盾构隧道横断面受力变形研究[J].隧道建设（中英文），2020，40（9）：1333-1340.

[63] 卢岱岳，徐国文，王士民.加卸载对盾构隧道材料损伤和结构特性的影响[J].西南交通大学学报，2017，52（06）：1104-1112.

[64] 熊辉.纵向卸荷对管片力学特性和承载能力的影响研究[J].施工技术，2017，46（S1）：1134-1140.

[65] 翟才雅，柳献，刘涛.扬州瘦西湖隧道盾构管片结构受力监测方法[C]//水下隧道建设与管理技术论文集.2013：457-463.

[66] 孙倩.内粘钢板加固盾构隧道管片的力学性能试验与数值模拟[D].徐州：中国矿业大学，2021.

[67] 孙雅珍，于阳，王金昌，等.考虑界面效应的内张钢环加固盾构管片结构力学性能研究[J].岩土工程学报，2022，44（2）：343-351.

[68] 毕湘利，柳献，王秀志，等.内张钢环加固盾构隧道结构极限承载力的足尺试验研究[J].土木工程学报，2014，47（11）：128-137.

[69] 柳献，唐敏，鲁亮，等.内张钢环加固盾构隧道结构承载能力的试验研究——整环加固法[J].岩石力学与工程学报，2013，32（11）：2300-2306.

[70] 柳献，张浩立，唐敏，等.内张钢环加固盾构隧道结构承载能力的试验研究——半环加固法[J].现代隧道技术，2014，51（3）：131-137.

[71] 周鑫鑫, 魏纲, 胡慧静, 等. 内张钢环加固盾构隧道的多环有限元模拟研究[J]. 低温建筑技术, 2022, 44(1): 86-91.

[72] 孙倩. 内粘钢板加固盾构隧道管片的力学性能试验与数值模拟[D]. 徐州: 中国矿业大学, 2021.

[73] 吴波, 罗跃春, 臧建波. 钢管混凝土加固盾构隧道管片接头受力性能试验研究[J]. 建筑结构学报, 2019, 40(12): 105-112.

[74] 翟五洲, 翟一欣, 张东明, 等. 盾构隧道钢板加固衬砌管片环缝抗剪性能数值模拟研究[J]. 岩土工程学报, 2019, 41(S2): 235-239.

[75] 张衍, 万敏, 宿文德. 盾构隧道管片加固前后接缝形态的变化特征[J]. 地下空间与工程学报, 2017, 13(3): 773-778.

[76] 王旭东, 李涛, 郭京波. 地铁隧道管片破损原因分析及其加固技术[J]. 工程质量, 2016, 34(11): 52-56.

[77] 杨勇. 某运营地铁隧道管片钢环加固工法介绍[J]. 现代物业(上旬刊), 2012, 11(12): 42-43.

[78] 戴俊, 李栋烁, 李涛. 基于混凝土弹塑性损伤模型的长斜矿井盾构管片分析[J]. 煤炭技术, 2018, 37(2): 83-85.

[79] 彭文瑞. 地铁盾构管片钢筋混凝土界面粘结损伤有限元数值模拟[D]. 南昌: 华东交通大学, 2016.

[80] 李宇杰, 何平, 秦东平. 基于混凝土弹塑性损伤本构模型的盾构管片受力分析[J]. 中国铁道科学, 2012, 33(1): 47-53.

[81] 汪小庆. 复杂环境下地铁海底隧道盾构管片混凝土耐久性研究[D]. 北京: 北京交通大学, 2020.

[82] 刘建文, 施成华, 雷明锋, 等. 基于混凝土损伤模型的卸载作用下盾构隧道损伤机理[J]. 中南大学学报(自然科学版), 2021, 52(3): 758-769.

[83] 江大虎. 盾构隧道混凝土管片的耐久性退化规律及其寿命预测[D]. 南京: 南京航空航天大学, 2010.

[84] 张稳军, 张高乐, 雷华阳. 基于塑性损伤的盾构隧道 FRP-Key 接头抗剪性能及布置方式合理性研究[J]. 中国公路学报, 2017, 30(8): 38-48.

[85] 刁述红, 王凤民, 田斌, 等. 地铁预制混凝土衬砌管片损伤修复关键技术[J]. 山西建筑, 2019, 45(22): 149-150.

[86] 张发科. 浅谈盾构吊出井内管片拼装的设计与施工[J]. 甘肃科技, 2006(5): 147-149+157.

[87] 关淑萍. 吊出井区段盾构隧道结构病害及成因分析[J]. 北方交通, 2019(2): 88-90+94.

[88] 刁志刚, 陈钦东, 王智勇. "坑中坑"盾构吊出井施工技术——以广州市深层隧道排水系统东濠涌试验段为例[J]. 隧道建设(中英文), 2019, 39(S2): 335-344.

图书在版编目(CIP)数据

富水砂层地铁盾构隧道衬砌结构力学性能研究／黄展军
等著. —长沙：中南大学出版社，2022.4
ISBN 978-7-5487-4787-1

Ⅰ.①富… Ⅱ.①黄… Ⅲ.①地铁隧道—隧道施工—
盾构法—隧道衬砌—结构力学—力学性能—研究 Ⅳ.
①U231.3

中国版本图书馆 CIP 数据核字(2022)第 004790 号

富水砂层地铁盾构隧道衬砌结构力学性能研究

黄展军　等著

□出 版 人	吴湘华
□责任编辑	刘颖维
□封面设计	李芳丽
□责任印制	唐　曦
□出版发行	中南大学出版社
	社址：长沙市麓山南路　　　　邮编：410083
	发行科电话：0731-88876770　　传真：0731-88710482
□印　　装	湖南鑫成印刷有限公司

□开　　本	710 mm×1000 mm 1/16	□印张 14	□字数 280 千字
□版　　次	2022 年 4 月第 1 版	□印次 2022 年 4 月第 1 次印刷
□书　　号	ISBN 978-7-5487-4787-1
□定　　价	168.00 元